John F. Demartini
Wie Visionen wahr werden

John F. Demartini

Wie Visionen wahr werden

Die revolutionäre Demartini-Methode

Aus dem amerikanischen Englisch von
Maike und Stephan Schuhmacher

Kösel

Titel der Originalausgabe: *The Breakthrough Experience.*
A Revolutionary Approach to Personal Transformation
Copyright © 2002 by John F. Demartini
Originally published in 2002 by Hay House Inc., USA

FSC
Mix
Produktgruppe aus vorbildlich
bewirtschafteten Wäldern und
anderen kontrollierten Herkünften

Zert.-Nr. SGS-COC-1940
www.fsc.org
© 1996 Forest Stewardship Council

Verlagsgruppe Random House FSC-DEU-0100
Das für dieses Buch verwendete FSC-zertifizierte Papier *Munken Premium*
liefert Arctic Paper Munkedals AB, Schweden.

2. Auflage 2009
Copyright © 2009 Kösel-Verlag, München,
in der Verlagsgruppe Random House GmbH
Umschlag: fuchs_design, Sabine Fuchs, München
Umschlagmotiv: Lisa Zador/getty
Druck und Bindung: GGP Media GmbH, Pößneck
Printed in Germany
ISBN 978-3-466-30819-4

Weitere Informationen zu diesem Buch und
unserem gesamten lieferbaren Programm finden Sie unter
www.koesel.de

Inhalt

Göttlichkeit 159

Genie 183

Der Quantenkollaps-Prozess 207

Vorwort

Während der vergangenen 20 Jahre meiner Praxis der Psychiatrie habe ich bei den besten Lehrern studiert. Nicht nur am Baylor College of Medicine in Texas in den USA, wo ich meine Ausbildung absolvierte, sondern auch in der ganzen Welt, da ich weit gereist bin, um meine Studien zu vertiefen. Ich wollte meine Fähigkeiten, mit dem tiefen Leiden meiner Patienten umzugehen, weiterentwickeln. Im Laufe der Jahre bin ich auf psychiatrische Programme gestoßen, die sich in allen Vereinigten Staaten breiter Anerkennung erfreuen. Bei meiner Suche fühle ich mich wie ein Archäologe, der nach Teilen von Weisheit und Einsicht Ausschau hält und diese zusammensetzt. Außerdem hatte ich das Bedürfnis, nicht zum »Seelenklempner« zu werden, sondern wollte im Gegenteil meinen Patienten helfen, ihre bewusste Wahrnehmung zu »erweitern«. Durch das Studium von Büchern habe ich Ideen gesammelt und Einblicke in größere Dimensionen des Bewusstseins gewonnen. Diese Suche gab mir die großartige Gelegenheit, mit begabten »Astronauten des Geistes« zu arbeiten. Die Wissenschaftlerin in mir wollte in den Weltraum vorstoßen und die Symmetrie und Ordnung des Universums erleben. Ich fragte mich, wie ich diese Konzepte wohl auf den Planeten Erde bringen könnte?

Nach Mohandas K. Gandhi werden Ihre Wünsche wahr, sofern sie nur aus einem reinen Herzen kommen. An einem bestimmten Moment meiner Reise begegnete ich den Lehren von Dr. John F. Demartini. Nun hatte ich endlich die Sprache gefunden, nach der ich gesucht hatte, und erhielt das praktische Werkzeug, um außergewöhnliche Veränderungen im Leben der Menschen herbeizuführen. Dr. Demartini nennt seine Methode *The Quantum Collapse Process* (Der Quantenkollaps-Prozess). Als Psychiaterin nenne ich diese Methode in Verbindung mit meiner medizinischen Expertise oft *Quantum Collapse Therapy* (Quantenkollaps-Therapie).

Der Quantenkollaps-Prozess gibt dem Einzelnen die Möglichkeit, ganz und gar für sich verantwortlich zu sein und seine eigene Großartigkeit zu erfahren. Das war der größte Paradigmenwechsel, dem ich begegnet bin. Beim Quantenkollaps-Prozess geht es nicht darum, besser zu sein, sich zu verbessern oder zu verändern; es geht um wahre Transformation. Jede Zelle besitzt eine Form. Wenn das Zellgewebe gesund ist, befindet es sich in perfekter Symmetrie. Das Gewebe ist frei von Verformungen oder Krankheit. Ähnlich wie eine Zelle können auch unsere Gedanken durch dysfunktionale Gedanken, Gefühle und Überzeugungen verformt werden. Gedanken, Glaubensvorstellungen und Gefühle, die einmal deformiert oder dysfunktional waren, werden in Gedanken transformiert, die sich in vollkommener Symmetrie und Ordnung befinden. Indem wir unsere Gedanken transformieren, transformieren wir unsere Gefühle und damit unser Leben.

Dieses Buch gehört einer neuen Generation an. Es ist ein Geschenk an das neue Jahrtausend. Die Weisheit und Inspiration sowie die frischere Sichtweise, die es vermittelt, sind von unschätzbarem Wert. Diese Lehren vermitteln Ihnen ein klareres Verständnis der machtvollen Gesetze des Geistes. Dr. Demartini bietet uns eine inspirierende Führung, die uns hilft, unserer Bestimmung im Rahmen unseres Lebenszwecks gerecht zu werden.

Die Einzigartigkeit, Originalität und Genialität von Dr. Demartinis Ideen haben bereits begonnen, einen revolutionär neuen Ansatz der psychiatrischen Behandlung hervorzubringen. Vor mehr als einem halben Jahrhundert sprach der große Sigmund Freud über das Unbewusste und entwickelte Techniken zu seinem Verständnis. Heute gestatten Dr. Demartinis Lehren es dem Einzelnen, nicht nur die Weisheit seines Unbewussten, sondern auch die des Bewussten und Überbewussten zu erfahren und zu verstehen. Dr. Demartinis Lehren mit ihren brillanten Ideen und Werkzeugen haben dazu beigetragen, dass ich meinen Patienten helfen konnte, »Meister ihres Schicksals und nicht Opfer ihrer Geschichte« zu werden.

Bianca Diez, M.D., P.A.,
Medizinische Direktorin des New Dimensions Day
Treatment Programm, Houston, Texas

Wir gehen nicht allein

Eines Nachts träumte ein Mann, er gehe zusammen mit der Göttlichen Quelle aller Dinge am Strand spazieren, und während sie so gingen, blitzten Szenen aus seinem Leben über ihnen am Himmel auf. Die meiste Zeit sah er bei jeder Szene zwei Reihen von Fußabdrücken im Sand, doch oftmals gab es auf dem Weg nur eine Fußspur, vor allem während der dunkelsten und traurigsten Zeiten seines Lebens. Der Mann war darüber sehr beunruhigt.

Er wandte sich an die Gestalt neben sich und sagte: »Ich habe dich gesucht und mich bemüht, dir an allen meinen Tagen zu dienen. Ich dachte, im Gegenzug dafür würdest du dich um mich kümmern, doch nun sehe ich, dass ich während der schwierigsten Zeiten in meinem Leben allein war. Ich verstehe nicht, weshalb du mich verlassen hast, als ich dich am meisten brauchte.«

Die Göttliche Intelligenz antwortete: »Mein kostbares Kind, du bist immer in meinem Herzen und ich würde dich niemals in Zeiten der Prüfung und Schwierigkeiten verlassen. Zu den Zeiten, wo du nur eine Fußspur im Sand gesehen hast, habe ich dich getragen.«

Mary Stevenson

Es ist ein Paradox, aber diejenigen, die Gott am meisten suchen, sind auch diejenigen, die Gottes Gegenwart am ehesten leugnen. Sie begeben sich auf eine Suche nach dem Göttlichen, und am Ende blicken sie zurück und erkennen, dass es schon die ganze Zeit bei ihnen war. Dieses Buch ist die Geschichte einer Suche nach dem göttlichen Licht und es zeigt, wie Wissenschaft und Religion Hand in Hand jenen Weg entlanggingen, als beide auf ihre Weise nach dem gleichen Ziel suchten. Es geht um Liebe, Weisheit und göttliche Ordnung und darum, dass wir auf dieser wundervollen Reise zu unserer Bestimmung niemals allein waren.

Einführung

Dieses Buch soll Ihnen helfen, alle Barrieren zu durchbrechen, die Sie daran hindern mögen, Ihre wahre und erleuchtete Natur zu erfahren. Es präsentiert Ihnen eine leicht verständliche Wissenschaft und Philosophie und offenbart und erkundet universelle Prinzipien, die Ihrer eigenen Existenz zugrunde liegen. Am wichtigsten ist jedoch, dass es ein äußerst realistisches und praktisches Handbuch ist, das Ihnen hilft zu verstehen, warum Sie so leben, wie Sie leben, und wie Sie Ihr Leben so verändern können, dass es Ihre höchste Vision zum Ausdruck bringt.

Was Sie hier lesen werden, ist eine Synthese von neunundzwanzig Jahren Forschung und meiner vierundzwanzigjährigen klinischen Erfahrung als Chiropraktiker, Heiler und professioneller Lehrer. Es basiert auf meinem zweitägigen Seminarprogramm, das ich *The Breakthrough Experience*™ (Die Durchbruchserfahrung) nenne. Es wäre unmöglich, hier alles darzustellen, was während dieses intensiven Prozesses geschieht. Darum habe ich die universellen Prinzipien dieses Programms hier mit autobiografischen Anekdoten vermischt sowie mit inspirierenden Worten vieler großer Meister der Geschichte und einer Menge wahrer Geschichten von gewöhnlichen Menschen, die ungewöhnliche, erstaunliche und ihr Leben umwälzende Erfahrungen gemacht haben.

Die hier vorgestellten wissenschaftlichen Erkenntnisse sind

auf dem neuesten Stand, die Philosophie ist inspirierend und wagemutig und die eingeflochtenen Geschichten sind alle wahr. Die Übungen am Ende eines jeden Kapitels dienen dazu, Ihnen eine persönliche Erfahrung der tiefen und verborgenen Wahrheiten, die Ihrem Leben zugrunde liegen, zu vermitteln. Die Affirmationen und Zitate sollen Sie zu Ihrem wahren Potenzial erwecken.

Auf den folgenden Seiten werden Sie eine Methode kennenlernen, mit der Sie Ihre Träume verwirklichen können. Sie werden das Geheimnis der Öffnung Ihres Herzens entdecken – einer Öffnung, die über alles hinausgeht, was Sie sich jemals hätten vorstellen können. Und Sie werden herausfinden, wie Sie Ihre Liebe sowie Ihre Wertschätzung für jeden Aspekt des Lebens vergrößern können. Sie werden tiefe Einsichten darüber gewinnen, wie Sie erfüllendere und liebevollere Beziehungen schaffen, die in Ihnen angelegte geniale Begabung zum Vorschein bringen, jegliche Ängste und Illusionen in Hinsicht auf das Gerücht vom Tode überwinden und sich wieder mit Ihrer wahren Aufgabe und Ihrem Lebenszweck auf Erden verbinden können.

Sie stehen an der Schwelle zu einer Erfahrung, die noch nie zuvor in dieser Form dargestellt wurde, und ich verspreche Ihnen, dass Ihnen die Zeit und die Bemühungen, die Sie in diesen Ansatz investieren, tausendfach vergolten werden. Es ist meine aufrichtige Hoffnung, dass dieses Buch Sie tief berührt und Sie zu Ihrer eigenen Größe und Ihrem Potenzial erwecken wird – und dass es Ihnen die Großartigkeit jeder einzelnen menschlichen Seele offenbaren wird. Dies ist nicht bloß ein Buch – es ist das, was der Name meiner Methode bereits sagt: eine Erfahrung. Ich glaube, Sie werden feststellen, dass es unmöglich ist, dieses Buch zu lesen, ohne davon berührt, herausgefordert und verändert zu werden.

Die Essenz des Lebens

Wenn ein Mensch – aus welchem Grund auch immer –
die Gelegenheit hat, ein außergewöhnliches Leben zu führen,
hat er nicht das Recht, dies für sich zu behalten.

Jacques-Yves Cousteau

Ich habe eine Botschaft für Sie, die mir sehr viel bedeutet. Sie zu verbreiten, ist meine Mission und mein Dienst hier auf Erden. Ich möchte, dass Sie mich auf einer Reise begleiten, und ich werde bei der Darstellung dieser Reise Erfahrungen meines eigenen Lebens benutzen, um aufzuzeigen, dass jeder Einzelne von uns Größe und unsterbliche Genialität in sich trägt. Ganz gleich, wie wir aussehen oder welches unsere Lebensumstände auch sein mögen: Alles, was geschieht, zielt darauf hin, uns zu diesem Geschenk und Potenzial zu erwecken. Wir mögen positive und negative Meinungen über die verschiedenen Menschen und Ereignisse in unserem Leben haben, aber in Wahrheit spielen sie alle eine perfekte Rolle bei der Entfaltung unserer Bestimmung und machen uns zu dem, was wir sind.

The Breakthrough Experience entstand 1989, als ich von Houston, Texas, nach Quebec in Kanada flog, um ein Fortbildungsprogramm für eine Gruppe von Menschen vorzustellen, die im Gesundheitswesen arbeiteten. Auf dem Flug meditierte ich, und auf 10.000 Meter Höhe hatte ich eine Vision. Sie entsprang meinem innersten Bewusstsein und mir standen folgende Worte vor Augen: »Durchbruch zu einer höheren Kraft: Das Seminar der Vision, Inspiration und Zielrichtung.« Ich sah nicht nur die Gliederung des Seminars vor mir, sondern auch viele andere Einzelheiten bis hin zur Anzahl der Teilnehmer.

Tausende von Menschen in Dutzenden von Ländern haben seither das Programm, auf das Sie sich hier einlassen, durchlaufen und ihr Leben hat sich aufgrund der Einsichten und Erfahrungen, die sie dabei gemacht haben, grundlegend verändert. Die Vision von *The Breakthrough Experience*, wie ich das Programm später betitelte, war eine echte Eingebung. Wenn Sie Ihren eigenen Eingebungen und Intuitionen folgen, wachsen Sie sowohl hinsichtlich Ihres Selbstwertgefühls und Potenzials als auch Ihrer wahren Möglichkeiten. Es ist ganz wichtig, dass Sie Ihrer Vision, Ihrer Intuition und Ihrer Inspiration folgen, damit Sie das, was Ihre Aufgabe in diesem Leben ist, verwirklichen können. Solche Ahnungen sind Botschaften – sie sind eine Verbindung zu der höchsten Quelle der Weisheit, die Ihnen stets zugänglich ist.

Mein Ziel ist, Ihnen, bevor Sie dieses Buch beendet haben, einen Blick und ein Gefühl dafür zu geben, wie großartig Sie sind. Aufgrund verschiedenster Überzeugungen und Philosophien in der Welt gehen viele Menschen in dem Glauben durch ihr Leben, sie seien unvollkommen. Sie meinen, mit ihnen sei etwas nicht in Ordnung oder sie seien dysfunktional, ganz gleich wie erfolgreich, berühmt oder schön sie sein mögen. Es gibt sogar eine ganze psychologische Bewegung, die sich auf das Gerücht von der dysfunktionalen Familie gründet. Ich habe allerdings noch keine Familie gefunden, die nicht ausgeglichen und vollkommen genug funktionierte, um ihren Angehörigen genau das zu geben, was sie für die Erfüllung ihres Lebens brauchten. Das wird deutlich, sobald man die ganze Familie erst einmal zutiefst verstanden und durchleuchtet hat.

Mit Hilfe der Ideen und Werkzeuge, die ich Ihnen in diesem Buch präsentiere, werden Sie erkennen, dass Sie großartig sind und dass alles, was Ihnen je widerfahren ist, entscheidend war für das Entstehen dieses einzigartigen Wesens, das Sie sind. Ich meine dies nicht in einem schönfärberischen, illusionären oder naiven Sinne. Sie werden vielmehr auf tief greifende Weise erkennen, wie außerordentlich Sie sind und welch großen Beitrag Sie zu dieser Welt leisten, indem Sie genau so sind, wie Sie sind.

Ich reise sehr viel, und wohin ich auch gehe und auf welchen Kontinent auch immer ich meinen Fuß setze, ist mir aufgefallen, dass den Menschen ein Thema gemeinsam ist: Jedermann möchte lieben und geliebt werden, annehmen und angenommen werden, und jeder Mensch möchte seine Träume leben. Es gibt bestimmte Gesetzmäßigkeiten, die unsere Träume steuern, und wenn wir uns an diese Gesetzmäßigkeiten halten, können wir unsere Träume verwirklichen. Ich habe 29 Jahre daran gearbeitet, die Wissenschaft der Liebe und Wertschätzung zu entwickeln, und jetzt können wir sie alle anwenden, um unsere Träume wahr zu machen. Das geschieht nun nicht mehr aufs Geratewohl. Es ist nicht mehr eine Sache von Glück oder blindem Glauben. Es gibt nun eine echte Wissenschaft der Schaffung von Liebe und Wertschätzung auf dem Planeten Erde.

Wissenschaft und Religion

Pseudowissenschaft und Pseudoreligion stehen im Widerstreit und bekämpfen sich gegenseitig, doch wahre Wissenschaft und wahre Religion sagen das Gleiche. Wie Albert Einstein einmal sagte: »Wissenschaft ohne Religion ist lahm; Religion ohne Wissenschaft ist blind.« Auch wenn mancher vielleicht einwenden mag, der Geist bestehe aus intellektuellen Komponenten und die Seele aus offenbarenden oder inspirierenden Komponenten, möchte ich die beiden doch zusammenführen, um Ihnen eine Erfahrung zu vermitteln, die beide vereinigt. Mein Ziel ist, dass Sie Ihr Herz weiter öffnen als jemals zuvor und dass Sie sich über den Sinn Ihres Lebens klarer werden. Ich will Sie stärker von diesem wunderbaren Universum, in dem zu arbeiten wir Gelegenheit haben, begeistern und ich will Ihnen ermöglichen, Ihren menschlichen Geist zu dem zu erwecken, was sein von Gott gegebenes Geburtsrecht ist.

Jedem von uns wurde ein ganz außerordentliches Geschenk zuteil. An keinem der von uns erforschten Orte des Universums ist uns etwas Großartigeres begegnet als der menschliche Körper, das menschliche Gehirn und der menschliche Geist. Nichts ist erstaunlicher als die Inspirationen, die aus diesem Geist ins Gehirn, in den Körper und hinaus in diese Welt ausstrahlen.

Ich weiß noch sehr gut, wie ich als Achtzehnjähriger in meinem Elternhaus auf dem Fußboden saß und den *Discours de métaphysique* (*Metaphysische Abhandlungen*) des Philosophen Gottfried W. Leibniz las. Seiner Ansicht nach täten die Menschen gut daran, die liebende Intelligenz des Universums anzuerkennen. Auch wenn wir diese große Intelligenz manchmal als Gottheit personifizieren und sagen, sie sei allmächtig, allwissend und allgegenwärtig, sind wir ihrer in unserer eigenen täglichen Erfahrung meist nicht gewahr. Solange die Dinge nach unserem Ge-

schmack laufen, sagen wir, unser Leben sei Bestandteil dieser
Vollkommenheit. Laufen die Dinge jedoch nicht nach unseren
Wünschen, so denken wir: Na ja, vielleicht ist ja doch nicht alles
so vollkommen.

Als ich das erste Kapitel von Leibniz' Werk las und mit dem
bekannt gemacht wurde, was er »Göttliche Vollkommenheit«
nennt, spürte ich sein tiefes Verständnis und seine Gewissheit,
dass es ohne Zweifel einen universellen Plan, eine verborgene
Ordnung gibt – etwas Großartiges, das den Dingen zugrunde
liegt. Seine Worte inspirierten mich so tief, dass mir die Tränen
kamen, und ich dachte: Er spricht bestimmt von etwas höchst
Bedeutsamem, und es liegt nur an unserem mangelnden Verständnis, dass wir diese verborgene göttliche Ordnung nicht erkennen.

Haben Sie jemals etwas gelesen oder gehört, das Ihnen Tränen der Berührtheit in die Augen getrieben hat? Solche Tränen
sind ein untrügliches Anzeichen dafür, dass Ihnen gerade etwas
für Sie Bedeutsames und Wichtiges offenbart wurde. Ignorieren
Sie solche Augenblicke nicht – führen Sie Tagebuch über diese
Einsichten und Tränen. Sie werden dahinter eine Geschichte erkennen können, die Ihnen von Ihrem intuitiven Geist erzählt
wird, eine Geschichte, in der es um Ihre Bestimmung geht. Solche Momente sind ein Geschenk des Teils in Ihnen, der weiß, an
den Teil in Ihnen, der fragt. Halten Sie sie also fest.

Leibniz' inspirierende Botschaft berührte mich tief in meinem Herzen. Es gibt in jedem von uns einen unsterblichen Teil,
der die Wahrheit kennt, und einen sterblichen Teil, der sie verleugnet. Und Leibniz sprach den unsterblichen Teil in mir an. Er
hinterließ einen tiefen Eindruck in meinem Bewusstsein und
brachte mich dazu, mich auf eine Suche zu begeben. Ich wollte
herausfinden, warum so wenige Menschen diese wunderschöne
Ordnung verstehen und anerkennen.

Zu jener Zeit dachte ich bei mir: Ich würde gern eine Methode entdecken, das Bewusstsein der göttlichen Ordnung im Leben der Menschen und die Liebe in ihrem Herzen zu erwecken. Wäre es nicht wundervoll, wenn es gelänge, die Menschen zu jener Kraft zu erwecken, die die Evolution des Lebens antreibt?

Während meiner ganzen Zeit auf dem College bewahrte ich diesen Traum in mir. Ich vertiefte mich besonders in Studien über das Universum. Ich liebte die Kosmologie (die Wissenschaft vom Ursprung und der Struktur des Universums), weil sie mir wie eine moderne Form der vier großen klassischen Fragen der Philosophie vorkam: *Wer sind wir? Woher kommen wir? Warum sind wir hier?* Und *Wohin gehen wir?* Die Kosmologie erweiterte mein Bewusstsein und faszinierte mich völlig. Sie führte mich in die Welt der Astronomie, die mich zur Physik brachte. Die Physik führte mich zur Metaphysik von Aristoteles, William James und anderen, die mich dann wiederum zur Theologie brachten. Die Theologie führte mich weiter zur Mythologie, die meine Augen für die Anthropologie öffneten.

Meine Erkundungen weiteten sich immer weiter aus und allmählich begann ich zu begreifen, dass ich mich nicht nur auf »-logien« beschränken durfte, wenn ich die universalen Prinzipien studieren wollte. Ich hätte am liebsten alles studiert! Das sah nach einer riesigen Aufgabe aus, aber ich wusste auch, dass vieles, was von Weitem gesehen riesig aussieht, aus der Nähe betrachtet ein Kinderspiel sein kann. Wenn ich es nur Schritt für Schritt anginge, würde ich alles vollbringen können, wozu ich mich berufen fühlte. Je länger ich die Prinzipien des Universums erforschte, desto begeisterter und überzeugter wurde ich. Ich entdeckte, dass in manchen Fällen dieselben Gesetzmäßigkeiten und Muster den unterschiedlichsten Bereichen zugrunde liegen – von den vielen Künsten und Wissenschaften bis hin zu den verschiedenen Religionen und Lebensphilosophien. Die Gültigkeit dieser Muster hat sich im Lauf der Geschichte immer wieder bestätigt. Sie erwecken uns zu unserem wahrsten und höchsten Potenzial und sie bilden die Grundlage von *The Breakthrough Experience*.

Dankbarkeit ist der Schlüssel

Ich war etwa vier Jahre alt, als meine Mutter eines Abends, als sie mich zu Bett brachte, sagte: »Mein Sohn, bevor du heute einschläfst, vergiss nicht, deine Segnungen zu zählen.« Hinter solch schlichten Worten verbergen sich oft große Wahrheiten.

Wenn wir die dem Universum zugrunde liegenden Muster und Ordnungen erkennen, gelangen wir zu einem erleuchtenden Zustand von Dankbarkeit. Jedes Mal, wenn wir für die außergewöhnliche architektonische Schöpfung, die wir unser Dasein, unseren Körper und unser Leben nennen, dankbar sind, machen wir einen weiteren Schritt auf dem Weg der Manifestation unseres größten Potenzials und der Erfüllung unserer wahren und schöpferischen Bestimmung auf diesem Planeten.

Wer dankbar ist, der erfährt mehr Segnungen und mehr Erfüllung in seinem Leben als jene Menschen, die keine Dankbarkeit zeigen. Das ist ein einfaches Prinzip, doch es hat die Macht, Ihr Leben zu verändern. Dankbarkeit ist der Schlüssel zu Wachstum und Erfüllung. Wenn Sie jemandem ein Geschenk machten und die Person würde es nur kurz ansehen und es dann ohne Dank beiseitelegen – wären Sie dann geneigt, diesem Menschen ein weiteres Geschenk zu machen? Natürlich nicht, und das Universum reagiert genau wie Sie. Unser Dasein gründet auf universalen Prinzipien und das Universum verhält sich ebenso wie wir in einem größeren Rahmen. Das Universum gewährt seine Geschenke dort, wo sie am meisten gewürdigt werden. Wenn Sie für das, was Sie bekommen, nicht dankbar sind, warum sollte das Universum Ihnen weitere Geschenke zukommen lassen?

> *Die schwierigste Rechenart, die es zu meistern gilt,*
> *ist die, die es uns erlaubt, unsere Segnungen zu zählen.*
>
> Eric Hoffer

Ich werde oft gefragt: »Was genau ist Dankbarkeit?« Es ist das, was Sie empfinden, wenn Sie eine vollkommen ausgeglichene Wahrnehmung erlangt haben. Es ist das, was Sie erfahren, wenn Sie in allen Lebensbereichen das vollkommene Gleichgewicht oder die göttliche Ordnung erkennen.

Viele Menschen verwechseln Dankbarkeit mit Hochstimmung. Wenn Sie sich über irgendetwas freuen und sagen »Ah, ich bin wirklich dankbar dafür!«, halten sie das für Dankbarkeit. Doch wahre Dankbarkeit hat mit solchen zeitlich begrenzten Glücksmomenten tatsächlich wenig zu tun. Wahre Dankbarkeit ist ein stiller Zustand von Gefasstheit und innerer Ruhe, in dem Sie wirklich dankbar sind, in dem Sie der göttlichen Ordnung gewahr sind und nichts würden ändern wollen.

Dankbarkeit ist ein wahres Dankesgebet – es gibt nämlich zwei Arten von Gebet. Zum einen gibt es ein falsches Gebet. Dazu kommt es, wenn Sie mit Ihrem Leben unzufrieden sind, und das klingt dann etwa so: »O Herr, es läuft alles schief. Bringe es bitte wieder in Ordnung!« Die zweite Art ist wahres Gebet. Wahres Gebet ereignet sich, wenn Sie die Ordnung und Vollkommenheit dessen, was ist, anerkennen und zutiefst dankbar sind für das, was Sie bereits empfangen haben. Die Folge davon ist, dass Sie noch mehr Geschenke erhalten. Den Dankbaren wird noch mehr gegeben. Den Undankbaren wird eher noch etwas genommen. Wenn Ihnen einmal infolge von Undankbarkeit ein Geschenk wieder genommen wird, hilft Ihnen das, zur Bedeutung von Dankbarkeit zu erwachen.

Es gibt nichts, das Ihnen je geschehen ist oder geschehen kann, was nicht ein Geschenk oder ein Segen für Sie wäre. Es ist allerdings schwer, für etwas dankbar zu sein, wenn man den verborgenen Segen in dem, was man für ein negatives Ereignis hält, noch nicht erkannt hat.

Die Reise beginnt

Eines der für mein Leben wichtigsten verborgenen Geschenke erhielt ich, als ich in die erste Klasse ging. Ich war ein linkshändiger Legastheniker, konnte nicht lesen oder etwas verstehen und meine Lehrerin wusste wenig über den Umgang mit Lernstörungen. Ich begann in der allgemeinen Klasse und landete schließlich in der »Idiotenklasse«, wo ich manchmal mit einer Eselskappe auf dem Kopf in einer Ecke sitzen musste. Ich schämte mich zutiefst, fühlte mich ausgeschlossen und abgelehnt.

Eines Tages bat die Lehrerin meine Eltern, in die Schule zu kommen. In meiner Anwesenheit sagte sie zu ihnen: »Herr und Frau Demartini, Ihr Sohn hat eine Lernstörung. Ich fürchte, er wird niemals lesen, schreiben oder normal kommunizieren können. Ich habe keine großen Hoffnungen, was seine weitere Entwicklung angeht, und glaube nicht, dass er es zu viel bringen wird. Ich an Ihrer Stelle würde ihn irgendetwas mit Sport machen lassen.« Obwohl ich die ganze Tragweite ihrer Worte damals noch nicht verstand, spürte ich doch die Verunsicherung und Besorgnis meiner Eltern.

Ich trieb also Sport und entwickelte schließlich eine große

Liebe zum Surfen. Mit vierzehn Jahren sagte ich zu meinem Vater: »Papa, ich will zum Surfen nach Kalifornien gehen.« Mein Vater spürte wohl, dass ich es ernst meinte und meinen Willen durchsetzen würde, ganz gleich, was er sagen würde. Also meinte er nach anfänglichem Zögern: »Mein Sohn, ich werde nicht gegen dich ankämpfen. Du hast meinen Segen.« Später erfuhr ich, dass er selbst nach seiner Rückkehr aus dem Zweiten Weltkrieg eigentlich nach Kalifornien hatte gehen wollen, dass er seinen Traum aber nie hatte verwirklichen können. Als er mich sagen hörte, ich wolle nach Kalifornien gehen, erinnerte er sich wohl daran. Er gab mir einen notariell beglaubigten Brief mit, in dem stand: »Mein Sohn ist kein Ausreißer. Er ist kein Landstreicher. Er ist ein Junge mit einem Traum.« Und dann brachten meine Eltern mich selber an die Autobahn.

Mein erster Mentor

Ich trampte von meiner Heimatstadt Richmond in Texas in Richtung Kalifornien und kam bald in El Paso an. Auf meinem Weg durch die Stadt kamen mir drei Cowboys auf dem Bürgersteig entgegen. Damals in den Sechzigerjahren kamen Cowboys und Surfer nicht gerade gut miteinander aus. Es gab einen latenten Krieg zwischen den Rednecks (»Rotnacken«), wie wir die reaktionären Hinterwäldler mit Bürstenschnitt nannten, und uns »Hippies«. Wie ich so mit meinem Rucksack, dem Surfboard, langem Haar und Stirnband den Bürgersteig hinunterging, war mir klar, dass mir nichts Gutes drohte.

Als ich mich den Cowboys näherte, stellten sie sich quer über den Bürgersteig auf, die Daumen in den Gürteln eingehakt. Sie würden mich nicht vorbeilassen. Ich dachte: »O Gott, was soll ich nur machen?«, als plötzlich und zum ersten Mal meine innere Stimme zu mir sprach. Sie wies mich an, zu ... bellen! Das mag vielleicht nicht gerade die originellste innere Stimme gewesen sein, aber es war die einzige, die ich hatte. Also gehorchte ich ihr und begann zu bellen: »Wuff! Rwuff! Raaarrrrwuff!« – und siehe da, die Cowboys machten mir Platz.

Zum ersten Mal erfuhr ich, dass erstaunliche Dinge geschehen können, wenn ich meiner Intuition traue. Ich knurrte und bellte meinen Weg an den drei Männern vorbei, und sie traten zur Seite und dachten wahrscheinlich: Dieser Typ ist total durchgeknallt! Als ich sicher an ihnen vorbei war, hatte ich das Gefühl, aus einer Art Trance zu erwachen. Ich ging langsam weiter, und als ich zur nächsten Straßenecke kam, stand dort ein kahlköpfiger alter Penner so um die 60 mit einem vier Tage alten Stoppelbart an einen Laternenpfahl gelehnt und schüttete sich vor Lachen aus.

»Bürschchen«, sagte er, »das ist das Komischste, was ich je gesehen habe. Du hast es diesen Kuhschubsern wie ein Profi besorgt!« Er legte mir die Hand auf die Schulter und begleitete mich die Straße entlang.

Er lud mich in eine Eisdiele zu einer Cola ein und fragte: »Wo soll's denn hingehen?«

»Ich gehe nach Kalifornien.«

»Bist du abgehauen?«

»Nein, meine Eltern haben mich selbst an die Autobahn gebracht.«

»Du hast die Schule geschmissen?«

»Na ja. Man hat mir gesagt, ich würde niemals lesen, schreiben oder normal kommunizieren können, und darum habe ich mich auf den Sport konzentriert. Ich gehe nach Kalifornien, um ein Surfer zu werden.«

Nachdem ich meine Cola ausgetrunken hatte, führte er mich

einige Häuserblocks die Straße hinunter in die städtische Bücherei von El Paso. Im Lesesaal forderte er mich auf, mich an einen
Tisch zu setzen. Er verschwand zwischen den Bücherregalen und
kam nach einigen Minuten mit zwei Büchern zurück, die er vor
mir auf den Tisch legte. »Zwei Dinge möchte ich dich lehren,
junger Mann, zwei Dinge, von denen ich möchte, dass du sie
niemals vergisst. Versprichst du mir das?«

»Ja, ich verspreche es.«

»Nummer eins: Beurteile ein Buch niemals nach seinem
Umschlag. Du hältst mich wahrscheinlich für einen Penner. Aber
ich will dir ein kleines Geheimnis verraten. Ich bin einer der
reichsten Männer Amerikas. Ich komme aus dem Nordosten und
besitze alles, was man sich mit Geld nur kaufen kann. Als vor
einem Jahr ein mir sehr lieber Mensch gestorben ist, habe ich
mein Leben überdacht und bin zu dem Schluss gekommen: Ich
habe alles außer einer Erfahrung: Wie ist es, wenn man nichts
hat und auf der Straße leben muss?

Darum habe ich mir geschworen, mit nichts durch Amerika
zu reisen, von Stadt zu Stadt, um diese Erfahrung machen zu
können, bevor ich sterbe. Also, mein Sohn, beurteile ein Buch
niemals nach seinem Äußeren. Du könntest dich schwer täuschen.«

Dann packte er meine Hand und legte sie auf die Bücher,
die er auf den Tisch gelegt hatte. Es waren die Werke von Aristoteles und Platon und er sagte mit einer solchen Intensität und
Klarheit, dass ich es niemals vergessen habe: »Nummer zwei: Du
wirst lesen lernen, Junge. Du wirst lesen lernen! Denn es gibt nur
zwei Dinge auf der Welt, die man dir nicht wegnehmen kann:
deine Liebe und deine Weisheit. Man kann dir deine Lieben wegnehmen, man kann dir dein Geld wegnehmen, man kann dir
beinahe alles wegnehmen, aber niemand kann dir deine Liebe
und deine Weisheit wegnehmen. Merk dir das, Junge.«

Ich versprach ihm, seine Worte zu beherzigen, und er begleitete mich noch einige Straßenzüge weiter und brachte mich auf meinen Weg nach Kalifornien. Bis zum heutigen Tag habe ich seine Botschaft niemals vergessen und sie wurde zum Herzstück von *The Breakthrough Experience*: Liebe und Weisheit sind die Essenz des Lebens.

Die göttliche Ordnung

Alles, was geschieht, ist ein lebendiger Bestandteil der göttlichen Ordnung, die Leibniz, Einstein, der heilige Augustinus und die meisten der großen Geister verstanden haben. Selbst die schrecklichsten Ereignisse tragen einen verborgen Segen in sich. Die Meister wissen um diese große Wahrheit und bleiben von den Ereignissen unberührt, während die weniger weisen Menschen auf ihrem Weg zum Begreifen zwischen Hochgefühl und Niedergeschlagenheit hin und her pendeln, während sie positive und negative Erfahrungen durchmachen.

In der Kindheit erfahrene Entbehrungen sind häufig die Quelle der Träume und Bestrebungen der Erwachsenen. So lassen Krankheiten in der Kindheit oft den großen Heiler oder Athleten entstehen. Diejenigen, die glauben, sie seien nicht geliebt worden, neigen dazu, für den Rest ihres Lebens aus vollem Herzen Liebe zu geben. Diejenigen, die sich wertlos fühlten, entwickeln einen mächtigen Antrieb, einen Beitrag zum Weltgeschehen zu leisten und sich wertvoll zu fühlen. Diejenigen, die in Armut aufgewachsen sind, setzen alles daran, großen Reichtum anzuhäufen. Die Wahrnehmung von Leerräumen schafft Werte. Wir sind darauf programmiert, nach dem zu suchen, wovon wir glauben, es würde uns am meisten fehlen.

Obwohl ich es damals noch nicht wusste, schenkte mir die »Tragödie« meiner Lernstörung und der Legasthenie die Freiheit, meinen Träumen zu folgen und außergewöhnlichen Menschen zu begegnen, die für mich zu Leitfiguren wurden. Ich verspürte einen unwiderstehlichen Drang, genau das zu erreichen, von dem man mir gesagt hatte, dass ich es nie schaffen würde. Man hatte mir gesagt, ich würde niemals lesen, schreiben oder normal kommunizieren können, doch heute verbringe ich mehr als 300 Tage im Jahr damit, um die Welt zu reisen und genau dies zu tun.

Weisheit ist die unmittelbare Erkenntnis, dass eine Krise ein Segen ist, und noch größere Weisheit erkennt, dass Segen auch eine Krise auslösen kann. Wenn wir das wirklich verstehen, neigen wir weniger dazu, uns über Schwierigkeiten aufzuregen oder über gute Gelegenheiten aus dem Häuschen zu geraten. Wir bleiben zentriert, ganz gleich, was um uns herum geschieht. Dies ist eines der Geheimnisse der Selbstmeisterung.

Wenn Sie wissen, dass die schlechten Dinge gar nicht so schrecklich und die guten Dinge gar nicht so toll sind, dann können Sie still und dankbar sein für alles, was geschieht. Ausgeglichenheit ist weder Pessimismus noch Optimismus. Sie neigt sich weder zur einen noch zur anderen Seite, sondern ruht souverän in der Mitte. Sie ist »Dankbarismus«, und das ist sowohl Weisheit als auch wahre Kraft. Alle Dinge befinden sich im Gleichgewicht, und wenn Sie das erkennen, dann bleiben Sie sich selbst treu, anstatt von Ihren Hoffnungen und Ängsten umgetrieben zu werden. Sie bleiben auf Ihrem Weg präsent.

Wenn Sie an das Hirngespinst von Besser und Schlechter glauben und nach der Illusion grüner Auen streben, sind Sie niemals präsent oder mit Ihrem Leben, wie es gerade ist, zufrieden. Sie denken: Eines Tages werde ich einen Weg finden, meine Frau und die Kinder wissen zu lassen, wie sehr ich sie wirklich liebe.

Eines Tages, wenn die Dinge besser stehen, werde ich dieses Unternehmen anfangen, jene Reise unternehmen oder dieses Buch schreiben. Und so leben Sie auf der Eines-Tages-Insel, die nicht wirklich existiert.

Napoleon Hill, der Autor von *Denke nach und werde reich*, sagte einst: »Halte niemals nach Gelegenheiten in der Ferne von Raum und Zeit Ausschau, sondern ergreife sie hier und jetzt, denn wo du bist, sind Vollkommenheit und Gleichgewicht bereits vorhanden.« So ist es – genau in dieser Minute haben Sie alles, was Sie brauchen, um Ihr Leben zu erfüllen.

Eine der Zielsetzungen von *The Breakthrough Experience* besteht darin, Ihnen zu helfen, das Gleichgewicht, das bereits vorhanden ist, mit Ihrem inneren Auge zu sehen. Wenn Sie wahrhaftig dankbar sind, sind Sie einfach dazu erwacht.

Die Große Entdeckung

Auf meiner Suche nach den Prinzipien, die der menschlichen Existenz und dem menschlichen Bewusstsein zugrunde liegen, bin ich auf das gestoßen, was ich *The Great Discovery™* (*Die Große Entdeckung*) nenne. Zu keiner Zeit Ihres Lebens werden Sie fallen gelassen, ohne zugleich erhoben zu werden, oder werden Sie erhoben, ohne zugleich fallen gelassen zu werden. Positiv und Negativ, Gut und Schlecht, Unterstützung und Herausforderung, Krieg und Frieden – alles kommt stets paarweise daher. Die Polaritäten bestehen gleichzeitig und sind vollkommen im Gleichgewicht, und das ist es, was die göttliche Ordnung ausmacht.

Anfangs mag sich das gar nicht so verwunderlich anhören. Doch wenn Sie diese Aussage wirklich auf sich wirken lassen,

Die Essenz des Lebens

werden Sie begreifen, dass dies eine wirklich erstaunliche Einsicht ist. Wenn Sie nur die eine Seite ohne die andere sehen, leben Sie in einer Illusion. Halten Sie hier einmal inne und denken Sie über Ihr Leben nach.

Erinnern Sie sich an einen Augenblick, da Sie kritisiert, niedergemacht oder gedemütigt worden sind. Isolieren Sie genau diesen Augenblick in Zeit und Raum und den Menschen oder die Gruppe, die Ihnen das angetan hat. Haben Sie diesen Augenblick der Demütigung genau im Visier, dann sehen Sie noch einmal hin – und Sie werden feststellen, dass genau zur selben Zeit, als man Sie niedermachte, Sie selbst oder jemand anderer Sie erhoben und gelobt hat. Außerdem war jedes Mal, wenn Sie auf ein Podest gehoben wurden, dies auch der Augenblick, in dem Sie irgendjemand niedermacht und Ihnen eine Grube gegraben hat. Weisheit ist die Anerkennung der Tatsache, dass beide Seiten gleichwertig und gleichzeitig auftreten.

Jeder von uns lebt in der Dualität: Wir sind alle bipolare Menschen. Wir besitzen einen Teil, der uns erhebt, und einen anderen, der uns heruntermacht. Wir loben und kritisieren uns selbst. Niemand wird uns je so heftig hochjubeln oder heruntermachen, wie wir selbst es tun, weil niemand je so intensiv über uns nachdenken wird, wie wir selbst es tun. Wenn jemand auf uns reagiert, dann spiegelt er nur einen verdrängten Anteil von uns selbst wider. Wir werden niemals das Opfer anderer; sie alle reflektieren uns nur.

Ich wurde einst von einem Arzt in Los Angeles zu Rate gezogen, dessen Patienten sich plötzlich nicht mehr auf eine längerfristige Behandlung einlassen wollten. Er wusste sich nicht zu helfen und bat mich schließlich um Rat. Da ich weiß, dass die Welt ein Spiegel ist, fragte ich ihn einfach: »Wo gibt es denn bei dir Widerstände gegen eine längerfristige Verpflichtung?«

Er hatte sich gerade überreden lassen, zu heiraten. Er liebte die Frau, und ein Teil in ihm wollte bestimmt heiraten, aber er hatte auch Angst vor der Verpflichtung, da er bereits eine gescheiterte Ehe hinter sich hatte. In der Woche, in der er einwilligte zu heiraten, kamen plötzlich die Einwände von seinen Patienten. Seine Angst war finanzieller Natur, also half ich ihm, einen Ehevertrag aufzusetzen. Daraufhin löste sich seine Angst vor der Ehe in Luft auf, und bald weigerten sich seine Patienten auch nicht mehr, sich auf eine längerfristige Behandlung einzulassen. Sein finanzielles »Problem« half ihm, seine Beziehungsängste zu klären und zu durchbrechen und sein Herz für die Frau, die er liebte, zu öffnen.

Die Menschen behandeln Sie genauso, wie Sie sich unbewusst selbst behandeln. Das äußere Verhalten anderer Ihnen gegenüber spiegelt Ihr eigenes inneres Verhalten wider. Daher ist eine der wirkungsvollsten Methoden, Ihr Leben zu transformieren, sich Ihre Überzeugungen und Gefühle über sich selbst bewusst zu machen. Die meisten Menschen gehen völlig unbewusst durch das Leben. Sie erleben schöne und schwere Augenblicke und taumeln durch ihre Emotionen, sehen aber nicht die ausgeglichene und göttliche Ordnung und dass sie ständig von Liebe umgeben sind. Mein Ziel ist es, Ihnen bewusst zu machen, dass Sie in jedem Augenblick Ihres Lebens von wunderbarer Liebe umgeben sind.

Wahre Liebe

Wahre Liebe entsteht aus einem Zustand emotionaler Ausgeglichenheit. Wir haben unter anderem deshalb einen Partner, weil wir lernen müssen, ein liebendes Gleichgewicht aufrechtzuerhalten. Ist der eine Partner himmelhoch jauchzend und aufgedreht, hilft der andere ihm, wieder auf den Teppich und ins Gleichgewicht zu kommen. Ist der eine zu Tode betrübt und niedergeschlagen, wird der andere ihm helfen und ihn aufmuntern. Wird der eine Partner größenwahnsinnig, holt der andere ihn wieder von seinem hohen Ross herunter. Wird der eine enttäuscht, hilft der andere ihm dabei, wieder Mut zu fassen. Auf diese Weise funktioniert eine Beziehung. Dieser Ausgleich hält die göttliche Ordnung oder wahre Liebe aufrecht.

Nach einem »großen Tag« in der Praxis bin ich oft in Hochstimmung nach Hause gegangen. Ich hatte jede Menge Patienten, habe viel Hilfestellung geboten und viel Geld verdient. Also sitze ich stolzgeschwellt in meinem Jaguar und denke: O Mann, was für ein toller Tag! Möchte mich jemand als Glücksbringer berühren?

Doch kaum zu Hause angekommen – Päng! Aus die Maus. »Wo bleibst du denn nur? Wir wollten schon vor einer Stunde zum Abendessen ausgehen. Hast du besorgt, worum ich dich gebeten habe? Wer glaubst du eigentlich, wer du bist?« Meine Hochstimmung geht zu Bruch, weil ich nicht verstehe, dass dies tatsächlich große Liebe ist.

Also ist meine erste unreife Antwort: »Na besten Dank. Mir ging es so prima und ich war so gut drauf und hatte einfach einen tollen Tag. Wieso musst du mich jetzt derart runterziehen? Ich arbeite wirklich hart, aber du unterstützt mich nicht. Alle anderen erkennen, wie toll ich bin. Was für eine Laus ist dir bloß über die Leber gelaufen?«

Na ja ... und dann? Eine Woche lang keinerlei Intimitäten. Ich wurde zur Minna gemacht, weil wir nicht hier sind, um recht zu haben, sondern um zu lieben. Die beiden Seiten machen die wahre Liebe aus; sie schaffen die Balance. Ich war von Liebe umgeben, aber ich war süchtig nach der Lust an meiner Arbeit und grollte gegen den ausgleichenden Schmerz zu Hause. Irgendwann wurde mir dann klar, dass ich immer dann, wenn ich so voller Überschwang nach Hause kam, nicht wirklich für meine Familie präsent war. Und wenn ich nicht präsent und liebevoll für meine Familie da war, brachte mich der Krach wieder zur Präsenz mit ihnen zurück. Kam ich jedoch völlig niedergeschlagen nach Hause, war meine Frau für mich da und richtete mich wieder auf.

Ich begriff, dass ich, wenn ich beim Nachhausekommen liebevoll empfangen werden wollte, lieber nicht eingebildet oder im Überschwang sein sollte. Daher dachte ich auf dem Heimweg im Auto: Nun gut, welchen Patienten habe ich vergessen anzurufen? Welchen Papierkram habe ich nicht erledigt? Wem habe ich nicht so gut geholfen, wie es möglich gewesen wäre? So beschied ich mich selber und betrat das Haus nicht, bevor ich mich nicht zentriert und präsent fühlte.

Die Ergebnisse jeder wahren Wissenschaft sind reproduzierbar, und so ist es auch hier: Wenn Sie sich an diese Regel halten, werden Sie immer wieder einen liebenden Partner zu Hause haben. Es ist wirklich erstaunlich: Sie haben buchstäblich die Macht, den Zustand Ihres Partners aus der Ferne zu verändern, indem Sie sich in einen Zustand ausgewogener Liebe versetzen. Wenn Sie wahre Liebe haben, erkennen Sie das Gleichgewicht überall um Sie herum. Halten Sie jedoch an einer einseitigen Emotion fest, dann bringen Sie die andere Seite dazu, Sie zu zentrieren und Sie zu wahrer und ausgewogener Liebe zurückzubringen. So funktioniert die göttliche Ordnung.

In dem Augenblick, in dem Sie diese Balance erkennen und ein vollkommenes Gleichgewicht um sich herum bemerken, werden Sie befreit sein. Sie wissen dann, dass die Welt vollkommen ausgewogen ist, innen wie außen. Erst dann sind Sie in der Lage, Ihr Leben selbst zu bestimmen, und Sie werden nicht mehr von Lob und Tadel kontrolliert. Sie beginnen, Ihr eigenes Schicksal zu schmieden, und Sie erlauben dem erleuchteten Anteil in Ihnen, Ihr Leben zu leiten, anstatt sich von dem Anteil, der Hoffnungen und Ängsten unterworfen ist, herumzerren zu lassen.

Wenn Sie der Regisseur Ihres Lebens werden möchten, müssen Sie Ihre Wahrnehmungen und Emotionen ins Gleichgewicht bringen und Gleichmut entwickeln. Mit Gleichmut meine ich nicht Gleichgültigkeit oder Apathie; ich meine einen Zustand innerer Balance und Gefasstheit, der über emotionale Extreme hinausgeht. Das Herz öffnet sich nur, wenn der Geist bewusst ins Gleichgewicht gebracht wird. Unausgeglichene Emotionen bewirken, dass es sich verschließt. Deshalb betont der heilige Augustinus: »Der Wille Gottes ist Gleichgewicht.« Gott möchte, dass Sie Ihr Herz für sich selbst öffnen und erkennen, dass Sie Teil des Göttlichen sind – jenseits jeglicher Vorstellungen von Großartigkeit, Wertlosigkeit und zweifelnden Ängsten.

Wenn der Wille des Menschen sich auf den ausgeglichenen Willen Gottes einstimmt, kommuniziert das Herz mit dem Göttlichen. Unsere Aufgabe als Mensch ist es, hellwach zu sein für die Dynamik des Lebens, die alles tut, um uns ins Gleichgewicht zu bringen und uns dieser Wahrheit gewahr werden zu lassen. Wenn wir beginnen, die Balance überall zu sehen, dann dämmert uns langsam, dass es womöglich eine verborgene Ordnung und Intelligenz hinter allem gibt.

Die Liebe hat zwei Seiten: Unterstützung und Herausforderung. Wir müssen beide Seiten gleichermaßen erfahren und in dieser Welt der Dualität leben, bis wir die Großartigkeit des dieser Dualität zugrunde liegenden Gleichgewichts erkennen. Ist Ihnen klar, dass Sie einen Menschen durch Unterstützung schwach und abhängig und durch Herausforderung stark und unabhängig machen können? Wenn wir das Gefühl haben, gemein zu jemandem gewesen zu sein, machen wir uns selbst schwere Vorwürfe. Aber das liegt nur daran, dass wir das Gleichgewicht nicht erkannt haben. Aufgrund der göttlichen Ordnung hat dieselbe Person, zu der wir gemein waren, genau zur selben Zeit von jemand anderem Freundlichkeit erfahren. Unsere Gemeinheit machte sie unabhängiger und die Freundlichkeit des anderen Menschen machte sie abhängiger. Sie werden nicht glauben, wie oft ich erlebt habe, wie ein Kind von seinem Vater herausgefordert wurde, während die Mutter unterstützend wirkte und umgekehrt. Je sanfter und nachsichtiger ein Elternteil war, desto rauer und strenger war der andere. Je weicher der eine war, desto härter wurde der andere, und beide zusammen bildeten das Gleichgewicht der Liebe.

Ein Kind braucht sowohl Unterstützung als auch Herausforderung in vollkommener Ausgewogenheit. Wenn ein Elternteil die eine Seite spielt, spielt der andere die andere Seite. Ist das nicht der Fall, dann werden der Bruder oder die Schwester ihn spielen. Bekommt ein Kind zu Hause nur Unterstützung, dann wird das Kind am Ende der Straße es verprügeln. Es wird dem, was es braucht, um es ins Gleichgewicht zu bringen, nicht entgehen. Sehen Sie sich Ihr eigenes Leben an, dann werden Sie erkennen, dass ich die Wahrheit sage. Können Sie sich an Zeiten erinnern, zu denen Sie ausgewogen sowohl Lob als auch Tadel bekommen haben? Sie können dem nicht entfliehen. Hätten Sie von Geburt an nichts als Herausforderungen erlebt, dann hätten Sie und Ihre Familie nicht überlebt. Hätten Sie von Ihrer Familie nichts als Unterstützung erfahren, dann hätten Sie nicht überlebt, als Sie in die Welt hinausgegangen sind.

Die Natur lässt einzig und allein Ausgewogenheit zu. Haben Sie sich jemals gefragt, warum so viele berühmte Rock- oder Filmstars Selbstmord begehen, an einer Überdosis sterben oder sich auf andere Weise selbst zerstören? Ihre Suizid-Neigungen oder Selbstmordversuche sind oft kompensatorische Reaktionen; andere Leute heben sie dermaßen in den Himmel, dass sie selber glauben, sie seien unbesiegbar. Da Lob und Tadel immer ausgewogen sind, wird jeder, der in der Illusion lebt, er sei größer, als er wirklich ist, auch sich selbst dafür tadeln, dass er nicht in der Lage ist, dem Phantasiebild von sich selbst zu entsprechen; und so wird er sich selbst zerstören. So seltsam das auch klingen mag, aber Kritiker und Regenbogenpresse halten Berühmtheiten im Grunde am Leben, indem sie all das Lob und die Huldigung, die sie bekommen, ausgleichen.

Eine der größten Illusionen, denen die Menschen anheimfallen, ist die Suche nach Lust ohne Schmerz, Lob ohne Tadel oder Freundlichkeit ohne Gemeinheit. Die Wurzel dessen, was man Leiden nennt, ist die Suche nach flüchtigen einseitigen Erlebnissen in einem zweiseitigen Universum. Wenn Sie die Wahrheit und die Tatsache des Gleichgewichts in der Welt annehmen, werden Sie von Liebe umgeben sein. Wahrer Liebe können Sie nicht entfliehen. Es gibt keinen Ort, an dem sie Sie nicht erreicht. Haben Sie diese Wahrheit erkannt, dann werden Ihre Angst und Ihre Schuldgefühle sich verflüchtigen und Sie können beginnen, mit Ihrem Leben zu tanzen.

Der Meister-Tanz

In Kalifornien traf ich einst einen bekannten Meister der Kampfkunst, der sich für meine Ansichten interessierte und der mir anbot, mir im Austausch für eine Einführung in meine Philosophie einige Kampfkunst-Stunden zu geben. Zu Beginn der ersten Lektion in Kampfkunst forderte er mich auf, ihn so heftig anzugreifen, wie es mir nur möglich sei – so, als wolle ich ihn töten. Das kam mir etwas merkwürdig vor, aber ich folgte schließlich seiner Aufforderung. Doch so oft ich ihn auch mit Hieben und Fußtritten attackierte, es gelang ihm jedes Mal, meine Angriffe mit nur zwei Fingern ins Leere zu lenken, mich aus dem Gleichgewicht zu bringen und mich dann, ohne dass ich ihn auch nur berührt hatte, auf die Wange zu küssen. Nach etlichen erfolglosen Angriffsversuchen gab ich schwitzend und völlig außer Atem auf und fragte ihn, worin die erste Lektion denn nun bestanden habe.

Er sagte: »Deine erste Lektion ist, dass es für einen Meister so etwas wie einen Angriff nicht gibt; es gibt nur Aufforderungen zum Tanz. Doch weil ein Anfänger unsicher ist, wird er sich immer als Opfer fühlen, das angegriffen wird. Er wird alles, worauf er nicht vorbereitet ist, als Gefahr auffassen, und das bestimmt dann sein Leben. Doch auf alles, in dem er Yin und Yang in völligem Gleichgewicht wahrnimmt, wird er nicht reagieren. Meister dagegen reagieren gekonnt auf solche Situationen und machen sie zu Aufforderungen zum Tanz.«

Dieser Kampfkünstler fühlte sich durch nichts von dem, was ich unternahm, um ihn anzugreifen, bedroht, weil er bereits auf jede Möglichkeit vorbereitet war. Er stand gefasst und präsent da, ganz gleich, was ich tat, und verkehrte meine Versuche eines tödlichen Kampfes in einen graziösen Tanz. Ihm zuzusehen war sowohl lehrreich als auch unterhaltsam.

Wenn wir alles, was uns begegnet, auf die gleiche Weise verstehen und annehmen können, wie dieser Kampfkünstler – in dem Wissen, dass es sich nicht um einen Angriff handelt, sondern um eine Gelegenheit, dazuzulernen und zu wachsen –, dann können wir unser Leben ebenso wie er in einen meisterhaften Tanz verwandeln. Zwar erleben die meisten von uns eher verbale und mentale als physische Konfrontationen, aber auch hier gelten dieselben Prinzipien. Wenn Sie von Gefühlen, die durch Lob und Tadel hervorgerufen werden, abgelenkt sind, dann sind Sie nicht präsent, nicht wahr? Wenn andere Sie loben oder tadeln und Sie deren einseitige Hirngespinste übernehmen, kann das Ihr Leben bestimmen. Sobald Sie sich von dem, was die Leute über Sie denken, in ein Hoch oder Tief treiben lassen, oder wenn Sie sich illusorische Vorstellungen von sich selbst machen, werden Sie entmachtet. Sie können Ihre Genialität nicht in ihrer ganzen Fülle zum Ausdruck bringen. Doch in der Sekunde, da Sie Ihren Geist in einen Zustand ausgewogener Achtsamkeit bringen, wirkt die Macht des Göttlichen durch Sie.

Beim nächsten Mal, wenn jemand versucht, Sie herunterzumachen, halten Sie Ausschau nach dem ausgleichenden Gegensatz und sagen Sie zu sich selbst: »Ah, danke schön! Ich habe mir gerade wegen irgendeiner Sache etwas eingebildet und war in Hochstimmung, und ich bin gelobt und aufgebaut worden. Daher kann ich erkennen, warum ich dich an diesem Punkt in mein Leben gebracht habe.« Wenn es Ihnen gelingt, diesem Jemand dankbar dafür zu sein, dass er Ihnen hilft, im Gleichgewicht zu bleiben, sind Sie auf dem Weg, ein Meister zu werden. Schulen Sie sich dazu, immer dann, wenn Sie in eine Krise geraten, sofort nach dem Segen und der Gelegenheit, die darin liegen, Ausschau zu halten, dann können Sie mit Ihrem Leben tanzen.

Wäre das Wort »Danke« das einzige Gebet,
das Du je sprichst, so würde es genügen.

Meister Eckhart

Wenn Sie Ihr Herz der göttlichen Intelligenz öffnen, geschehen Wunder in Ihrem Leben. Wunder sind nichts anderes als Naturgesetze, die von Wesen, die sie anzuwenden wissen, in die Tat umgesetzt werden. Wenn Sie innerlich gefasst und zentriert sind, besitzen Sie Macht. Sie werden zu einem Jedi-Ritter und »die Macht ist mit Ihnen« – nicht, weil Sie die Kontrolle gewinnen wollen, sondern weil Sie sich selbst und Ihr Leben genug wertschätzen, um alle seine Hochs und Tiefs in vollkommener Balance anzunehmen.

Der Zweck von *The Breakthrough Experience* besteht darin, Ihnen zur Seite zu stehen, wenn Sie sich bereit fühlen, Ihre wahre Natur wertzuschätzen und sie strahlen zu lassen. Sollen wir anfangen?

Viele Kapitel in diesem Buch enthalten ähnliche Übungen wie die folgenden. Ich möchte Ihnen dringend anraten, sich selbst das Geschenk zu machen, jede dieser Übungen zuerst zu beenden, bevor Sie zum nächsten Kapitel weitergehen. Diese Übungen sind ein wesentlicher Bestandteil von *The Breakthrough Experience*. Nehmen Sie sich also alle Zeit, die Sie brauchen, bevor Sie weitergehen.

Im Anschluss an die Übungen werden Sie eine Liste von Affirmationen finden, die ich »Worte der Weisheit und Kraft« nenne. Lesen Sie diese Affirmationen mindestens dreimal am Tag, konzentrieren Sie sich auf ihre Bedeutung und spüren Sie, wie sie allmählich in Ihrem Herzen und Geist Wurzeln schlagen.

— *Übung 1* —

Denken Sie an eine Begebenheit in Ihrem Leben, bei der Sie kritisiert oder niedergemacht wurden oder als man Ihnen gesagt hat, Sie seien nichts wert. Es ist wichtig, sich an möglichst viele Details dieser Erfahrung zu erinnern: Wo und wann ist es geschehen, wer hat Ihnen das angetan? Und dann erinnern Sie sich daran, wer Sie genau in diesem Moment aufgemuntert, gelobt und auf ein Podest gestellt hat. Schreiben Sie beides nieder und erkennen Sie die Ausgewogenheit darin.

Lassen Sie in den kommenden Tagen und Wochen Ihr ganzes Leben allmählich Revue passieren und gleichen Sie alle einseitigen Worte des Lobes oder der Kritik, an die Sie sich erinnern können, aus. Liebe hat zwei Seiten. Wenn Sie diese großartige Wahrheit zutiefst verstehen, werden Sie in jeder Minute Ihres Lebens von Liebe umgeben sein.

— *Übung 2* —

Legen Sie sich heute Abend vor dem Einschlafen bequem in Ihr Bett und beginnen Sie, innerlich Danke zu sagen. Erinnern Sie sich an alle Menschen, die Ihnen heute geholfen haben. Rufen Sie ihr Gesicht vor Ihr geistiges Auge und danken Sie ihnen für ihre Unterstützung und Herausforderungen, Freundlichkeit oder Gemeinheit oder einfach für ihre Anwesenheit in Ihrem Leben. Finden Sie heraus, was sie Sie gelehrt haben, was sie ausgeglichen haben und wie sie es getan haben.

Fahren Sie fort, auf diese Weise Dank zu sagen, bis Sie eine große Dankbarkeit für Ihren Tag empfinden – bis Sie erkennen, dass beide Seiten vollkommen im Gleichgewicht und beide Liebe sind. Mit einem dankbaren, offenen Herzen schlafen zu gehen, ist eine machtvolle Übung der Heilung. Ihre Träume werden inspirierter werden und Sie werden am nächsten Morgen mit einem leichteren Gefühl erwachen.

Worte der Weisheit und Kraft

- Ich bin wunderbar, so wie ich bin.
- Ich höre auf meine unsterbliche Natur, und sie weiß, worum es geht.
- Meine wahre Natur ist Liebe und Weisheit. Weisheit ist das augenblickliche Erkennen einer jeden Krise als Segen.
- Das Leben ist ein Geschenk. Danke!

Lichter werden

Jede Wahrheit durchläuft drei Stufen:
Erst erscheint sie lächerlich, dann wird sie bekämpft,
schließlich ist sie selbstverständlich.

Arthur Schopenhauer

Wussten Sie, dass Ihre wahre Natur unter all Ihren Hoffnungen, Ängsten, Gedanken und Gefühlen nichts als Liebe und Licht ist? Dem Universum wohnen Balance und Ordnung inne und sie manifestieren sich als dieses Licht und diese Liebe. Sie haben unbeschränkten Zugang zu einer grenzenlosen Energie, der gleichen Energie, die alles Lebendige durchdringt – vom Kern unseres strahlenden Sterns bis zum Zentrum einer Purpurrose. Diese universelle Ordnung von Liebe und Licht wohnt im Herzen aller Dinge, auch in Ihrem Herzen, und sie entfaltet sich in dem Augenblick, da Sie Ihr Herz mit dem Schlüssel der Dankbarkeit aufschließen.

Sobald Sie die Göttliche Quelle erkennen und sich auf sie einstimmen, indem Sie Ihren Geist ins Gleichgewicht bringen, haben Sie Zugang zu unendlicher Energie. Das ist nicht einfach nur eine Metapher oder eine New-Age-Phantasie. Es ist so echt wie der Sonnenuntergang und so solide wie das Buch, das Sie gerade in den Händen halten, weil alles Energie ist. In diesem Kapitel geht es darum, wie man Zugang zu dieser unendlichen

Energie gewinnt. Da die Beherrschung einer jeglichen Disziplin in der Meisterung von Details liegt, könnte es sein, dass dieses Kapitel für Sie das Herausforderndste, aber zugleich auch das Lohnendste ist.

Wiederkehrende Themen

Nachdem ich die High School auf dem zweiten Bildungsweg abgeschlossen und die Aufnahmeprüfung für das College bestanden hatte, fand ich mich mit 20 Jahren in einem Studentenwohnheim mit einem Haufen Physiker wieder. Ich teilte das Zimmer mit einem jungen Mann aus Taiwan, der davon träumte, den Nobelpreis zu gewinnen. Wir blieben die halbe Nacht wach und diskutierten die neuesten Forschungsergebnisse von Physik und Kosmologie. Wir forderten uns gegenseitig heraus, umfassendere Theorien zu entwickeln als die des Urknalls oder der Einheitlichen Feldtheorie. Ich begab mich auf die Suche nach der Essenz des Lebens und wollte die Quelle seiner Energie sowie die universellen Gesetze erkennen. Etwas in mir drängte mich, die Mysterien der Energie zu erforschen und das Geheimnis des Bewusstseins zu lüften. War es eine Wissenschaft? War es Mystik? War es beides? Ich ahnte damals noch nicht, welchen Einfluss diese Suche auf mein Leben haben sollte.

Bei meinen Studien der Physik, Metaphysik und Theologie entdeckte ich, dass das Thema des Lichts immer wiederkehrte. In der Bibel heißt es, Gott habe Himmel und Erde mit den Worten »fiat lux«, »Es werde Licht«, ins Dasein gerufen. Die alten Meister malten heilige Menschen mit einem Lichtschein um ihren Kopf herum. Physiker und Astronomen benutzten Licht als Quelle und als großen Maßstab für die von ihnen untersuchten

Phänomene. Zu jener Zeit fragte ich mich: Ist es möglich, dass sichtbares Licht und spirituelles Licht dasselbe sind? Kann es sein, dass beide von denselben universellen Gesetzen beherrscht werden?

In der modernen Quantenphysik fand ich ein weiteres immer wiederkehrendes Thema: den Kollaps der Wellenfunktion. Jedes atomare oder subatomare Teilchen kann auch als Welle fungieren und auf mathematische Gleichungen reduziert werden, die Spin, Rotation und andere Quantenzahlen beschreiben. Wenn zwei komplementäre Teilchen (solche mit gleicher, aber gegensätzlicher Masse und gegensätzlicher Ladung, wie Materie und Antimaterie) zusammengebracht werden, vernichten sie sich gegenseitig und bringen dabei Licht hervor. Wenn sie aber andererseits gleichzeitig aus Licht hervorgebracht werden, scheint eines von beiden zu verschwinden. Dieses augenblickliche Verschwinden wird »Kollaps der Wellenfunktion« genannt.

Dann begegnete ich dem Werk des weltberühmten Physikers Freeman Dyson, der zurzeit am Institute for Advanced Studies in Princeton in New Jersey (USA) lehrt. Er wurde 1993 in der Zeitschrift *Scientific American* mit folgender Aussage zitiert: »Kein Universum mit Intelligenz ist gegenstandslos ... Intelligenz könnte durch geschickte Konservierung von Energie auf Ewigkeit fortbestehen – vielleicht in Form einer Wolke von aufgeladenen Partikeln (von Licht).«

Ich fragte mich: Wenn Bewusstsein so etwas wie eine Wolke von geladenen Teilchen ist, was bedeutet das dann für die Menschheit? Schließlich entdeckte ich, dass die Mysterien des Geistes und die Physik des Lichts durch den Kollaps der vollen Quanten-Wellenfunktion miteinander in Verbindung stehen. Das führte mich schließlich zum Entwurf des Quantenkollaps-Prozesses (The Quantum Collapse Process™), der heute den Kern von *The Breakthrough Experience* bildet. Wenn Sie zum Ende dieses Buches gelangt sind und die Möglichkeit gehabt haben, die Grundlagen dieses Prozesses zu erlernen und ihn für sich auszuprobieren, werden Sie seine Gültigkeit aus eigener Erfahrung bestätigen können.

In den folgenden Kapiteln präsentiere ich Ihnen einige wichtige Grundlagen für die Anwendung des Quantenkollaps-Prozesses. Wenn Sie zum neunten Kapitel gelangt sind und den Anleitungen genau folgen, werden Sie dieses Licht und diese Liebe erfahren. Dann werden diese Prinzipien nicht mehr bloße Theorie oder Meinungen für Sie darstellen. Sie werden dann vielmehr zu einem integralen Bestandteil Ihrer Art und Weise, das Leben zu erfahren und zu betrachten. Haben Sie einmal einen solchen Kollaps erfahren, werden Sie die Liebe nie wieder vergessen.

Jetzt hier sein

Wie zuvor konstatiert, vernichten sich zwei komplementäre Teilchen – Teilchen mit gleicher aber gegensätzlicher Ladung, Spin und Masse – bei Kontakt gegenseitig und erzeugen dabei Licht. Wenn im menschlichen Bewusstsein zwei komplementäre Emotionen oder solche mit gleichwertiger, aber entgegengesetzter Ladung (wie beispielsweise Freude und Depression oder Glücklichsein und Traurigkeit), Spin (vorwärts oder rückwärts in der Zeit) und Masse (belastende emotionale Ablenkungen) in vollkommenem Gleichgewicht zusammengebracht werden, heben die Emotionen einander auf und bringen ein Gefühl von Liebe und Licht hervor. Licht und Liebe sind zwei Aspekte desselben Phänomens.

Alle positiven und negativen Teilchen im Universum werden gleichzeitig in einem vollkommenen Eins-zu-eins-Gleichgewicht geschaffen, aber unsere Sinne nehmen fälschlicherweise ein örtliches Ungleichgewicht wahr und können uns in die Irre führen. Jedes Mal, wenn Sie sich in positive und negative Emotionen aufspalten, zerstreuen Sie Ihr Licht, verschwenden Ihr Energiepotenzial und Sie entmachten Ihr wahres und zentriertes Wesen. Auf diese Weise spalten Sie sich in Vergangenheit und Zukunft und sind nicht mehr in der Gegenwart präsent. Wenn Sie Ihre Wahrnehmungen wieder ins Gleichgewicht bringen und gewahr werden, wie die Dinge tatsächlich sind, kehren Sie den Prozess um. Die Vergangenheit und die Zukunft verschwinden in einem allumfassenden Zustand von liebender Gegenwart. Im Zustand von Liebe können außergewöhnliche Dinge geschehen.

Sie mögen vielleicht fragen: »Wie kann das sein?« Solange Sie auf Ihre körperlichen Sinne eingestimmt sind, unterliegen Sie Zeit und Raum, denn darin lebt Ihr Körper. Zeit besteht aus Vergangenheit und Zukunft, die beide nie im Jetzt existieren können. Die Vergangenheit enthält Erinnerungen, gründet auf Gefühlen und wird von der Emotion mit dem Etikett Schuld beherrscht. Die Zukunft enthält Vorstellungen, gründet ebenfalls auf Gefühlen und wird von der Emotion, die Angst genannt wird, beherrscht. Die liebende Essenz Ihres wahren Geistes ist zeitlose und raumlose Gegenwart. Jedes Mal, wenn sie eine als Vergangenheit erinnerte oder eine in die Zukunft projizierte Emotion erleben, verzetteln Sie Ihre potenzielle Energie. In einem Zustand von Gegenwart und Liebe integrieren Sie jedoch Ihre kinetische Energie wieder und bringen ein neues Quant kreativen Potenzials hervor. Dieses Buch soll Ihnen helfen, Ihre unausgeglichenen Emotionen wieder in das erleuchtete Potenzial wahrer Liebe zu integrieren.

Möchten Sie an einem Ort sein und gleichzeitig nicht dort sein? Möchten Sie, dass ein ganzer Raum bis auf die Person, die Sie lieben, plötzlich verschwindet? Wie wäre es, wenn Sie die

Möglichkeit hätten, jemanden, der vor 20 Jahren gestorben ist, zu treffen und diesem Menschen zu sagen, wie sehr Sie ihn geliebt haben? Was wäre, wenn der Mensch, den Sie seit 20 oder 30 Jahren verachtet oder gemieden haben, direkt neben Ihnen auftauchte und Sie ihm Ihr Herz öffneten, ihn umarmten, sich bedankten und ihn liebten, und Sie sich dadurch von jeglicher emotionalen Bindung und allem emotionalen Ballast befreiten? Ich berichte Ihnen von einigen Menschen, die den Quantenkollaps-Prozess absolviert haben.

Mütter und Väter

Vor einiger Zeit stellte ich *The Breakthrough Experience* in Los Angeles vor. Im Publikum befand sich eine wunderschöne Frau (die ich hier Jane nenne), die von ihrer spanischen Mutter verlassen und von einer Französin aufgezogen worden war. Jane wendete den Quantenkollaps-Prozess auf ihre leibliche Mutter und auf Vollendung an. Ich fragte sie, wer im Publikum ihrer leiblichen Mutter ähnlich sähe. Sie sah sich im Raum um und wählte eine Frau mittleren Alters mit Asthma, die in der Nähe der Außentür saß, um frische Luft zu bekommen. Jane sprach diese Frau auf Spanisch an, was ihre Muttersprache ist, und die Frau sagte daraufhin Dinge, die Janes leibliche Mutter gesagt hatte, als sie ein junges Mädchen gewesen war. Die Frau wusste sogar, bei welchem Spitznamen Jane damals gerufen wurde.

Hinterher fragte mich die »Ersatzmutter«: »Wie konnte ich ihren Spitznamen kennen? Woher wusste ich, was ich sagen musste? Ich hatte beinahe das Gefühl, als würde etwas durch mich sprechen und mich in dem leiten, was ich zu sagen hätte.

Es war seltsam – als wäre ich für einige Augenblicke zu ihrer leiblichen Mutter geworden.«

Als Jane diesen Quantenkollaps beendet hatte, sagte ich: »Was ist nun mit Ihrer Stiefmutter? Was steht dem im Wege, sie zu lieben?« Wir arbeiteten etwas länger an ihrem Kollaps und glichen die verbleibenden unausgewogenen Wahrnehmungen oder Emotionen hinsichtlich ihrer Adoptivmutter aus. Dann fragte ich sie: »Wer hier im Raum erinnert Sie an Ihre Stiefmutter?«

Jane sah sich im Raum um und zeigte wieder auf dieselbe Frau. Erstaunlicherweise beherrschte die Dame drei Sprachen. In der Rolle der Stiefmutter Janes sprach sie nun Französisch und benutzte genau die Worte, die Janes Stiefmutter geäußert hätte. Die Situation war für beide Frauen so real, dass sie sich unterhielten, als wären sie nie getrennt gewesen.

Anschließend kehrte die Ersatzmutter an ihren Platz zurück, lehnte sich entspannt zurück und machte eine neue Entdeckung: Ihr Asthma hatte sich unter dem Einfluss eines solchen tiefen Liebes-Austauschs augenblicklich gelegt. Ahnen Sie, was in ihrem Leben geschehen war? Sie hatte selber eine ihrer Töchter weggegeben und die damit verbundenen Emotionen waren zum Teil die Ursache ihres Asthmas! Aus psychosomatischer Sicht kommt Asthma von Frustration und Angst, die mit einem Gefühl des Verlusts einhergehen sowie mit dem Gefühl, das Leben nicht verdient zu haben. Die Frau, die die Rolle beider Mütter gespielt hatte, erhielt dadurch die Gelegenheit, sich über ihre Gefühle hinsichtlich des Verlusts ihrer Tochter klar zu werden, indem sie ihren eigenen Kollaps durchführte. Sie hatte diese Emotion als Schmerz und Krankheit seit ihrer Zeit als junge Mutter in ihrem Körper mit sich herumgetragen.

Die glücklichen Zufälle und Synchronizitäten, die Menschen, welche an den Seminaren zur *Breakthrough Experience* teilnehmen, erleben, gehen sehr tief und sind bestimmt keine bloße Einbildung. Was mit Jane geschah, unterstreicht, dass, wenn Sie wirklich lieben, der geliebte Mensch präsent wird und bei Ihnen erscheint.

Sollte Ihnen das jetzt vielleicht völlig unmöglich erscheinen, dann kann ich nur sagen: Ich gebe Ihnen mein feierliches Ehrenwort, dass ich hier nichts präsentiere, was nicht wahr wäre und das nicht von Hunderten und Tausenden von Menschen ausprobiert und erfahren worden ist. Ich untertreibe eher das, was möglich ist, und lasse Sie Ihre eigenen Erfahrungen damit machen.

Eine der tiefsten Erfahrungen, die Sie jemals machen können, ist die Erfahrung eines offenen Herzens in der Gegenwart desjenigen Menschen, den Sie lieben. Es spielt keine Rolle, ob dieser Mensch tot oder lebendig ist – es gibt eine parallele spirituelle Welt, und die von Ihnen geliebten Menschen werden dort bei Ihnen sein, ganz gleich, wo sie sich befinden mögen.

Die Wissenschaft kompromissloser Liebe

Lassen Sie uns nun das Phänomen betrachten, wenn Menschen plötzlich auftauchen. Fassen Sie sich auf die Schulter und spüren Sie das Fleisch unter Ihrer Hand. Der physische Körper, den Sie gerade berührt haben, scheint solide zu sein, aber als Ganzes kann er in Systeme unterteilt werden, wie zum Beispiel das Nervensystem, das Herz-Kreislauf-System und das Muskelsystem. Diese Systeme können wiederum in Organe unterteilt werden wie Gehirn, Magen oder Lunge. Organe bestehen aus Geweben, die aus Zellen bestehen, die sich weiter in Moleküle, dann Atome und dann subatomare Teilchen unterteilen lassen.

Die Quantenphysiker wissen heute, dass alle subatomaren Teilchen, wie Protonen, Elektronen, Neutronen, Quarks und Mesons, im Grunde Wellen sind.

Ihre Vorstellung, Sie hätten einen festen Körper, ist eine Illusion Ihrer Sinne. Ihr Körper besteht aus nichts anderem als elektromagnetischen Resonanzwellen. Das meiste Ihres Körpers ist leerer Raum, der winzige Felder vibrierender Wellen enthält. Sie sind ein schwingendes System. Wahrscheinlich haben Sie sogar schon einmal gesagt: »Ich nehme heute seltsame Schwingungen auf.« Oder: »Ich habe nicht dieselbe Wellenlänge wie er.« Sie bestehen aus reinen vibrierenden Lichtwellen, die die Physiker Quanten nennen.

Ich werde nun Ihr Gehirn etwas fordern: Eine Quantenlichtwelle besteht aus Wellenbergen und Wellentälern oder positiven und negativen Phasen. Genauso bestehen Sie aus Höhen und Tiefen oder positiven und negativen Emotionen. Die Phasen von Wellenberg und Wellental korrespondieren mit den Höhen und Tiefen unseres Bewusstseins; dieselben Gesetze bestimmen beide. Die positiven Phasen der Lichtwellen werden Positronen genannt. Die negativen Phasen werden Elektronen genannt. Keine dieser Phasen an sich ist Licht; sie sind geladene Teilchen, die sich in Zeit und Raum manifestieren. Jedes von ihnen hat eine Masse und besitzt eine bestimmte Dichte. Wenn eine vollständige Lichtwelle die Wahrheit darstellte, so wären die positive und die negative Phase für sich lediglich eine Halbwahrheit.

Wenn positive und negative Phasen in vollkommenem Gleichgewicht zusammenkommen, bringen sie Licht hervor. Licht bewegt sich nicht in einem kontinuierlichen hellen Strahl durch den Raum; es taucht plötzlich auf und verschwindet wieder, während es von einer vollen Welle oder einem Quant zum nächsten springt. Zwischen den einzelnen Lichtpunkten (Photonen) gibt es positive und negative Halbquanten (Positronen und Elektronen). Und das ist ein Quantensprung: von einem strahlenden Zustand der Erleuchtung zum nächsten.

Jetzt werden Sie sich wahrscheinlich fragen: »Was will dieser Typ mit all dem Physikkram? Warum spricht er von solchen abstrakten Dingen?«

Ich spreche von Ihrem Dasein, Ihrer physikalischen Natur als Schwingung. Es gibt Gesetzmäßigkeiten, die diese Schwingungen regieren. Wenn Sie diese Gesetzmäßigkeiten anwenden, können Sie verstehen, was im Leben geschieht, denn Verstehen ist wesentlich für Ihre Erfahrung der Erleuchtung. Einige Physiker haben behauptet, dass die Materie, aus der Ihr physischer Körper besteht, aus gefrorenem, kondensiertem und kühlem Licht besteht – und sie haben recht. Tatsächlich ist alles Licht, alles Schwingung, alles Geist.

Wir sind bereit, diese Prinzipien und Gesetzmäßigkeiten in der physikalischen Welt anzuerkennen, und nehmen an, dass sie nicht für die Welt des Geistes gelten, aber unser Bewusstsein arbeitet auf die gleiche Weise wie das Licht. Waren Sie jemals eingebildet und in Hochstimmung über einen Aspekt Ihres Lebens, Ihre Finanzen, Ihre Karriere oder Ihre Beziehung – und genau in diesem Augenblick geschah etwas, das Sie wieder demütig gemacht hat? Das ist kein Versehen oder ein Irrtum; es ist genau die Art und Weise, wie das Universum sicher geht, dass Sie Lieben lernen. In der Sekunde, in der Sie mehr Positives als Negatives sehen, ziehen Sie eine Situation an, in der Sie mehr Negatives als Positives sehen, um sie wieder ins Gleichgewicht zu bringen.

In der Quantenphysik gibt es ein Symmetriegesetz, das jeglichen isolierten Halbquanten-Zustand (Positron) ausschließt. Es scheint für jedes Positron irgendwo im Universum immer einen Anti-Halbquanten-Zustand (Elektron) zu geben, um es auszugleichen. Alle Phänomene sind universell volle Quanten. Als ich dieses Gesetz betrachtete, dachte ich: Das bedeutet, es kann nicht so etwas wie Glück ohne Traurigkeit oder Traurigkeit ohne Glück geben. Das ist ein großer Sprung, und so erforschte ich dieses Prinzip klinisch und stellte im Umgang mit Tausenden von Menschen fest, dass es stimmte.

Wenn früher jemand sagte, »Ich bin glücklich!«, habe ich es ihm geglaubt. Doch meine Forschungen haben gezeigt, dass die Menschen in jedem Fall sowohl glücklich als auch traurig waren. Wenn sie sagten, sie seien traurig, so spielten sie eine Rolle. Sie verglichen ihr Leben mit einer Phantasievorstellung von dem, wie sie glaubten, dass es sein sollte, und das machte ihr Glücklichsein aus. Es war in ihrer virtuellen Realität verborgen. Wenn ich diese Menschen jedoch durch den Quantenkollaps-Prozess führte und diese beiden emotionalen Phasen vereinigte, verschwanden beide und es entstanden dankbare Liebe und Licht.

Als ich einst auf einer Veranstaltung in Mexiko darüber sprach, stand eine Dame auf und sagte:»Ich verstehe das nicht so ganz, denn ich bin ein glücklicher Mensch. Ich war immer schon glücklich und kann mich tatsächlich nicht erinnern, in meinem ganzen Leben jemals unglücklich gewesen zu sein.«

Ich fragte sie:»Und sind die Menschen um Sie herum deswegen traurig?«

Sie antwortete:»Nun, ich versuche immer, sie aufzumuntern.«

Sie konnte es nicht ertragen, Traurigkeit in anderen Menschen zu sehen, weil sie ihre eigene Traurigkeit unterdrückte. Später erfuhren wir, dass sie vor Kurzem sehr krank gewesen war. Sie hatte Nieren-, Lungen- und Magenprobleme und ihr war sogar ein Teil eines Organs entfernt worden. Ihre Negativität ging in ihren Körper und manifestierte sich als Krankheit, und sie war sich gar nicht bewusst, welchen Preis sie für ihr sogenanntes ständiges Glücklichsein zahlte.

Jedes Mal, wenn Sie etwas Positives ohne das Negative wahrnehmen, werden Sie in eine positive Emotion hineingezogen. Jedes Mal, wenn Sie etwas Negatives ohne das Positive wahrnehmen, werden Sie in eine negative Emotion hineingezogen. Und beide Emotionen sind niederfrequente Zustände (kinetische Energie), die Ihr Potenzial zerstreuen und Ihr Leben bestimmen. Genau in der Mitte zwischen positiven und negativen Gefühlen, zwischen Mögen und Nichtmögen, liegt der Kern menschlicher Erfahrung – und er ist nichts anderes als Liebe. Wahre Liebe ist eine Synthese der beiden Aspekte einer Welle, und eine komplette Welle ist Licht, das auch »Liebe« genannt werden kann. Liebe ist ein Quantenzustand. Physiker wissen, dass ein kompletter Quantenzustand masselos, ladungslos, raumlos und zeitlos ist, was definitionsgemäß spirituell und bedingungslos ist.

Bewusstsein ist Licht, und es tritt in kompletten Quantenzuständen auf. Gott ist komplettes Quanten-Licht.

Die Menschen definieren Liebe unterschiedlich, doch ich definiere sie als »die Synthese oder die vollkommene Verschmelzung aller dualistischen Wahrnehmungen, die Summierung aller Polaritäten«. Wenn Glücklichsein und Traurigkeit vereinigt werden, ergeben sie Liebe. Mögen und Nicht-Mögen, Positiv und Negativ, Schmerz und Lust, Elektron und Positron – alle Dualitäten sind, wenn sie völlig vereinigt werden, Liebe. Ganz gleich, welche -logie Sie erforschen, alle führen zur gleichen Essenz: Liebe. Sie ist das einheitliche Feld, das jedes menschliche Wesen durchdringt und uns alle miteinander verbindet.

Ohne Liebe gibt es kein Leben,
und das Leben besitzt dieselben Qualitäten wie auch die Liebe.
Emmanuel Swedenborg

Wenn Sie in der Illusion von einseitig positiven oder negativen Erfahrungen leben, ziehen Sie automatisch die entgegengesetzte Seite an, um sich ins Gleichgewicht zu bringen. Wenn Sie die Vollkommenheit des Lebens anerkennen, indem Sie beide Seiten annehmen, erfahren Sie bedingungslose Liebe. Ein untrügliches Zeichen dafür, dass die beiden Seiten integriert sind, sind Tränen der Liebe. Es sind keine Tränen des Glücks oder der Trauer, es sind Tränen der Liebe und Inspiration, und es ist physiologisch unmöglich, ohne sie zu einer Synthese zu gelangen. Je stärker und weiter voneinander entfernt die emotionalen Ladungen sind, desto intensiver und tiefer sind die Tränen, wenn diese Ladungen vereinigt werden.

Sowohl positive als auch negative Teilchen müssen vorhanden sein, damit in vollkommener Synthese Licht entstehen kann, und auf genau dieselbe Weise brauchen Sie beide Seiten eines jeden Ereignisses, um sich auf Ihre wahre Natur, die ebenfalls Licht ist, einzustimmen. Das Licht im Zentrum ist bedingungslose Liebe. Die emotionalen oder Teilchen-Wellen sind bedingte Liebe. Sie ziehen ihre entgegengesetzte Seite an, die Sie brauchen, um ins Zentrum zurückzukehren, aber alles ist Liebe.

Mutterliebe

Nach konventioneller Auffassung ist Liebe nur die nette, positive und unterstützende Seite der Gleichung, aber die Synthese der beiden Hälften, das, was ich Liebe nenne, ist ein weitaus größeres Noumenon*. Dieses Universalprinzip ist in Hinsicht auf

---

* *Noumenon: Was für den Geist erfahrbar, für die Sinne jedoch nicht wahrnehmbar ist, wie etwa Gott oder die Seele.*

die extremsten Situationen und Umstände gültig, nicht nur für leicht unangenehme oder schwierige Situationen.

Ich hatte einst Gelegenheit, mit einem ziemlich unter Dampf stehenden Mann zu arbeiten. Als ich ihn fragte, welche Person in seinem Leben für ihn wohl die größte emotionale Ladung besäße, sagte er: »Nun, ich schätze, das wäre meine Mutter. Wenn sie noch lebte, würde ich wohl einen Auftragskiller auf sie ansetzen.«

Seine Mutter war eine drogenabhängige Prostituierte gewesen, die nicht nur einmal, sondern mehrmals versucht hatte, ihn umzubringen, und die schließlich Selbstmord begangen hatte. Ihr wurde das Sorgerecht entzogen, als er noch ziemlich klein war, und er wurde in ein Waisenhaus gesteckt und kam von dort in eine Pflegefamilie. Später besuchte er das Viertel, in dem er mit seiner Mutter gelebt hatte; er nahm Einsicht in die Akten des lokalen Krankenhauses und andere Berichte. Er konnte sich nur an wenige der dokumentierten Vorfälle erinnern, entdeckte aber eine beinahe unglaubliche Geschichte der Gewalt. Seine Mutter hatte versucht, ihn zu erstechen und zu vergiften, sie hatte ihn im Winter unbekleidet im Freien zurückgelassen, hatte versucht, ihn zu ersticken, und ungefähr alles Vorstellbare getan, um ihm das Leben zu nehmen, aber er hat alles überlebt.

Seine Mutter hatte zwei Seiten, eine Seite, die ihn loswerden wollte, und eine Seite, die es nicht wollte. Ich forderte ihn auf, die andere Seite ihrer Liebe zu finden, und anfangs sah er mich nur an, als hätte ich nicht mehr alle Tassen im Schrank. Da ich das Prinzip der kompletten Quanten kenne, bohrte ich weiter nach. Ich bat ihn, sich zu erinnern, wann er – aus der Sicht eines anderen – selber genau das getan hatte, was er seiner Mutter vorwarf. Zuerst bestritt er rundweg, dass er ihr auch nur im Geringsten ähneln könnte. Doch als wir hartnäckig weiterforschten, brachten wir in seinem eigenen Leben all die Verhaltensweisen zum Vorschein, für die er seine Mutter hasste.

Der Mann war ein Staatsanwalt, der noch nie einen Fall verloren hatte. Er hatte einmal seinen besten Freund strafrechtlich verfolgen lassen, und der hatte das Gefühl gehabt, von ihm einen Dolchstoß in den Rücken bekommen zu haben. Seither war ihre Beziehung vergiftet. Die Anwälte der Verteidigung fühlten sich von seiner juristischen Argumentationsweise vor Gericht oft dermaßen überwältigt, dass sie das Gefühl hatten, von ihm windelweich geschlagen oder erstickt zu werden, sodass sie kein Wort mehr herausbrachten. Die Angeklagten fühlten sich von ihm völlig bloßgestellt. Die Menschen, die er lebenslänglich hinter Gitter brachte, hatten das Gefühl, er hätte ihnen ihr Leben gestohlen und sie umgebracht. Alles, was seine Mutter ihm angetan hatte, fanden wir in der ihm eigenen Ausdrucksform auch bei ihm wieder. Obgleich er es sich zuvor nie eingestanden und diese beiden Seiten niemals zusammengebracht hatte, erkannte er, in welcher Hinsicht er genauso war wie seine Mutter.

Er war ziemlich wohlhabend und erfolgreich, ein Überlebenskünstler, der niemanden fürchtete. Er hatte Schreckliches überstanden und sein unbezwingbarer Lebenswille loderte geradezu in seinen Augen. Als er schließlich erkannte, welche Geschenke seine Mutter ihm gemacht hatte – seinen Willen, seine Stärke, seine Entschlossenheit und seine ganze Karriere als jemand, der die Gesellschaft vor Gewalttätern schützt –, öffnete er sein Herz seiner Mutter gegenüber. Es war erstaunlich, wie viel Liebe er für die Frau empfand, die so viele Male versucht hatte, ihn zu töten. Er erkannte, dass das alles Liebe gewesen war, dass sie, die sie später nicht mehr für ihn da sein sollte, ihn perfekt darauf vorbereitet hatte, für sich selbst zu sorgen. Er war sozusagen eine extreme Version von *A Boy Named Sue*, der Figur in dem Lied von Shel Silverstein und Jonny Cash.

In dem Augenblick, da der Mann erkannte, was für ein Segen seine ungewöhnliche Lebenserfahrung letztlich für ihn gewesen war und dass die Wohltaten die Schwierigkeiten vollkommen aufwogen, öffnete sich sein Herz spontan für seine Mutter. Er sah plötzlich zehn Jahre jünger aus und sein Gesicht schien von innen zu leuchten. Die tiefe, aber unterdrückte Liebe, die er immer für sie empfunden hatte, kam zum Vorschein. Diese Erfahrung veränderte sein Leben. Er hörte auf, als Staatsanwalt auf Umwegen Rache an ihr zu nehmen, änderte seine Laufbahn und wandte sich der vorbeugenden Rechtspflege zu. Jetzt hilft er Menschen, gar nicht erst in Konflikt mit dem Gesetz zu kommen. Er verurteilt seine Mutter nicht mehr und beginnt seine vielen Vorurteile über sich und andere aufzugeben.

In dunklen Zeiten beginnt das Auge zu sehen.
Theodore Roethke

Sie sind ein Komplett-Quanten-Wesen, aber in Ihrem Gemüt können Sie zum Narren gehalten werden oder die Hälfte Ihrer selbst verleugnen oder ablehnen. Wenn Sie sich vorstellen, Sie hätten mehr Positives als Negatives, verleugnen Sie die Hälfte Ihrer Erfahrung, und die Negativität wird zu Ihrem verleugneten Anteil. Vertrackterweise ziehen Sie genau das, was Sie in sich selbst leugnen, in Ihrem Leben in der einen oder anderen Form an. Sie heiraten Ihre verleugneten Anteile, machen sie zum Geschäftspartner oder ziehen sie als Kunden und Freunde an. Was auch immer Sie in sich selbst nicht sehen oder willkommen heißen wollen – Sie ziehen es in Ihrem Leben so lange an, bis Sie gelernt haben, es zu lieben. Sie können der Komplettierung Ihres Quants nicht entkommen.

Lust und Leid

Wir alle verspüren sowohl Leid als auch Lust. Immer wenn Sie glauben, Sie empfänden mehr Lust als Leid, leben Sie in einer Illusion. Sie unterdrücken etwas und wissen es nicht einmal. Und jedes Mal, wenn Sie denken, »Ich empfinde mehr Leid als Lust; ich leide eben jetzt«, ist auch das eine Illusion.

Ich habe diese Übung bereits Tausende Male durchexerziert: Ich kann Menschen, die glauben, sie seien deprimiert, eine Reihe von Fragen stellen und sie in die Lage versetzen, sich selbst aus der Depression zu holen und sie direkt in die Liebe bringen. Ich kann auch Menschen, die glauben, sie seien glücklich, eine Reihe von Fragen stellen, um sie aus ihrem Glücklichsein herauszuholen und in die Liebe zu führen. Beide Emotionen sind lediglich Illusionen, einseitige Wahrnehmungen. Sie sind Masken von Tragödie und Komödie, die unsere wahre Natur verschleiern. In dem Augenblick, in dem Sie ein Gleichgewicht in Ihrem Geist erzeugen, verschwinden Ihre Wahrnehmungen von Lust und Leid.

Als ich Präsident der »Vereinigung für Krebsvorsorge und Krebskontrolle« in Houston, Texas, war, hatte ich es mit vielen Menschen zu tun, die an sogenannten »schweren, hartnäckigen Schmerzen« litten. Einige Patienten lebten unter entsprechend hohen Dosierungen an Medikamenten. In erstaunlich kurzer Zeit gelang es mir, die Menschen erfolgreich eine geistige Übung durchlaufen zu lassen, bei der sie mit ihren Wahrnehmungen spielten und eine Reihe von Lustmomenten mit ihrem Schmerz assoziierten. In fast allen Fällen verringerte sich der unerträgliche Schmerz oder verschwand einfach ganz.

Die Patienten fragten: »Wohin ist er gegangen? Ich verstehe das nicht, aber ich habe überhaupt keine Schmerzen mehr. Sie haben mir keine Spritze oder Pille gegeben, wir haben nur miteinander geredet. Was passiert hier?«

Das Komische ist, dass Lust und Leid in jedem Augenblick vollkommen im Gleichgewicht sind, Sie aber dazu neigen, entweder auf die eine oder auf die andere Seite zu achten und deshalb entweder Leid oder Lust empfinden. Es gibt sowohl Lust als auch Leid in Jugend und Alter, Armut und Reichtum, Einsamkeit und Gesellschaft, Krankheit und Wohlbefinden. Es gibt Glück in schäbigen Hütten und Leiden in Herrenhäusern und umgekehrt. Dies mag der allgemeinen Ansicht völlig entgegenlaufen, aber es verändert sich nichts zwischen diesen beiden Polaritäten außer den Formen, in denen sich Lust und Leid äußern. Was ihre Quantität und Qualität angeht, bleiben sie vollkommen gewahrt.

Sie haben in jedem Moment die Gelegenheit, diese Lust-Leid-Partnerschaft zu erkennen und Ihren Geist ins Gleichgewicht zu bringen. Und dadurch werden die Liebe und das Licht, die in Ihrem Innern schlafen, erwachen. Kaum zu glauben, dass etwas so Einfaches die Quelle einer so außergewöhnlichen Kraft sein kann. Sie liegt im Verborgenen – genau wie Elektrizität, bis Sie den Schalter umlegen und die Verbindung herstellen.

Liebe ist einfach ein Zustand der Nichtgetrenntheit, in dem Sie keine Trennung zwischen sich und einem anderen Teil der Welt wahrnehmen. In dieser Ganzheit und Einheit erfahren Sie das, was die hinduistischen Philosophen als den höchsten Bewusstseinszustand beschreiben, in dem alles, was Sie sehen, Sie selbst sind: Tat Tvam Asi, »Das bist Du«. Das ist es, was Sie über das Gewöhnliche erhebt und Sie außergewöhnlich macht. In dem Maße, in dem Sie Zugang zu diesem Zustand gewinnen, vermögen Sie Ihre Träume zu verwirklichen. Sie erhalten Zugang zu einer Unendlichkeit an Möglichkeiten, weil Sie sich nun durch die Ausgewogenheit der Liebe auf Ihr unendliches Potenzial einstimmen können.

In meinem Beruf spreche ich nicht nur vor Zuhörern, sondern arbeite auch klinisch in der Einzelbetreuung. Und durch meine Erfahrungen im Umgang mit Tausenden von Menschen habe ich erkannt, dass im Innern der Seele und im menschlichen Herzen des Einzelnen ein Kern strahlender Liebe liegt. Ich bin nicht einer einzigen Mutter oder einem einzigen Vater begegnet, die nicht tief im Inneren, jenseits von Fassade und emotionalem Panzer, eine unglaubliche Menge an Liebe für ihre Kinder empfunden hätten. Es gibt keine Eltern ohne Liebe für ihre Kinder und keine Kinder, die keine Liebe für ihre Eltern haben.

Das ist die einheitliche Feldtheorie, die vereinigte Kraft, die die Menschen unsterblich macht. Wenn Sie diese Quelle anzapfen, gehören alle Träume Ihnen. In diesem Zustand wissen Sie, warum Sie hier sind. Sie sind von Gewissheit erfüllt und Ihr Geist wird klar und fokussiert. Wenn Sie das Gefühl haben, der Erfüllung Ihrer Träume würdig zu sein, werden sie sich manifestieren. Ihr stärkster innerster Gedanke wird zu Ihrer äußerlich greifbaren Realität. Alles, woran Sie denken und wofür Sie danken, werden Sie hervorbringen.

Sie haben die Kraft, das zu schaffen, was Sie sich vorstellen, und diese Kraft ist proportional zu der Menge an Liebe und Dankbarkeit, die Sie in Ihrem Leben verwirklichen, weil Ihr Selbstwert es Ihnen erlaubt, jene Dinge magnetisch anzuziehen und Ihre Visionen zu verwirklichen. Wenn Sie wissen, dass Sie bedingungslos geliebt werden, besitzen Sie große Macht.

Blei in Gold verwandeln

Jeder von uns hat ein einzigartiges Schicksal und die Kraft, es zu gestalten, aber aufgeladene Emotionen verschleiern uns oft den Blick und lassen uns den Ausblick auf unsere Träume verlieren.

In Kalifornien habe ich einmal mit einem dreizehnjährigen Mädchen gearbeitet, das davon träumte, bei der Olympiade eine Goldmedaille zu erringen. Seit ihrem vierten Lebensjahr hatte sie sich der Gymnastik verschrieben und trainierte an fünf bis sieben Tagen in der Woche etwa sieben bis acht Stunden. Die Goldmedaille war beinahe alles, wovon sie je geträumt hatte. Ihre Mutter erkannte ihren Traum und tat alles ihr Mögliche, um Geld zu verdienen und ihr alles bereitzustellen, was es brauchte, um den Traum zu verwirklichen.

Man hatte mich gerufen, weil ihr russischer Coach, der grob, hart und extrem diszipliniert war, die junge Gymnastin so stark forderte, dass sie beinahe zusammenbrach. Er ging härter mit ihr um als jeder andere und seine Kritik war ihr einfach zu viel geworden. Sie aß und schlief nicht mehr richtig und verlor ihre Lebendigkeit. Sie konnte einfach nicht mir dem Druck umgehen. Sie war von ihrer Angst so abgelenkt, dass sie immer wieder einen ihrer Sprünge verpatzte, weil sie fürchtete, ihn zu verpatzen und dass der Coach sich dann über sie lustig machen würde.

Ich sprach ihren Coach auf seine nach meiner Meinung übertrieben harten Trainingsmethoden an, doch was er antwortete, veränderte meine Wahrnehmung der Situation total. Er sagte in seinem holperigen Englisch: »Ich komme aus Russland. Amerika hat mich geholt. Ich komme wegen Gold; ich bin hier, um Gold zu machen. Die Mädels dürfen keine Fehler machen. Wenn sie einen Millimeter zu weit gehen, sind zehn Jahre ihres Lebens vergeudet. Wollen sie Gold, muss es perfekt sein. Natürlich hassen sie mich; sie halten mich für brutal und möchten mich am liebsten nie mehr sehen – bis zu dem Tag, an dem sie Gold holen. Dann werde ich der Erste sein, zu dem sie kommen, und werden mich umarmen. Ich bin nicht hier, damit sie mich mögen. Ich bin hier für Gold! Für Amerika!«

Ich führte das Mädchen daraufhin durch den Quantenkollaps-Prozess, um ihr zu helfen, die Vorzüge seiner fordernden Art zu erkennen. So viele Menschen, einschließlich ihrer Mutter, unterstützten sie mit Lust, sodass zum Ausgleich das Leid irgendwoher kommen musste, und es kam von ihm. Als sie erkannte, dass seine vermeintliche Brutalität tatsächlich Liebe war, wurde ihre Darbietung phänomenal. Sie erkannte, dass die Strenge ihres Coachs ein Zeichen dafür war, dass er sie liebte, ihr Potenzial erkannte und glaubte, dass sie das Zeug zu einer Goldmedaille hätte. Er ging mit ihr härter um als mit allen anderen, weil er wusste, dass sie es nicht verkraften würde, wenn sie nach all den Jahren der Arbeit im Wettkampf versagen würde. Würde er ihr gestatten, weniger als perfekt zu sein, dann mochte dieser kleine Fehlerspielraum den Unterschied zwischen Gold, Silber, Bronze oder gar keiner Medaille ausmachen. Nett zu sein, konnte das Mädchen um die Verwirklichung ihres Lebenstraums bringen.

Mit diesem neuen Verständnis wandelte sich die gesamte Sichtweise des Mädchens und sie begann sogar über ihre normalen Trainingsstunden hinaus zu arbeiten. Sie erkannte beide Seiten der Liebe und war in der Lage, das unedle Metall der Illusion in das Gold der Inspiration zu verwandeln. Als sie die Liebe spürte, hatte sie die Kraft, ihren Traum wieder deutlich zu sehen, und kam seiner Erfüllung entsprechend näher. Wenn Sie beide Teilchen-Hälften sehen, Lust und Leid gleichermaßen, geht Ihnen ein Licht auf.

Wir begreifen häufig nicht, dass die uns herausfordernden Menschen in unserem Leben Hand in Hand mit den uns unterstützenden Menschen arbeiten und uns helfen, unseren Weg in unserem Leben zu gehen. Wir brauchen diese Balance aus Unterstützung und Herausforderung, aus positiven und negativen Rückmeldungen, um wachsen und uns weiterentwickeln zu können. Wir besitzen eine niedere, sterbliche Natur, die möchte, dass alles nett, süß, unterstützend und vergnüglich ist, aber in Wirklichkeit ziehen wir damit die andere Seite an, damit wir auf unserem Weg im Gleichgewicht bleiben. Wir leben in der Illusion, uns Einseitigkeit zu wünschen, aber auf der Suche nach einem Mono-Pol (einer allein positiven oder negativen elektrischen Ladung) finden wir das Gleichgewicht in der Dualität. In dem Maße, in dem wir beide Seite begrüßen und das Leben annehmen können, werden wir erleuchtet sein.

Die Vollkommenheit der zwei Seiten

Eine Münze hat zwei Seiten, Kopf und Zahl. Ich stelle mir den Aufbau von Selbstwert im Leben gern als das Ansammeln von Münzen vor. Wenn jemand Ihnen eine Münze (eine Erfahrung) geben möchte, die Ihr Selbstwertgefühl vergrößern könnte, Sie aber nur die Hälfte annehmen wollen, die Sie für die positive halten, dann werden Sie gar keine Münze bekommen. Die meisten von uns verbringen ihr Leben damit, vor Leid davonzulaufen und Lust zu suchen, statt danach zu streben, ihren Lebenszweck zu erfüllen und beide anzunehmen.

Wenn Sie Ihr Leben auf die Illusion gründen, Sie könnten Lust ohne Leid haben, dann konfigurieren Sie sich selbst für das Leid, das Sie zu vermeiden suchen. Wenn Sie die Vollkommenheit der Situation, in der Sie sich gerade befinden, nicht sehen, dann nehmen Sie die reine Energie der Inspiration und zerstreuen sie in emotionalen Reaktionen. Sie pendeln hin und her zwischen: »Ich bin glücklich. Ich bin traurig. Ich bin glücklich. Ich bin traurig.« Oder in einer Beziehung: »Ich fühle mich angezogen, ich fühle mich abgestoßen; ich mag dich, ich mag dich nicht. Ich kann nicht fern von dir sein. Ich kann dir nicht nah sein.«

Solange Sie einen physischen Körper besitzen, ist es Ihnen bestimmt, in dieser Dualität zu leben, weil der Kompass, der Ihnen den Weg nach Hause weisen soll, ständig hin und her pendelt. So pendeln Sie sich auf die Marschrichtung ein, und in diesem Prozess geraten Sie in Hochstimmung und werden deprimiert, geraten wieder in Hochstimmung und werden wieder deprimiert. Die größtmögliche Evolution ereignet sich im Grenzbereich zwischen Anziehung und Ablehnung, Lust und Leid, Ordnung und Chaos, Mögen und Nichtmögen. Zwischen den Extremen liegen das Licht, die Liebe und die wahre Kraft, das Leben zu schaffen, nach dem Sie streben.

Deshalb behaupte ich Folgendes, so schockierend es Ihnen zuerst auch erscheinen mag: Alle Gefühle sind Lügen. Die Wahrheit ist Liebe, aber Gefühle sind Halbwahrheiten, Verdrehungen und Lügen. Es gibt nichts außer der Liebe, und alles andere ist Illusion. Wir gehen durch unser Leben, indem wir die Dinge einfach durchmachen, anstatt sie wirklich anzunehmen. Wir pendeln zwischen positiven und negativen Gefühlen hin und her, weil wir nicht lieben.

Sie haben keine Kontrolle über etwas, bei dem Sie emotional beteiligt sind. Sie beherrschen nur das, was Sie lieben. Liebe ist ein vollkommen ausgeglichener, gottgewollter Bewusstseinszustand, der Ihnen 24 Stunden am Tag zugänglich ist, wenn Sie nur Ihren Geist ausgleichen würden und ihn nicht in illusionäre Gefühle abdriften ließen. Ich habe überhaupt nichts gegen Gefühle der Liebe, aber seien Sie sich darüber im Klaren, dass jeder Ausdruck oder jede Unterdrückung von Emotion Ihr Leben bestimmen wird. Liebe ist kein Gefühl; sie transzendiert Gefühle. Sie ist die Synthese aller polar entgegengesetzten Gefühle. Es heißt, Liebe sei blind, aber sie ist es nicht: Liebe sieht klar. Gefühle sind blind, denn sie sehen nur eine Seite. Wenn Sie ein Leben zwischen »himmelhoch jauchzend« und »zu Tode betrübt«

führen, bringen Sie sich selbst um Ihre Kraft. Sie werden entmachtet – nicht aufgrund dessen, was andere tun, sondern aufgrund dessen, was Sie selber tun.

Das Geschenk dieses Planeten ist, dass Sie von Liebe umgeben sind, denn die Definition von Liebe umfasst beide Seiten der Erfahrung: Lob und Tadel, Unterstützung und Herausforderung, gleichzeitig erhoben und fallen gelassen werden. Das ist der Wille Gottes. In der Theologie wird dies als die rechte und die linke Hand des Schöpfers beschrieben, der zu uns hinabsteigt, um sicher zu gehen, dass wir uns immer im Gleichgewicht befinden. Wenn Sie diese Balance erkennen und anerkennen, wird Ihr Leben transformiert und Sie werden frei sein.

Alle positiven und negativen Teilchen im Universum treten in komplementären Paaren auf; auf jeder Ebene der Schöpfung treten sie gleichzeitig in Erscheinung. Alles hat zwei Seiten. Wissenschaftler haben kürzlich herausgefunden, dass die Beulenpest, der Schwarze Tod, der im vierzehnten Jahrhundert durch Europa fegte und ein Drittel der Bevölkerung tötete, eine Immunität gegenüber Aids, der großen Seuche des 21. Jahrhunderts, hinterlassen hat. Mehr als zehn Prozent der Menschen europäischer Abstammung sind diesem modernen Virus gegenüber immun. Die gleiche Seuche zerstörte auch das Feudalsystem, das große Armut aufrechterhielt sowie Bildung und soziale Entwicklung unterdrückte. Aus Tod entsteht neues Leben.

Es gibt ein System göttlicher Gerechtigkeit und Sie können es nicht vermasseln. Ist Ihnen jemals aufgefallen, dass Sie sich selbst vor einem Menschen schlecht machen, der Sie über alle Gebühr lobt? Und wenn jemand Sie weit unter Ihrem Wert schlecht macht, werden Sie sich selber aufmuntern, um einen Ausgleich zu schaffen. Wenn Sie mit sich selbst zu hart ins Gericht gehen, wird das göttliche Gerechtigkeitssystem alles tun, was nötig ist, um Sie wieder ins Gleichgewicht zu bringen. Kein menschliches Rechtssystem kann der Vollkommenheit der göttlichen Gerechtigkeit das Wasser reichen; es liegt jenseits unseres Fassungsvermögens.

Das selbst gemachte Gefängnis

In meiner psychologischen Praxis bekomme ich oft zu hören: »Wissen Sie, mein Leben ist ein Chaos. Alles ist verkorkst.« Ich habe bislang jedoch noch niemanden getroffen, dessen Leben verkorkst wäre – nur Leute, die noch nicht gelernt haben, die verborgene Balance in ihrem Leben zu finden. In Los Angeles machte ich einmal eine Radiosendung und gegen Ende der Sendung rief ein Mann aus einem Gefängnis an. Er weinte am Telefon und schluchzte so sehr, dass er kaum sprechen konnte.

Er sagte: »Ich sitze seit elf Jahren wegen Vergewaltigung und Mord im Gefängnis, und Sie haben mir gerade einen neuen Grund zu leben gegeben. Sie sagten, es sei unmöglich, etwas zu nehmen, ohne auch etwas zu geben, weil das Leben ein Gleichgewicht aufrechterhält. Ich habe mich elf Jahre lang für das bestraft, was ich getan habe, aber im Laufe der Zeit bin ich in diesem Gefängnis zu einem Ratgeber geworden, der Leben rettet. Es gibt eine Menge Menschen hier, die sich umbringen wollen oder die Drogen spritzen, und ich habe schon einige durch unsere Gespräche davon abgebracht. Ich habe Leben gerettet. Aber erst durch Ihre Sendung ist mir klar geworden, dass ich hier tatsächlich eine Mission habe. Ich wusste, dass ich Leben genommen habe, aber nun sehe ich, wie ich Leben gerettet habe. Mir ist außerdem klar geworden, dass ich mich selbst längst mit Drogen umgebracht hätte, wenn ich nicht hier gelandet wäre. Insofern hat das Gefängnis auch mir das Leben gerettet.«

Als er erkannte, dass er in seinem Leben aus einem bestimmten Grunde durch diese Ereignisse gegangen war – nämlich um in diesem Gefängnis zu sein und Leben zu retten –, konnte er sagen: »Nun erfahre ich Erfüllung. Ich nehme meine Position im Leben an. Ich danke Gott für diese Radiosendung.« In diesem Augenblick fand der Mörder die verborgene Balance in seinen Aktionen und war wieder frei zu leben. Er hat sein Leben wahrhaftig verändert.

Ich bin immer wieder darüber erstaunt, dass so viele Menschen, denen ich begegne, glauben, sie würden eines Tages perfekt sein, anstatt anzuerkennen, dass sie bereits perfekt sind. Sie leben in der Illusion, dass sie in einer Situation nicht perfekt waren und dass sie, hätten sie nur anders gehandelt, es gewesen wären. Die Dualität ist die Vollkommenheit und die Kombination der beiden Seiten dient dazu, uns direkt ins Herz zu geleiten.

In diesem Bereich ist das Herz mächtiger als der Intellekt. Es kennt die Wahrheit und wartet geduldig darauf, dass der Geist allmählich zu einem erleuchteten Verständnis gelangt. Der Rest des Buches ist der Erweckung Ihres Geistes zu der Vollkommenheit gewidmet, die bereits vorhanden ist, sodass Ihr Herz in den Vordergrund treten und Ihr Leben dirigieren kann.

— Übung 1 —

Wenn Sie sich immer noch für etwas, das Sie getan oder nicht getan haben, Vorwürfe machen, ist es an der Zeit, tiefer zu gehen und sich genau anzuschauen, wie es sich für Sie und andere ausgewirkt hat. Es ist unmöglich, jemandem Schaden zuzufügen, ohne ihm oder ihr direkt oder indirekt zugleich zu helfen, weil alles ausgeglichen ist und alles letztlich physisch oder metaphysisch zu etwas dient. Das ist keine Ausrede; es ist die Wahrheit, deshalb ist es klug, aufzuwachen und aufzuhören, sich selbst aufgrund irgendwelcher Illusionen zu bestrafen.

Wenn es etwas in Ihrem Leben gibt, von dem Sie glauben, es sei zu schwer zu lieben, müssen Sie nur erkennen, dass es eine Illusion ist. Sie sind wirklich der Liebe wert. Sprechen Sie diese Affirmation: »Ganz gleich, was ich getan oder unterlassen habe, ich bin der Liebe wert.« Wenn jede einzelne Zelle Ihres Körpers dies begriffen hat, werden auch Sie es begreifen und die ganze Welt. Wenn wir lieben, treten wir in den Zustand des kompletten Quants ein. Wir bringen uns in Einklang mit den Kräften des Lebens, und plötzlich steht die Macht des ganzen Universums hinter uns.

— *Übung 2* —

Jeder Mensch, jeder Ort, jedes Ding, jeder Gedanke und jedes Ereignis in Ihrem Leben besitzt zwei Seiten. Wenn Sie das klar erkennen, begreifen Sie, dass alles Liebe ist und Sie können dankbar sein. Nehmen Sie sich Zeit, diese Übung zu machen, selbst wenn Sie sie in kleinen Schritten ausführen müssen.

1. Blicken Sie auf Ihr Leben zurück und betrachten Sie sorgfältig jede einzelne Begebenheit, die Sie für negativ halten, für bedeutungslos, nutzlos und nicht zweckdienlich in Hinsicht auf Ihre Bestimmung. Fragen Sie sich bei jedem Ereignis: »Inwiefern war dies ein Akt der Liebe? Wie hat dies mir und anderen gedient? Wie hat es mir geholfen?« Hören Sie nicht auf, bevor Sie jeder einzelnen Begebenheit danken können.

2. Fragen Sie sich dann: »Wie hat mir das geholfen, zu dem zu werden, was ich heute bin? Wie hat mich dieser Mensch oder dieses Ereignis verletzt und zur Erfüllung meiner Mission beigetragen?« Sie werden sehen, dass es nicht einen Menschen oder ein Ereignis gegeben hat, das Sie nicht ausgeglichen oder aufgeweckt hat.

3. Stellen Sie sich vor, wie es sein würde, wenn Sie um sich herum nichts als vollkommenes Gleichgewicht sähen und die göttliche Unterstützung umso deutlicher erkennen könnten, je klarer Sie sehen. Ganz gleich, was geschähe, Sie könnten es in Führung und Treibstoff für Ihre Reise nach Hause oder zu Ihrer Bestimmung verwandeln. Wenn Sie wissen, dass Ihnen alles dienlich ist, was kann Sie da noch aufhalten?

Worte der Weisheit und Kraft

- Ich bestehe aus Licht. Was könnte mir schaden?
- Ich bin es wert, dass alle meine Träume in Erfüllung gehen.
- Wie hilft mir diese Begebenheit, meine Bestimmung zu erfüllen?
- Es gibt nichts als Liebe; alles andere ist Illusion.
- Ganz gleich, was ich getan oder nicht getan habe, ich bin der Liebe wert.

Lebendige Träume

Euch ist bekannt, was wir bedürfen,
Wir wollen stark Getränke schlürfen;
Nun braut mir unverzüglich dran!
Was heute nicht geschieht, ist morgen nicht getan,
Und keinen Tag soll man verpassen,
Das Mögliche soll der Entschluss
Beherzt sogleich beim Schopfe fassen,
Er will es dann nicht fahren lassen
Und wirket weiter, weil er muss.

Johann Wolfgang von Goethe,
Faust – Vorspiel auf dem Theater

Ich glaube, dass wir alle tief im Innern, im Herzen unseres Seins und der Essenz unserer Existenz, eine Aufgabe haben. Jeder von uns besitzt eine gewisse Genialität, etwas das uns fordert. Wir leben in einem unglaublich wundervollen Universum, und ein Teil von uns weiß das und ruft uns mit einem unendlichen Ausmaß an Energie, um sicher zu gehen, dass wir die Geschenke und Gelegenheiten, die uns umgeben und erfüllen, nicht versäumen. Dankbarkeit ist der Schlüssel zur Erfüllung. Dankbarkeit und Selbstwert gehen Hand in Hand, und wenn wir dankbar unsere Träume erfüllen, entsteht großer Wert. Wir haben einen Traum, eine Vision und einen Zweck, und es braucht nur einen Augenblick der Klarheit und Präsenz, um sie zum Vorschein zu bringen. Alles, was geschieht, ist wesentlich für das Erwecken dieser Essenz, und eine der stärksten orientierenden Kräfte ist dieser Traum, den wir in unserem Innern hegen.

Mein großer Mentor tritt auf

Bevor ich in der Lage war, aufs College zu gehen und meiner Bestimmung, das menschliche Potenzial zu erwecken und unsere Beziehung zum Licht zu entdecken, nachzugehen, musste eine lebenswichtige Komponente in mein Leben treten. Wir alle haben großartige Lehrer, denen wir in unserem Leben begegnen, großartige Freunde, Geliebte oder Führer, die genau zur rechten Zeit erscheinen, um uns machtvolle Lektionen und Erfahrungen zu erteilen, die wir brauchen, um unsere Bestimmung zu erfüllen. Mein großer Mentor erschien, als ich 17 Jahre alt war.

Nach der Begegnung mit meinem ersten Mentor in El Paso ging ich nach Kalifornien, dann weiter nach Hawaii, wo ich meinen Traum lebte, auf einer der größten Wellen der Welt zu surfen. Wieder einmal zeigte mir das Leben seine Balance, als ich an einer Strychnin-Vergiftung erkrankte und beinahe starb. Ich erinnere mich, wie ich eines Tages an einem Lebensmittelladen vorbeiging und mich benommen fühlte und dann einen Blackout hatte. Ungefähr vier Tage später wachte ich in meinem Zelt im Hawaiianischen Dschungel auf. Ich war von Erbrochenem, Urin und Kot bedeckt, vollkommen dehydriert und dem Tod nahe.

Eine Frau, die in der Nähe ebenfalls im Dschungel lebte, kam zufällig an meinem Zelt vorüber und hörte mich stöhnen. Nachdem sie einen kurzen Blick auf mich geworfen hatte, rannte sie los, um etwas frischen Saft der Passionsfrucht, Orangensaft und Vitamin C zu holen, und sie flößte mir das alles ein. Ohne sie wäre ich heute nicht hier. Sie tauchte in dem Augenblick auf, als ich am hilflosesten war, blieb vier Tage bei mir, um mich sauber zu machen und zu pflegen.

Am vierten Tag half sie mir, zu einem nahe gelegenen Bioladen zu gehen, und als wir den Laden verließen, sah ich einen Handzettel an der Tür. Er besagte »Yoga Klasse – Als besonderer Gastredner: Paul Bragg. Sunset Recreation Hall. Wainea Beach.«

Etwas in meinem Innern sagte mir, ich solle dorthin gehen. Ich wollte Kontrolle über meinen geschwächten und spastischen Körper gewinnen und ich hatte gehört, durch Yoga könne man Körper und Seele integrieren. Aber stärker noch als alle logischen Begründungen rief mich dieser kleine Handzettel irgendwie.

Ich kam in einen Raum mit ungefähr 35 Leuten, die alle auf Handtüchern saßen. Vor ihnen stand ein 93 Jahre alter Mann, der seine volle Sehfähigkeit und noch all seine Haare und Zähne besaß. Er war ein außerordentlich lebendiger, kraftstrotzender und präsenter Mensch, wie ich noch nie zuvor einen getroffen hatte.

Er begann über das zu sprechen, was er »universale Gesetze« nannte. Er sagte, wir seien ebenso alt wie unsere Wirbelsäule. Wenn unsere Wirbelsäule starr wäre, dann wären es auch unser Körper und unser Geist. Und wenn wir unsere Visionen und Inspirationen verlören, dann würden wir verfallen und sterben. In seinem 45-minütigen Vortrag sagte er Dinge, die ich nie zuvor gehört oder mir vorgestellt hatte und er inspirierte mich ungemein.

Am Ende sagte er: »Gut, ihr jungen Leute, der heutige Abend wird über eure Bestimmung entscheiden. Wir werden herausfinden, was ihr den Rest eures Lebens machen werdet – wir werden herausfinden, was euer Lebenszweck ist. Ich werde euch zehn Minuten zum Nachdenken geben, welcher Sache ihr euer Leben widmen möchtet, dann werde ich euch durch eine Erfahrung führen, und sie wird sich erfüllen.«

Wenn du erst 17 Jahre alt bist und dir jemand erzählt, genau das, wofür du dich jetzt entscheidest, werde in deinem Leben geschehen, dann ist das eine ziemlich gruselige Angelegenheit. Aber seine Sicherheit war wesentlich stärker als mein Zweifel – und wer immer die größte Sicherheit besitzt, der herrscht. Also setzte ich mich auf den Boden und überlegte, was ich wirklich mit meinem Leben anfangen wollte.

Als ich dort saß, kam mir plötzlich wieder Mrs. McLaughlin, meine Grundschullehrerin, in den Sinn, als sie sagte: »Ich fürchte, Ihr Sohn wird niemals lesen, schreiben oder normal kommunizieren können. Er wird es niemals zu etwas bringen.« Meine Gedanken wanderten dann weiter zu dem alten Penner in El Paso, der so eindringlich von Liebe und Weisheit gesprochen hatte. Als Nächstes sah ich mich halbtot in meinem Zelt liegen, und schließlich kam ich in den Raum zurück, sah zu Paul Bragg hinauf und sagte im Stillen zu mir: »Ich weiß, was ich will; ich weiß genau, was ich tun will. Ich möchte den Rest meines Lebens dem Studium der universellen Gesetze widmen, die sich auf Körper, Geist und Seele und insbesondere auf Heilung beziehen. Ich möchte durch die Welt reisen und meine Einsichten mit anderen Menschen teilen.«

In diesem Augenblick wusste ich es einfach. Ich kann nicht genau beschreiben, wie sich das anfühlte, aber es war eine unglaubliche Offenbarung. Jeder von uns erlebt solch besondere Augenblicke, in denen er oder sie erkennt, weshalb wir hier sind. Manchmal überdecken wir diese Erfahrungen wieder mit Zweifel, Angst und Schuld, aber unser Geist und unser Herz wissen darum und erwecken uns durch ein momentanes Aufleuchten und rufen uns zur Aktion.

Paul Bragg sagte dann: »In Ordnung, nun da ihr wisst, wollen wir eine geführte Meditation machen.« Mit dem Bild eines Mandala in der Hand kam er reihum zu jedem von uns und sagte: »Öffne deine Augen. Sieh dir das Mandala an. Schließe die Augen. Öffne die Augen. Sieh dir das Mandala an. Schließe die Augen.«

Er führte uns durch eine unglaubliche Erfahrung. Während der Übung stellte ich mir vor, ich ginge durch einen steinernen Gewölbetunnel, an dessen Ende ich ein Licht sah. Ich kam zu einem Balkon, von dem aus man einen großen Platz überblickte, auf dem eine riesige Menschenmenge versammelt war. Ich sprach zu all diesen Menschen über universelle Gesetze und spirituelle Heilung.

Das virtuelle Bild war so lebendig, dass ich es nicht von der Wirklichkeit unterscheiden konnte. Ich saß da und weinte eine Viertelstunde lang, es waren Tränen der Inspiration – völlig überwältigt von dieser Offenbarung meiner Bestimmung. In jenem Augenblick wusste ich aus tiefstem Grunde meines Herzens, was ich gern tun wollte.

Auch Sie wissen in Ihrem Herzen, was Sie tun wollen, auch wenn es dort einen Teil geben mag, der nicht daran glaubt, dass Sie es tun können. (Wenn Sie in diesem Moment glauben, Sie wüssten es nicht, werden Sie es am Ende dieses Buches wissen.) Verlieren Sie niemals Ihren Traum aus den Augen, denn er ist Ihre Liebe und Ihre Weisheit. Nichts und niemand kann Ihnen Ihren Traum nehmen.

Ich kam aus der Meditation und Paul Bragg sagte: »Nun, ihr jungen Leute, es war mir eine Freude, dass ihr mich eingeladen habt. Übrigens, ich veranstalte jeden Morgen eine kleine Versammlung meiner Schüler bei der alten Kaserne im Zentrum der Insel. Wer sich uns anschließen mag, ist herzlich willkommen. Wir machen zusammen einige Übungen, nehmen frisches Wasser und Früchte zu uns und ich halte einen kleinen Vortrag.«

Am nächsten Morgen trampte ich zum Zentrum der Insel und traf ihn bei der Kaserne, wo sich ungefähr 20 Schüler versammelt hatten. Sie waren zwischen 50 und 80 Jahre alt und ich war der einzige Teenager.

Nach einigen Streckübungen liefen wir fünf bis sechs Kilometer. Ich konnte kaum mithalten. Wir kamen zurück, dehnten uns, tranken destilliertes Wasser, aßen einige Früchte, und dann hielt er wieder einen Vortrag über universelle Gesetze.

In den folgenden drei Wochen trampte ich jeden Tag zu der Kaserne und lernte so viel wie möglich über universelle Gesetzmäßigkeiten. Ich befand mich in der Gegenwart eines Meisters, eines Menschen mit einer globalen Vision, und es war eine der wichtigsten Zeiten in meinem Leben. Ich war wie ein leeres Speichermedium, auf das dieser große Computer seine Daten herunterlud.

Nach drei Wochen sagte Paul: »So, das war's Leute. Ich fahre nach Kalifornien zurück. Es war mir wirklich eine Freude, mit euch zusammen zu sein, und ich hoffe, euch irgendwann einmal wiederzusehen. Alles Liebe und bis bald.«

Mir fiel das Herz in die Hose, weil mein Mentor plötzlich verschwinden sollte. Bis zu jenem Augenblick hatte ich nie den Mut gehabt, ihn anzusprechen, aber nun nahm ich meinen Mut zusammen. Ich wartete, bis alle anderen gegangen waren, und sagte dann: »Ich bin John Demartini und ich war vor drei Wochen in Ihrem Vortrag.«

»Ja, ich erinnere mich an dich. Wie kann ich dir helfen?«

»Sie sagten damals, dass das, wofür wir uns in jener Nacht entschieden haben, eintreten würde. Doch ich weiß nicht, wie ich das anstellen soll. Ich fühle mich von der Aufgabe ziemlich überwältigt. Man hat mir nämlich gesagt, ich würde niemals lesen, schreiben oder normal kommunizieren können, und ich habe noch niemals in meinem Leben ein ganzes Buch durchgelesen. Ich weiß nicht, wie ich es schaffen könnte, gut zu lesen, und habe ein sehr begrenztes Vokabular.«

»Mein Sohn, hier kommt die Lösung für dieses Dilemma. Ich möchte, dass du dir selbst etwas sagst, und ich möchte, dass du es dir jeden Tag für den Rest deines Lebens sagst und es nicht einen Tag vergisst. Ich möchte, dass du dich dazu verpflichtest.«

»Und was ist das?«

»Ich möchte, dass du dir selbst sagst: ›Ich bin ein Genie und wende meine Weisheit an.‹ Sprich es mir nach, Mann.«

»IchbineinGenieundwendemeineWeisheitan?«

»Nein, nein, nein, mein Sohn. Nein, ich meinte nicht daherplappern – ich meinte sagen. Du musst es aus der Tiefe deines Herzens sagen.«

»Etwa so: Ich bin ein Genie und wende meine Weisheit an?«

»Nein, wiederhole es noch einmal.«

»IchbineinGenieund ...«

»Nein, so nicht! Du musst es sagen, bis du es wirklich meinst. Es muss aus der Tiefe deines Seins kommen. Und du musst es jeden Tag sagen und es nicht einen einzigen Tag versäumen, bis jede einzelne Zelle deines Körpers es in sich aufgenommen hat. Wenn jede einzelne Zelle in deinem Körper es begriffen hat, dann wird auch die Welt es begreifen. Also: Du sagst es jeden Tag.«

Er ließ es mich immer und immer und immer wieder sagen, bis meine Augen sich schlossen und ich und der Satz eins wurden. Jetzt konnte ich meine Vision wieder sehen. Ich stand auf dem Balkon. Ich brachte diese Worte und die Vision zusammen. Ich wiederholte sie und hatte ein Gefühl der Eingebung. Irgendwie spürte ich, dass dies mein Leben verändern würde. Ich wusste nicht, wie – aber diese Gewissheit war größer als mein Zweifel, und wie ich bereits gesagt habe, wer die größte Gewissheit besitzt, herrscht. Bragg beherrschte meinen Bewusstseinszustand durch seine Gewissheit, seine Präsenz, seine Liebe für die Bestimmung, die ich gerade entfalten sollte, und durch seine Dankbarkeit für die Gesetze des Universums, die das ermöglichten.

»Ich bin ein Genie und wende meine Weisheit an. Ich bin ein Genie und wende meine Weisheit an.« Ich dankte ihm und fühlte mich, als hätte ich ein Geschenk erhalten. Ich habe die Tragweite dieses Geschenks damals noch gar nicht begriffen, aber ich wusste, dass ich etwas geschenkt bekommen hatte.

Ich erinnere mich, wie ich zu meinem Zelt zurücktrampte, an der Straße stand und bei mir dachte: *Ich bin ein Genie und ... wende meine Weisheit an. Ich bin ein Genie und wende meine Weisheit an.* Nachdem ungefähr 15 Autos vorbeigefahren waren, begannen sich Zweifel in mir zu regen und ich dachte: Na ja, warum muss ein Genie trampen? Doch schließlich hielt jemand an und nahm mich mit zu meinem Zeltplatz. Und ich sagte innerlich die ganze Zeit vor mich hin: *Ich bin ein Genie und wende meine Weisheit an. Ich bin ein Genie und wende meine Weisheit an.*

Als ich zu meinem Zelt zurückkam, waren drei meiner Kumpel da, und so hob ich die Zeltklappe und sagte: »Hallo Jungs, was glaubt ihr wohl? Ich bin ein Genie und wende meine Weisheit an!« Und alle lachten: »Okaayy! John ist ein Genie! Hu! Hu! Haaaah!«

In diesem Augenblick begriff ich, dass ich meine Träume nur einer kleinen ausgesuchten Gruppe von Menschen offenbaren durfte. Es entsteht eine Kraft, wenn man seine Vision, Inspiration und Zielsetzung im Innern bewahrt und die Menschen, mit denen man sie teilen möchte, weise auswählt.

Träume werden wahr

Nach dieser Vision und Erfahrung kehrte ich von Hawaii nach Richmond zurück. Ich hatte nun etwas Wichtiges mit meinem Leben zu unternehmen und es gab keine Zeit zu verlieren. Ich verschrieb mich dem Lesenlernen und Studieren, nahm an einem Test teil, der den Wissensstand eines High-School-Abschlusses bestätigte, bestand die Aufnahmeprüfung für das College und trat nur einige Monate später in das Wharton Junior College in Wharton, Texas, ein. Da ich so lange Zeit geglaubt hatte, dass ich niemals würde studieren können, nahm ich diese Gelegenheit sehr ernst und lernte eifrig.

Beinahe zwei Jahre später saß ich in der Bibliothek und bereitete mich auf einen Mathematiktest vor, als ein Klassenkamerad auf mich zukam und sagte: »John, kann ich mit dir lernen?«

Ich antwortete: »Na klar.«

Dann sagte jemand anderes: »Hey John! Kann ich auch mit dir lernen?«

»Ja. Ja, natürlich!«

Immer mehr Kommilitonen versammelten sich, standen im Kreis um mich herum und stellten mir Fragen. Ich gab ihnen Nachhilfeunterricht in Differenzialrechnung. Ich! »Au Mann«, hörte ich einen von ihnen flüstern, »dieser John, das ist ein Genie. Er ist ein verdammtes Genie.«

Als ich ihn das sagen hörte, stiegen mir Tränen in die Augen – mein unmöglicher Traum hatte begonnen, sich zu verwirklichen. Ich erinnerte mich daran, was Paul Bragg gesagt hatte: »Wenn du diesen Satz zu dir selbst sagst, wenn du dich verpflichtest, ihn jeden Tag zu sagen, ohne es auch nur einen Tag in deinem Leben zu versäumen, wird früher oder später jede Zelle deines Körpers, jeder Teil deines Bewusstsein anfangen, sich zu harmonisieren und dir beizustehen. In dem Augenblick, in dem du diese Aussage integriert hast, wirst du bemerken, dass die Menschen um dich herum dein Genie anerkennen.«

Der Wille, man selbst zu sein, ist Heroismus.

José Ortega y Gasset

Am Tag nach diesem Vorfall in der Bibliothek begann ich einige neue Affirmationen zu formulieren, weil ich realisiert hatte, dass das, was ich zu mir sagte, sehr viel bewirken konnte. Ich schrieb genügend Affirmationen nieder, um den Tag mit einem ununterbrochenen inneren Dialog füllen zu können. Ich schrieb nur Sätze nieder, die mich inspirierten und die im Einklang mit meiner Vision standen. Dies sollte später einen wesentlichen Einfluss auf mein Leben haben.

Als ich noch sehr jung war, wohnte eine ältere Dame namens Mrs. Grubbs neben uns. Eines Tages sah sie, wie ich im Garten Unkraut jätete, um einen Vierteldollar von meinen Eltern zu bekommen. Sie lehnte sich über den Zaun und sagte: »John, wenn du dich weiterhin auf das Unkraut konzentrierst und keine Blumen in deinen Garten pflanzt, wirst du ewig Unkraut jäten. Du musst lernen zu pflanzen und dich auf die Blumen konzentrieren.«

Ich realisierte, dass mein Gemüt nun ein Garten war und es meine Aufgabe war, – meine Träume und nicht die von irgendjemand anderem zu pflanzen, meine Sätze, Ideen und visuellen Bilder, wie mein Leben meiner Meinung nach aussehen sollte. Ich traf ganz bewusst die Entscheidung, mich auf jeden Fall diszipliniert auf meine Träume zu konzentrieren. Ich wurde ein Spitzenschüler und begann in einem Heilberuf und an meiner, von mir auserwählten Karriere zu arbeiten. Aber es kostete mich eine lange Zeit, bis ich herausgefunden hatte, was ein

wahres Genie ist: Ein Genie ist jemand, der das ihn führende
Licht seiner Seele sieht, der die Botschaft seines Inneren hört
und ihr gehorcht.

Der Preis der Träume

Wenn Sie ein Genie sein wollen, müssen Sie bereit sein,
alles zu tun, was nötig ist, um Ihre Träume zu verwirklichen; das
hat immer seinen Preis. Es gibt drei Kräfte, die die Menschen
motivieren: Die ersten beiden sind das Vermeiden von Leid und
die Suche nach Lust. Diese beiden werden von Verzweiflung an-
getrieben. Die dritte Kraft, Inspiration, transzendiert die ersten
beiden. Wenn Sie von Verzweiflung motiviert werden, garantiert
Ihnen das keine zweckdienliche Erfüllung, und wenn die Sache
schwierig wird, ist es wahrscheinlich, dass Sie aufgeben. Inspiration jedoch kennt die Kosten und Schwierigkeiten wie auch die
Vorteile und Belohnungen, und macht trotzdem weiter.

Wenn Sie begeistert sind, nehmen Sie bei der Verfolgung
Ihres Lebenszwecks Leid ebenso an wie Lust. Professionelle
Football-Spieler wissen, dass sie für den Rest ihres Lebens mit
den Auswirkungen von Knochenbrüchen und Bindegewebs-
verletzungen zu tun haben werden. Astronauten wissen, dass
Weltraumflüge Muskelatrophie, Verlust der Knochendichte, Hirn-
schädigungen oder gar den Tod mit sich bringen können. Ich
weiß, dass ich, während ich 300 Tage im Jahr durch die Welt
reise, um Vorträge zu halten, das Dreifache der für Piloten zuge-
lassenen kosmischen Strahlung abbekomme. Ich bin fern von
meiner Familie, lebe in Hotels und ... so ist das eben.

Ich bin noch niemals einem erfolgreichen Menschen begegnet, der auf seinem Weg zum Erfolg nicht Drangsal und Prü-

fungen und positive wie negative Rückmeldungen erfahren hat. Die Weisheit blickt auf Ihr Leben zurück und realisiert, dass jedes einzelne Ereignis, jeder Mensch, jeder Ort und jede Vorstellung einen Teil der vollkommenen Erfahrung war, die Sie brauchten, um Ihren Traum zu verwirklichen. Nicht ein einziges Element war ein Fehler. Mrs. McLaughlin, die Cowboys, der Penner, die Frau an meinem Zelt, Paul Bragg – sogar die Leute, die mich beim Trampen mitgenommen haben –, waren alle Teil dieses wunderbaren Plans. Das gleiche Prinzip gilt für Sie und das Leben eines jeden Menschen: Alles ist dienlich, und je größer die Krise, desto größer ist der Segen.

Wenn Sie sich einmal die großen Führungspersönlichkeiten in der Welt ansehen, dann werden Sie feststellen, dass sie sehr auf ihre Zielsetzungen fokussiert waren. Wenn Sie in einem Bereich Außerordentliches leisten wollen, dann lassen Sie keinen Tag verstreichen, ohne Ihr Leben dieser Sache zu 100 Prozent zu widmen. Zeit ist kostbar.

Als ein bekannter Bauunternehmer in New York City immer erfolgreicher wurde, wollten immer mehr Leute Geschäfte mit ihm machen. Sie trafen sich zu einstündigen Verabredungen mit ihm und benutzten die erste Viertelstunde ihrer Begegnung erst einmal dazu, ein gutes Verhältnis aufzubauen. Die nächste Viertelstunde sprachen sie über sich und ihr Unternehmen; in der dritten Viertelstunde kamen sie schließlich zum Geschäftlichen und endeten dann damit, alles noch einmal zu wiederholen. Er realisierte, dass er auf diese Weise nur wenige Projekte am Tag besprechen konnte und die meiste Zeit für Dinge draufging, die für ihn von geringem oder gar keinem Belang waren. Also setzte er eine fantastische Strategie ein, um seine Prioritäten durchzusetzen. Er kaufte eine 15-Minuten-Sanduhr und wenn jemand in sein Büro kam, drehte er sie um und sagte: »Sie haben 15 Minuten Zeit, um Ihr Anliegen vorzubringen. Los!« Dadurch mussten seine Gesprächspartner präziser, klar und präsent sein. Wenn sie nicht zentriert genug waren, ihm etwas in dieser Zeit zu verkaufen, teilte er ihnen seine Entscheidung sofort mit. Daraufhin nahmen seine Geschäfte und seine Energie um ein Vielfaches zu.

Ein Freund meiner Frau ist ein australischer Geschäftsmann. Sie fragte ihn einmal: »Was ist der Schlüssel zum Erfolg?«, und er sagte: »Versuche wirklich acht Stunden am Tag zu arbeiten. Ich meine: Sei acht Stunden am Tag präsent.«

Was würde geschehen, wenn Sie acht Stunden am Tag vollkommen präsent wären und Sie genau wüssten, was Sie wollen, und nicht erlauben würden, dass Sie etwas von Ihrer Ausrichtung und Ihrer Eingebung ablenkt? Erfolgreiche Menschen fokussieren ihre Aufmerksamkeit auf die Goldmedaille, den Academy Award, die absolute Meisterschaft auf dem von ihnen gewählten Gebiet. Um ihren Traum zu verwirklichen, hören sie nicht auf zu üben und entwickeln die Macht der durchgehenden Aufmerksamkeit.

Durchgehende Aufmerksamkeit erfordert ein klares Bewusstsein, aber das Bewusstsein kann durch Angst vernebelt sein. Früher hatte ich große Angst, vor Publikum zu sprechen. Ich hasste es, mich einer solchen Herausforderung zu stellen, aber als ich diese Angst überwand, veränderte das mein Leben.

In meiner allerersten Klasse in der Fachschule sagte der Professor: »Sie werden alle einen Vortrag halten. Sie müssen ein Thema aus der Ihnen vorgelegten Liste von Themen wählen, ein Datum festsetzen und dann vor der Klasse Ihren Vortrag halten.«

Es waren noch ungefähr sechs Wochen bis zu meinem Vortrag und ich hatte mich entschlossen, über »Übertragener Schmerz: Der Einfluss von Schmerz und Lust auf die menschliche Psyche« zu sprechen. Sogar das Thema war Teil der Vollkommenheit des Lebens und meiner Bestimmung; heute arbeite ich mit Menschen, die annehmen, dass es in diesem Universum Schmerz ohne Lust gäbe, was sowohl ein Ammenmärchen als auch ein Geheimnis ist.

Ich hatte noch nicht vor Publikum gesprochen und von dem Augenblick an, da ich die Aufgabe bekam, wuchs mein Lampenfieber. Es begann am ersten Tag mit Herzklopfen und mit jedem weiteren Tag traten neue Symptome auf. Am Tag vor meiner Rede litt ich an Durchfall, Halsschmerzen, Gedächtnisverlust, Schwindel, juckenden Augen, Beulen auf der Zunge und Magenkrämpfen. Am nächsten Morgen kam ich zur Klasse in dem Wissen, dass ich den Vortrag halten musste. Als das Mädchen, das vor mir saß, aufstand, um ihren Vortrag zu halten, ergriff sie meine Hand und sagte: »Wünsch mir Glück!« Aber während sie sprach, war alles, woran ich denken konnte: O mein Gott, gleich bin ich dran!

Während ich dasaß und wartete, dass ich an die Reihe käme, vergaß ich meinen Vortrag, ich vergaß mein Thema, ich vergaß meinen Namen, ich vergaß einfach alles – ich wusste nicht einmal mehr, wer ich war! Schließlich hatte das Mädchen den Vortrag beendet und der Professor rief ... den Studenten hinter mir auf. Er hatte mich übersprungen, und bis zum heutigen Tag habe ich diesen Vortrag niemals gehalten. Ich war der Einzige in der Klasse, der keinen Vortrag gehalten hat.

An jenem Abend fuhr ich nach Hause und weinte, nicht aus Bedauern darüber, dass ich den Vortrag nicht gehalten hatte, sondern aus Kummer darüber, dass ich sechs Wochen meines Lebens in lähmender Angst über etwas, das nicht eingetreten war, verbracht hatte. Haben Sie sich jemals vor etwas gefürchtet oder wegen etwas gelitten, das sich dann als völlig nichtig herausstellte? Ich habe an jenem Abend ein Gelöbnis abgelegt und geschworen: »Ich werde alles tun, was nötig ist, um das Reden vor Publikum zu lernen, auch wenn ich dafür weit reisen oder einen hohen Preis zahlen muss.« Am nächsten Tag trug ich mich für sämtliche Kollegien der Schule ein. Ich nahm jede Gelegenheit, einen Vortrag zu halten, wahr, weil ich entschlossen war, diese Kunst zu meistern.

Ich stellte mich meinen Ängsten und machte mich daran, das Reden vor Publikum zu meistern. Als ich Jahre später gebeten wurde, in Las Vegas vor 8000 Leuten zu sprechen, begegnete ich dem Autor und Vortragsreisenden Wayne Dyer. Ich fragte ihn: »Ich möchte gern ein international aktiver Vortragsreisender werden. Können Sie mir einen Ratschlag geben, was dazu nötig ist?«

Dyer ist ein sehr großer Mann; er blickte auf mich herab und sagte ruhig: »Fangen Sie einfach an, den Leuten zu erzählen, Sie seien ein international aktiver professioneller Sprecher.« Mein Gesichtsausdruck sagte offenbar: »Ah ja? Und was sonst noch?« Also wiederholte er: »Erzählen sie es den Leuten einfach.« So einfach. Ich sagte: »Okay. Ich bin ein international bekannter Vortragsreisender.«

Diese eine Vorstellung veränderte das, was ich zu mir und anderen sagte, und wann immer mich jemand fragte, was ich tue, sagte ich: »Ich bin ein international bekannter Vortragsreisender.« Nur wenige Wochen später wurde ich eingeladen, in Kanada zu sprechen, einen bezahlten Vortrag auf internationaler Ebene zu halten, und ich dachte: Mein Gott, es funktioniert!

Die Masse der Menschen wartet darauf, etwas zu sehen, um es glauben zu können. Der Meister jedoch glaubt es zuerst und sieht dann, dass es sich verwirklicht. Wir schaffen unser Leben mit unseren Gedanken in jeder Minute, an jedem Tag. Ich gelobte mir, dass ich eines Tages auf einer Veranstaltung mit Wayne Dyer sprechen würde, und im letzten Jahr hielt ich drei Vorträge Seite an Seite mit ihm. Ich gelobte es mir und es geschah. Ich wollte meinen Fuß in jedes größere Land auf der Erde setzen und dafür bezahlt werden, und heute werde ich ständig in neue Länder eingeladen. In diesem Jahr waren es Österreich, Spanien und einige Länder in Südamerika, und ich glaube wirklich, dass es daran liegt, dass ich mir ganz klar vorgestellt habe, was ich wollte. Ich nahm mir die Zeit, genau zu bestimmen, wie mein Leben aussehen sollte, visualisierte so viele Einzelheiten wie möglich, schrieb sie alle nieder und begann dann zu handeln. Schreiben Sie es auf! Dinge, die nicht zu Papier gebracht werden, bleiben in der Vorstellung stecken. Ein kurzer Bleistift ist besser als ein langes Gedächtnis, wenn es um die Verwirklichung Ihrer Träume geht.

Es sind die Details, die zählen

Sind Sie sich über das, was Sie möchten, im Klaren? Wissen Sie ganz genau, wie Sie es gern haben möchten? Sehen Sie die Einzelheiten so deutlich vor sich, dass Sie, wenn Sie die Augen schließen, nichts anderes sehen als das Leben, das Sie sich von Herzen wünschen? Was wäre, wenn es keine Ablenkungen und Hindernisse in Ihrem Gemüt gäbe und Sie an nichts anderes denken könnten? Wenn Sie Ihren Traum so lange verfeinerten, bis Sie nichts mehr außer ihm sähen? Wenn Sie sich den Lauf der Dinge gar nicht mehr anders vorstellen können, dann beginnt oft genau das zu geschehen, was Sie sich vorstellen.

Du bist, was dein tiefster innerer Drang ist.
Wie dein Drang, so dein Wille.
Wie dein Wille, so deine Tat.
Wie deine Tat, so deine Bestimmung.
Upanischaden

Vor einigen Jahren fragte mich einmal einer meiner Klienten:»Wie haben Sie es geschafft, dass Ihre Seminare in der ganzen Welt stattfinden?«

Ich sagte:»Nun, das ist meine Vision.« Ich holte mein Buch über Träume hervor, um ihm meinen detaillierten Rahmenplan zu zeigen.

Er sagte:»Nein, nein. Ich würde gern Ihre Broschüren sehen. Ich möchte sehen, wie Sie Ihre Seminare bewerben.«

»Ich habe keine Broschüren«, antwortete ich.

»Aber was war Ihre Marketing-Strategie?«

»Ich habe eine klare Vision, und wann immer und wo immer ich spreche, bleibe ich vollkommen präsent und hellwach.«

»Na gut«, sagte er, »aber was verschicken Sie an die Leute? Wie erreichen Sie sie?«

Er hing in der Vorstellung fest, das Geheimnis des Erfolges läge in einer Broschüre oder einem geschickten Marketing. Ich sagte:»Sie insistieren darauf, künstliche Begrenzungen auf eine erfolgreiche Strategie zur Verwirklichung von Träumen zu projizieren. Ich versuche Ihnen Folgendes klar zu machen: Wenn Sie sich wirklich kristallklar vorstellen, wie Sie Ihr Leben leben möchten, in einem solchen Maße, dass Sie nichts anderes mehr sehen als das, ist es beinahe unmöglich, es nicht zu bekommen.« Absolute Klarheit schenkt Ihrem Handeln Lebendigkeit und Enthusiasmus.«

Die Geheimnisse eines inspirierten Lebens

Ein inspiriertes Leben zu leben erfordert einige Fertigkeiten, unter anderem das Vermögen, sich selbst inspirierte, bedeutsame Fragen zu stellen. Die Qualität Ihres Lebens hängt von der Qualität der Fragen ab, die Sie sich stellen. Wenn Sie zu sich sagen: *Ich würde gern dieses und jenes, aber da ich nun mal kein Geld habe, wie sollte ich es schaffen?*, so erzeugen Sie damit eine Gemütsverfassung, die davon ausgeht, dass Sie es nicht schaffen können, ohne dass Sie es probiert hätten. Wenn Sie sich stattdessen fragen: *Wie kann ich das tun, was mir gefällt, und dafür fürstlich bezahlt werden?* und nicht aufhören, danach zu suchen, bis Sie die Antwort gefunden haben, werden Sie ein völlig anderes Ergebnis erhalten und Ihr Leben wird anders aussehen. Ihre Fragen so zu formulieren, verändert Ihr Leben gewaltig.

Das zweite Geheimnis eines inspirierten Lebens ist das Gesetz der größten Effektivität. Dieses Gesetz besagt, dass alles, was den Zweck seiner Existenz nicht erfüllt, verfällt. Die Materie, die in diesem Universum verwendet wird, wird wieder abgebaut und an jene verteilt, die gewillt sind, ihre göttliche Bestimmung zu erfüllen. Das, was ausgelöscht wird, lässt noch Größeres entstehen, daher ist es lebenswichtig, dass Sie sich über Ihren Lebenszweck im Klaren sind. Deshalb sage ich: Es ist völlig in Ordnung, in Rente zu gehen, solange Sie das nicht daran hindert zu arbeiten. Denn in der Sekunde, in der Sie aufhören zu wachsen, fallen Sie automatisch der Entropie anheim. Aber selbst dann, wenn Sie nicht inspiriert sind und Ihrer Aufgabe bewusst folgen, spielen Sie noch eine Rolle in der göttlichen Ordnung. Es ist nichts falsch daran, wenn Sie das Gefühl haben, Sie hätten keinen Lebenszweck. Sie sollten nur wissen, dass Ihre Ressourcen, Ihre Energie und Ihr Leben dann jemand anderem geschenkt werden, der inspiriert ist und das Gefühl hat, eine Aufgabe zu haben.

Damit komme ich zu einem letzten Geheimnis: Der Zweck von *The Breakthrough Experience* – und das ist wahrscheinlich der Grund, warum Sie bis hierher weitergelesen haben – ist, Ihnen eine effiziente Methode zu bieten, wie Sie Ihrem Herzen und Ihrer Seele lauschen können, also der inneren Weisheit, die unendlich viel größer ist als jede äußere Lehre. Sie ist der wahre Lehrer. Wenn Sie einen Funken Verständnis für die universalen Gesetzmäßigkeiten und die göttliche Ordnung erhaschen, wenn Sie Ihr Gefühl der Dankbarkeit für das wunderbare Geschenk des Lebens erwecken. Dann werden Sie angeregt, den Traum zu leben, den zu erfüllen Ihre Bestimmung ist.

— *Übung* —

So schaffen Sie das Leben, das Ihnen gefällt:

1. Sitzen Sie jeden Tag in Meditation und konzentrieren Sie sich auf das, was Sie in Ihrem Leben schaffen möchten. Stellen Sie sich das Erreichen Ihres Ziels so detailliert wie nur irgend möglich vor. Stellen Sie sich Ihr Leben genau so vor, wie Sie es haben möchten. Lassen Sie Ihre Vorstellung realistisch genug sein, dass sie wahr werden kann, doch idealistisch genug, um Sie zu inspirieren und Sie wachsen zu lassen.

2. Schreiben Sie alles, was Sie sich vorstellen, nieder und beginnen Sie, Ihre Ziele zu formulieren. Ihre Träume aufzuschreiben hilft, sie wahr werden zu lassen. Schließen Sie daher alle Einzelheiten mit ein.

3. Unternehmen Sie jeden Tag mindestens einen konkreten Schritt in Richtung auf die Verwirklichung Ihres Ziels. Die Sache, der Sie entgegengehen, kommt Ihnen entgegen.

4. Führen Sie Buch über alle auftretenden Ereignisse, die zum Erreichen Ihres Ziels beitragen könnten. Ihr Leben wird voll davon sein, wenn Sie nicht aufhören, sie anzuerkennen. Schreiben Sie jeden Tag alle Ereignisse nieder, die wahr werden und die Ihnen anzeigen, dass Sie der Verwirklichung Ihrer Träume entgegengehen.

5. Verfeinern Sie immer wieder Ihre Ziele. Werden Sie sich mit jedem verstreichenden Tag klarer über das, was Sie schaffen möchten.

6. Wenn Ihre Träume wahr zu werden beginnen, stellen Sie sicher, dass Sie neue hinzufügen, die alle um Ihr Hauptziel oder Ihren Lebenszweck kreisen.

7. Führen Sie ein Tagebuch über das Erreichte und den erhaltenen Segen. Seien Sie dankbar für jedes unterstützende und herausfordernde Ereignis, das auftritt, um Ihnen Rückmeldung und Erfüllung auf der Straße zu Ihren Träumen zu geben.

(Vielleicht möchten Sie ja auch mein Buch *Genieße, was dir beschieden ist. Die heilende Kraft von Dankbarkeit und Liebe* [Aurum 2004] lesen, um weitere kreative Einsichten zum Thema Ziel und Lebenszweck zu erhalten.)

Worte der Weisheit und Kraft

- Ich sehe meine Träume kristallklar.
- Ich bin es wert, dass meine Träume wahr werden.
- Der Schmerz der Reue ist größer als der Schmerz der Diszi-
  plin.
- Ein Genie lauscht der Führung der Seele und gehorcht.
- Ich bin ein Genie und wende meine Weisheit an.
- Ich tue, was ich liebe, und ich liebe, was ich tue.

Die beiden Seiten des Lebens

> *I've looked at life from both sides now,*
> *From win and lose, and still somehow,*
> *It's life's illusions I recall.*
> *I really don't know life at all.* *

Joni Mitchell

Die vorangegangenen Kapitel haben sich mit der Macht Ihrer Träume beschäftigt und damit, wie wichtig es ist, sie zu leben. Wenn Sie Ihre Träume leben wollen, ist die Fähigkeit, zentriert und ausgeglichen zu bleiben, was auch geschehen mag, unerlässlich. Im Zentrum stehen das Licht, der Geist, die Kraft und die Gewissheit – Faktoren, die es Ihnen ermöglichen, auf Ihrem Weg zu bleiben, und die Ihre wahre Natur ausmachen. Sie mögen nun mit gutem Recht fragen: »Wenn wir alle Licht sind, warum sind wir dann so oft durcheinander? Und wie kommt es, dass wir unsere erleuchtete Natur vergessen haben?« Die Antwort lautet: Das ist das Resultat einseitiger Wahrnehmungen.

Solange Sie von einseitiger Wahrnehmung geprägt sind statt von einem göttlichen ausgeglichenen Gemüt, werden Sie nicht in

---

* *Ich habe mir das Leben jetzt von beiden Seiten angesehen/von der Gewinner- und der Verliererseite, und doch/sind es die Illusionen des Lebens, die ich mir in Erinnerung rufe./Das Leben selbst kenne ich tatsächlich nicht.*

der Lage sein, Ihr Leben vom Herzen aus zu führen. Jedermann hat das Vermögen, das zu tun, was er oder sie möchte, zu lieben, was er oder sie tut, und ein inspiriertes Leben zu leben – aber verzerrte Wahrnehmungen führen zu Gefühlen, die Sie ablenken und beherrschen. Solange Sie Ihre Wahrnehmung nicht ins Gleichgewicht bringen, teilen Sie sich in eine selbstgerechte und eine »selbstungerechte« Persona auf, die Psychologen häufig angenommene und verleugnete Persönlichkeitsanteile nennen.

Die Persona ist eine Maske, die Ihre wahre Natur verbirgt. Wie werden Personae gebildet? Wann immer Sie sich falsche Vorstellungen über das Universum machen, schaffen Sie zwei Personae – die selbstgerechte und selbstungerechte Maske. Wenn Sie 1000 falsche Vorstellungen von der göttlichen Ordnung haben, haben Sie 2000 Personae, und all diese Aspekte Ihres Selbst heischen um Ihre Aufmerksamkeit, verringern Ihr Potenzial und halten Sie davon ab, sich zu erinnern, wer Sie wirklich sind.

Wenn Sie glauben, Sie seien eher positiv als negativ, werden Sie selbstgerecht und bauen sich auf; wenn Sie mehr Negatives als Positives sehen, werden Sie selbstungerecht und machen sich selbst nieder. Wenn es Ihnen gut geht, fühlen Sie sich erhaben und agieren selbstgerecht; wenn Sie niedergeschlagen sind, fühlen Sie sich deprimiert und agieren selbstungerecht und abwertend.

Stellen Sie sich vor, Sie kämen von der Schule nach Hause und sähen, wie Ihre Eltern sich streiten. Ihr Vater wird wütend und schreit Ihre Mutter an. Ihre Mutter weint und automatisch nehmen Sie an, Ihr Vater sei böse und Ihre Mutter gut. Sie wissen nicht, worum es bei dem Streit geht oder auf welche Weise seine Wut ihr dienlich sein kann, doch Sie bezeichnen das eine als gut und das andere als böse und spalten sich in zwei Personae auf, die an diesen Überzeugungen festhalten. Durch das, was man Übertragungsassoziation nennt, kann sich dieser Prozess jedoch noch fortsetzen. Eine Woche oder einen Monat später spielen Sie vielleicht im Keller des Hauses Ihres Freundes und hören dessen Vater schreien. Sie assoziieren diesen Augenblick sofort mit jenem, in dem Ihr Vater Ihre Mutter angeschrieen hat, und Sie assoziieren unbewusst die Dunkelheit und den Geruch von Schimmel im Keller mit etwas Bösem. Möglicherweise hat der Vater Ihres Freundes eine Glatze, und es kommt zu einer Assoziation, die Sie vermuten lässt, dass man glatzköpfigen Männern nicht trauen darf. Noch etwas später sehen Sie, wie ein glatzköpfiger Mann ein schickes Auto fährt, und so werden jetzt auch schicke Autos in die Assoziationskette einbezogen.

Irgendwann ist beinahe alles in Gut und Böse aufgeteilt. Glatzköpfige Menschen, Schimmel, Autos und die anderen Dinge sind eigentlich neutral, weder gut noch böse, aber Sie können das nicht erkennen, weil Ihre Personae Sie veranlassen, unangemessen auf die assoziierten Ereignisse in Ihrem Leben zu reagieren.

Haben Sie sich jemals in einer Konfliktsituation selbst beobachtet und sich gedacht: Ich kann nicht glauben, das ich so etwas sage? Das liegt daran, dass eine Persona in einem Stressmoment die Führung übernommen hat. Jedes Mal, wenn eine Stimme in Ihrem Inneren sagt: »Was glaubst du eigentlich, wer du bist? Das kannst du nicht. Du gehörst nicht hierher«, dann nehmen Sie einfach zur Kenntnis, dass eine Persona Angst vor Ihren Träumen hat, weil sie nicht die Macht hat, sie zu verwirklichen.

Was glauben Sie eigentlich, wer Sie sind?

Vor einigen Jahren, als *The Breakthrough Experience* konzipiert wurde, wurde ich gebeten, einen Infomercial* zu drehen. Das Studio war eingerichtet, ein Moderator stellte mich vor und ich trat auf die Bühne. Plötzlich gab es einen Kurzschluss und wir hatten weder Ton noch Bild. Ich stand vor einem Publikum, das mich nicht kannte und kein sonderliches Interesse zeigte, dort zu sein. Als ich »Guten Abend« sagte, glotzten alle nur vor sich in die Leere.

»Gibt es Fragen zu dem bisher Gesagten?« Ich versuchte, das Publikum zum Lachen zu bringen, aber eine europäische Dame mit einer aufgedonnerten Frisur und goldenem Sicherheitskettchen an ihrer Brille sagte: »Junger Mann, ich habe eine Frage an Sie. Wer sind Sie? Und was glauben Sie, wer Sie sind? Was gibt Ihnen das Recht, sich hierhin zu stellen und zu glauben, Sie hätten uns etwas zu sagen?«

Die selbstgerechte Seite in mir sagte mit einer tiefen und vernünftigen Stimme: »Nun, ich bin Doktor der Chiropraktik, und ich habe die folgenden Auszeichnungen erhalten, und mein Hintergrund ist ...«, während meine andere Seite mit sich überschlagender, quäkender Stimme sagte: »Ich muss ein Narr sein. Was, zum Teufel, mache ich bloß hier?«

Als ich den Mund aufmachte, kam schließlich Folgendes heraus: »Ich bin jemand, der die universellen Gesetzmäßigkeiten von Gemüt, Körper und Geist erforscht, besonders in ihrer Beziehung zur Gesundheit. Dem habe ich mein Leben gewidmet und ich habe auf dieser Reise gelernt, dass alles, was ich Ihnen sage, das ist, woran ich gerade bei mir selbst arbeite. Ich fühle

---

* *Ein längerer Werbespot in Form einer TV-Sendung mit Publikum. (Anmerk. des Übers.)*

mich geehrt, mit Ihnen hier zu sein, damit ich lernen und wachsen kann.«

Sie schob sich die Brille höher auf die Nase und sagte mit einem Kopfnicken: »Bitte fahren Sie fort, junger Mann. Sie haben meine Aufmerksamkeit.« Von diesem Augenblick an, waren alle fokussiert, die Mikrophone gingen wieder an und wir machten weiter.

Ich hätte selbstgerecht oder selbstungerecht reagieren können, aber stattdessen war ich präsent und übte eine echte Wirkung auf die Menschen aus, indem ich beide Seiten integrierte. Wahre und ausgeglichene Liebe kann nicht abgelehnt werden; nur falsche und übertriebene oder untertriebene Erwartungen. Falsche Erwartungen sind so programmiert, dass sie abgelehnt werden, denn das Universum möchte, dass wir lieben.

Ihre selbstgerechte Persona heimst die Lorbeeren für alles ein, wovon Sie glauben, es ginge gut, und die selbstungerechte Persona erntet allen Tadel für das, wovon Sie glauben, es sei schiefgegangen; und alle beide blockieren Ihre wahre Natur. Wenn Sie die beiden Anteile Ihrer selbst wieder vereinigen, erlangen Sie Ihre wahre Natur als Licht wieder. Wenn Sie aufhören, Lob und Tadel zu ernten, haben Sie das Potenzial, präsent zu sein, und in diesem Zustand der Präsenz können Sie das vollbringen, was die meisten Menschen als Wunder bezeichnen.

Die heilende Kraft der Präsenz

Vor zwanzig Jahren machte ich eine eindrucksvolle Erfahrung mit der wunderbaren Heilungskraft der Präsenz. Damals brachte man einen kleinen Jungen, der seit drei Jahren im Koma lag, in meine chiropraktische Praxis. Er war in mehreren Krankenhäusern gewesen und 13 verschiedene Ärzte hatten nicht bemerkt, dass sein Schädel auf sein Rückenmark drückte und die Verbindung aller höheren Hirnfunktionen mit seinem Körper blockierte. Man hatte seinen Zustand einfach als Hirnschaden infolge einer Enzephalitis diagnostiziert und gesagt, da könne man nichts mehr machen.

Ich nahm den Jungen als eine klinische Herausforderung an, um zu sehen, ob ich ihm helfen könne. Seine Röntgenaufnahmen zeigten diese Blockade zwischen Gehirn und Rückenmark und ich fragte mich: Was wird wohl geschehen, wenn ich den Schädel ein wenig anhebe und Gehirn und Rückenmark dekomprimiere? Auch der Gedanke: *Er könnte sterben. Kann ich damit umgehen, wenn er in meinen Händen stirbt?*, ging mir durch den Kopf. Ich zitterte vor Angst bei dem Gedanken, ich könnte meine noch junge Karriere aufs Spiel setzen, wenn ich ihn adjustierte und er starb.

Zu seinen Eltern sagte ich: »Ich weiß nicht, ob ich Ihrem Sohn helfen kann.« Seine Mutter, eine kleine indianisch-mexikanische Frau, sah mich mit ihren dunklen, schimmernden Augen an und sagte: »Wenn er stirbt, dann stirbt er. Wenn er lebt, freuen wir uns. Aber, Dr. Demartini, wir können sonst nirgendwo mehr hingehen.«

Als sie das sagte, verschwand meine Angst, meine Personae waren integriert und ich trat in einen Zustand ein, in dem ich weder Lob noch Tadel erntete. Ich war bereit, ihn unter meinen Händen sterben zu sehen, und nahm die Situation an. Nie zuvor hatte ich eine solche Erfahrung gemacht.

Es fühlte sich an, als habe mir die Mutter ein Geschenk gemacht. In jenem Augenblick war ich vollkommen zentriert. Ich ging zu dem Jungen hinüber und legte meine Hand unter seinen Schädel. Ich sah den Schädel, stellte mir das Röntgenbild vor – und auf einmal spürte ich, wie mich eine Kraft wie ein Güterzug durchfuhr. Mit Hilfe dieser ungeheuren Kraft hob ich den Schädel des Jungen von seiner blockierten Wirbelsäule, und er erwachte plötzlich aus dem Koma. Als er seine zuvor starren und bewegungslosen Glieder ausstreckte, fiel die gesamte Familie – Mutter, Vater und sechs andere Kinder – auf die Knie und begann zu beten.

Ich ging in den Nebenraum und setzte mich einem anderen Arzt, der bei dem Ereignis Zeuge war, gegenüber an den Schreibtisch. Wir sahen einander an und brachten kein Wort heraus. Wir saßen einfach mit Tränen in den Augen da und wussten, dass wir gerade miterlebt hatten, wie die lebenspendende angeborene Kraft den Körper des Jungen wiedererweckt hatte. Ich hatte zum ersten Mal erlebt, wie eine chiropraktische Intervention ihr volles Potenzial entfaltet hatte, und es war wahrlich eine wunderbare Erfahrung. Das Kind hatte mich auf eine Weise Demut gelehrt, die ich nicht erklären konnte. In diesem Zustand wurde ich in den folgenden Wochen Zeuge eines Wunders nach dem anderen. Menschen, die zuvor nicht sehen konnten, sahen. Menschen, die nicht laufen konnten, gingen. Ich lernte viel über die Essenz des Heilens: Wenn ich kein Lob und keinen Tadel erntete, kam ich in den Bereich, in dem Wunder geschehen konnten.

Wenn Sie zentriert sind, erfahren Sie sich nicht als vom Göttlichen sowie von der Menschheit getrennt, und Sie erkennen den menschlichen und den göttlichen Willen als eins. In einem solchen Zustand kann es geschehen, dass Sie eine inspirierende Offenbarung erfahren, die Ihnen sagt, was zu tun ist, und Sie können agieren, ohne zu reagieren.

Im Heart Math Institute in Boulder Creek in Kalifornien haben Forscher gezeigt, dass bei einem Menschen, der sich im Zustand von Liebe und Annahme befindet, die Kraft der Intention um ein Vielfaches zunimmt. Die Forscher gaben DNS-Bruchstücke in eine Petrischale und eine Person in diesem Zustand konzentrierte sich dann darauf. Eine mikroskopische Untersuchung zeigte, dass viele der DNS-Stränge verändert wurden – nur durch Denken. Sie zeigten, dass Liebe und Annahme aus einer Entfernung Einfluss auf Materie haben können, indem sie unserer Intention Kraft verleihen, sodass sie Ordnung in unsere physiologischen Prozesse bringen kann.

Biaurale Fusion

Da unsere physischen Sinne bipolar und dualistisch sind, benötigen sie ein Ungleichgewicht, um funktionieren zu können. Unsere Sinne sind darauf programmiert, eine unausgewogene und asymmetrische Welt wahrzunehmen und sie können nichts anderes erspüren. Unsere Finger können ohne einen Kontrast im Bereich von Stofflichkeit oder Temperatur nichts fühlen und wir können in einem rein weißen Schneesturm oder einem total finsteren Keller nichts sehen; es muss eine Differenzierung geben.

In der Physiologie gibt es jedoch ein Phänomen, das biaurale Fusion genannt wird und in Zuständen vollkommenen Gleichgewichts auftritt. Wenn Sie zum Beispiel in einer bestimmten Entfernung und an einer bestimmten Position einen Klang auf Ihrer rechten Seite hören und einen identischen Klang auf der gegenüberliegenden Seite in derselben Entfernung und Position, dann können Sie nicht zwischen den beiden Klängen unterscheiden. Ihre Ohren hören auf zu funktionieren und Sie erfahren biaurale Fusion, die ebenso wie die innere Stimme ein Kernzustand ist. Das gleiche Phänomen kann mit jedem unserer Sinne auftreten, sodass Sie biaurale, bivisuelle oder bikinesthetische Fusion erfahren. In diesen Zuständen beherrschen die in-

nere Stimme, die innere Vision und das innere Gefühl die äußeren Sinne.

Wenn wir uns zentrieren und unser Gemüt in vollkommene
Symmetrie bringen, tritt die innere Welt zu Tage. Wir erfahren
eine innere Aufmerksamkeit, eine innere Präsenz, die magische
Erfahrungen entstehen lässt: Unsere Genialität wird erweckt, wir
kreieren ein Kunstwerk oder schreiben inspirierte Texte. Dieser
Zustand ist für alle erreichbar, aber wir haben keinen Zugang zu
ihm, solange wir Lob und Tadel ernten und in Hochstimmung
oder Depressionen verfallen. Dann herrschen unsere verzerrten
oder asymmetrischen Wahrnehmungen vor und unsere sterbliche Natur überlagert unsere unsterbliche Natur.

Unser Ziel ist es, die darunterliegende vollkommene Symmetrie, das ausgeglichene Verhältnis und die harmonische Ordnung aufzudecken und der inneren Stimme zu ermöglichen,
stärker zu werden als die äußeren Stimmen. Dies geschieht jedes
Mal, wenn wir unsere beiden Seiten in Einheit, unsere emotionalen Anteile in Licht und unsere Personae in unser wahres Wesen – die Seele – eingehen lassen.

Die Welt ist ein Spiegel

Ein Ehepaar von der Ostküste nahm einmal in Houston an
The Breakthrough Experience teil. Die Frau war von meiner Arbeit
und mir begeistert, aber der Mann wollte eigentlich nicht dort
sein – er lehnte mich ab und meinte, die ganze Idee des Seminars sei lächerlich. Sie hatte ihm jedoch gedroht, ihn zu verlassen, wenn er nicht mitkäme. Die ersten Stunden des Seminars
saß er im hinteren Teil des Saals und telefonierte mit seinem
Handy. Am Ende des ersten Abends kam seine Frau zu mir und

sagte: »Mr. Demartini, es tut mir so leid und ist mir peinlich, dass mein Mann sich so unhöflich benimmt. Ich entschuldige mich, dass ich diesen Schwachkopf hierher gebracht habe.«

Er sah sie wütend an, sprang dann plötzlich auf und kam, sein Handy noch immer in der Hand, und begann mich zu beschimpfen: »Sie verdammtes Arschloch! Sie haben doch keine Ahnung, wer Sie sind und wovon Sie reden. Sie besitzen keinerlei Qualifikation zu dem, was Sie tun. Sie sind kein Psychologe, kein Psychiater und kein Wissenschaftler« ... und so ging es eine halbe Stunde lang weiter.

Ich versuchte unterdessen, mit seinen Anschuldigungen Schritt zu halten und seine Vorwürfe anzunehmen, auszugleichen und zu kollabieren. »Sie wissen nicht, wovon Sie sprechen. Sie sind ein Blender. Sie sind ein Dieb. Sie sind ein Lügner.« Bei jeder Anschuldigung dachte ich: Ja, es stimmt, in gewisser Weise und in gewissen Momenten bin ich das, was er mir vorwirft. Auf die eine oder andere Weise habe ich so etwas getan.

Schließlich beruhigte er sich und sagte »Das war mein eigener Müll, nicht wahr?« Und er fügte hinzu: »Ich glaube, Sie waren mein Vater.«

»Das scheint mir auch so.«

»Dies war das erste Mal, dass ich all das herauslassen konnte, ohne dass er mich zu schlagen, mich davonzujagen oder mein Leben zu bedrohen vermochte. Ja, Sie waren mein Vater.«

Er hatte für seine Gefühle gegenüber seinem Vater den Quantenkollaps-Prozess gemacht und mich eine halbe Stunde lang angebrüllt. Anschließend stand seine Frau auf, umarmte ihn und die beiden weinten zusammen.

Am Ende des Seminars fragte ich, ob jemand noch etwas mit den Teilnehmern teilen wolle und die Frau sagte: »Ich habe hier zum ersten Mal überhaupt erlebt, dass mein Mann sein Herz geöffnet hat.« Er nickte und sagte: »Ich glaube, das war sogar das erste Mal in meinem ganzen Leben, dass ich mich so geöffnet habe. Und ich wüsste nicht, wie ich das, was ich durchgemacht habe, erklären könnte.«

Sie sagte: »Sie haben mir geholfen, einen Traum zu verwirklichen. Ich wollte meinen Mann nicht wirklich verlassen. Die Person, die das gesagt hat, war nur eine Persona. Ich wollte nur wissen, ob er mich liebt, und jetzt weiß ich, dass er mich liebt.«

Unter allen Teilnehmern des Seminars war der Mann, der die ablehnendste Haltung hatte, am präsentesten gewesen. Dieser wütende Mann leistete aus meiner Sicht den größten Beitrag von allen. Und er machte mir das größte Geschenk – das Wissen darum, dass ich mich selbst lieben konnte, ganz gleich was jemand über mich sagen mochte.

Jeder Mensch besitzt zwei Seiten. Wenn Sie aufrichtig sind, erkennen Sie, dass Sie sowohl Heiliger als auch Sünder, tugendhaft und gemein sind. Wenn also jemand Sie beschuldigt, verschwenden Sie Ihre Zeit nicht darauf, sich zu verteidigen. Geben Sie stattdessen zu, dass Sie tatsächlich all das sind, was man Ihnen vorwirft. Aber Sie sind das nicht allein. Auch jene, die Sie beschuldigen, sind das, was sie Ihnen vorwerfen, und sie beschuldigen Sie, um sich selbst zu verurteilen. Wenn die Vorwürfe Ihnen wehtun, bedeutet das, dass Sie sich selber verurteilen, weil Sie noch nicht erkannt haben, auf welche Weise diese Eigenschaften Ihnen oder anderen dienen. Das Geschenk, das Ihnen bei einer solchen Gelegenheit gemacht wird, besteht darin, Sie für einen Persönlichkeitsanteil in Ihnen zu erwecken, den Sie noch nicht liebend angenommen haben.

Das große Gefängnis

Als ich einst in Toronto ein Seminar gab, war unter den Teilnehmern eine Frau, die ein hohes Tier im kanadischen Strafvollzug war. Als ich sagte, dass jeder Mensch zwei Seiten habe, stand sie auf und sagte: »Dem stimme ich nicht zu. Ich kenne Menschen, die von Grund auf böse sind und die keinen Funken Gutes in sich tragen.«

Ich sagte: »Können Sie an jemanden denken, der total böse ist, einfach ein schrecklicher Mensch?«

»Ja.«

»Das ist jemand aus Ihrem Gefängnis, nicht wahr?«

»Ja, ein böser, böser Mann.«

Ich ließ sie nach vorn an die Tafel kommen und all die schrecklichen Dinge, die er getan hatte, auflisten. Sie schrieb 27 Missetaten auf, und dann forderte ich sie auf herauszufinden, wo in ihrem Leben sie dieselben Dinge getan hätte. Der erste Punkt, den sie aufgeschrieben hatte, war, dass er jemanden ermordet hatte. Als wir ihr Leben durchforsteten, stellten wir fest, dass sie auf einen Gefangenen einmal so wütend gewesen war, dass sie zu ihm gesagt hatte: »Was mich angeht, so existieren Sie überhaupt nicht. Sie sind der Abschaum der Erde und Sie werden niemals hier herauskommen.« In derselben Nacht beging der Mann Selbstmord und sie fühlte sich dafür verantwortlich. Dann dachte sie an all die Männer zurück, die in ihrem Zuchthaus Selbstmord begangen haben. Viele der Strafgefangenen meinten, sie selbst sei eine Mörderin, und hatten ihr das oft nachgerufen, wenn sie an ihnen vorbeiging.

Ich ließ sie herausarbeiten, inwiefern sie jedes einzelne der 27 Dinge, für die sie den »absolut bösen« Mann verdammte, in gleichem Maße begangen hatte, und als sie das herausfand, wurde sie immer demütiger. Dann fragte ich sie nach positiven Charakterzügen des Mannes, und als wir 27 davon zusammengetragen hatten, saß sie mit Tränen in den Augen da.

Dann fragte ich sie: »Wer hier im Raum erinnert Sie an den Mann, den Sie einst verdammt haben?« Es war jemand im Saal, der sie an den Gefangenen erinnerte, und sie umarmte ihn weinend. Sie sagte zu ihm: »Ich habe nie realisiert, wie viel Sie zu meinem Leben beigetragen haben, aber heute habe ich es endlich verstanden. Den wichtigsten Aspekt in meinem Leben – das, wofür ich alles gebe, wofür ich jeden Morgen aufstehe und wofür ich im ganzen Land bekannt bin – gibt es nicht trotz Ihrer, sondern wegen Ihnen. Bis zu diesem Tag habe ich das nicht erkannt.«

Die Frau hatte sich aus ihrem eigenen Gefängnis befreit. Anstelle von Vendetta und Rache wolle sie nun eine Gefängnisreform herbeiführen, indem sie ihre neue Sichtweise in das Gefängnis einbrachte. Sie hoffte, den Menschen, die ihr ganzes Leben dort verbringen mussten, helfen zu können, sich selbst zu lieben. Ihre gesamte Vorstellung vom Strafvollzug hatte sich verändert.

Ganz am Ende des Seminars sagte ich zu ihr: »Begreifen Sie, dass eine göttliche Gerechtigkeit am Werk ist und kein Sterblicher die unsterbliche Gerechtigkeit beeinträchtigen kann? Dadurch, dass der Mann ein Leben nahm, hat er auch Ihnen ein Leben geschenkt. Wir sind nicht hier, um einen anderen Menschen zu verurteilen; wir sind hier, um zu lieben.«

Was immer du tust, tust du dir selbst.
Andere zu verurteilen verstärkt lediglich deine eigenen Fehler.

Buddha

Ich behaupte nicht, dass es nicht Situationen gibt, in denen man Menschen ins Gefängnis stecken sollte. Ich behaupte nur, dass wir sie, wenn wir sie ins Gefängnis stecken, lehren sollten zu lieben und dass wir selbst lernen sollten, sie zu lieben, wenn wir nicht wollen, dass sie nach ihrer Freilassung rückfällig werden. Wenn wir sie lehren zu lieben, können sie ihr Leben transformieren.

In einem gewissen Sinne haben wir alle schon im Gefängnis gesessen: gefangen von Angst, Schuld, Zweifel, Unsicherheit und Mangel an Klarheit. Jeder Mensch verdient es, befreit zu werden, aber wir haben keinen freien Willen und keine Freiheit, solange wir nicht unsere Illusionen von Zuneigung und Ablehnung überwinden. Genauso wie wir in die Eigenschaften oder die Charakterzüge eines anderen vernarrt sein können, können wir auch in uns selbst vernarrt sein. Wenn wir es zulassen, Lob zu ernten, werden wir jemanden anziehen, der uns zeigt, was es heißt Tadel zu ernten.

Sind Sie total positiv?

Unsere Gesellschaften, Religionen und einige Philosophien haben den großen kollektiven Mythos gemeinsam, dass wir eines Tages einen Punkt erreichen werden, an dem unsere negative oder dunkle Seite verschwinden wird und wir alle vollkommen, friedvoll und glücklich sind. Doch das wird nie eintreten.

Während einer Phase meines Lebens habe ich mich sehr mit positivem Denken beschäftigt. Ich habe jedes Buch darüber, das ich finden konnte, gelesen. Jahrelang steckte ich in der Illusion einer einseitigen Welt, die nur Positives im Sinn hat, fest. Ich begann den Tag mit dem festen Entschluss, positiv zu sein, aber irgendwann im Laufe des Tages lief die Sache aus dem Ruder. Je länger ich positiv blieb, desto öfter ging etwas schief, und meine

Haltung wurde wirklich negativ, entweder mir selbst oder jemand anderem gegenüber. Je mehr ich versuchte, die Fassade, ein positiver Mensch zu sein, aufrechtzuerhalten, desto mehr schlug ich im Innern auf mich ein. Was ich auch tat, ich konnte meine negative Seite nicht loswerden.

Also besuchte ich Seminare.

Einer der größten Befürworter der Bewegung des positiven Denkens stand eines Abends vor mehr als 1000 Menschen und sagte: »Ich bin wahrscheinlich einer der am negativsten denkenden Menschen, denen Sie je begegnet sind.« Im ganzen Raum breitete sich eine eisige Stille aus und seine Frau nickte nur mit dem Kopf. »Der Grund, warum ich die Bücher über positives Denken geschrieben habe, war, meine eigene Negativität auszugleichen. Mein Leben funktionierte offensichtlich nicht, wenn ich so negativ war; also musste ich etwas unternehmen.« Er hatte mitgeholfen, eine ganze Bewegung zu gründen, die sich dem positiven Denken widmete, während er wusste, dass er selbst gewiss nicht positiv dachte.

Es gibt ein überschwänglich positives Denken und ein niedergeschlagen negatives Denken – und genau zwischen diesen beiden liegt das präsente und liebende Denken. Die beiden Extreme heben einander auf und eines ist das Gegenmittel für das andere. Hat denn positives Denken überhaupt eine Berechtigung? Ja! Wenn man sich irgendwo zwischen depressiv und präsent befindet, macht positives Denken Sinn, tendiert man sowieso schon zum Überschwang, dann ist es eher schädlich.

Menschen, die versuchen, sich jedem Menschen in ihrer Familie und in der Welt gegenüber positiv zu verhalten, negieren sich letzten Endes selbst. Wir können uns dem Gleichgewicht von Positiv und Negativ nicht entziehen. Wenn Sie versuchen, eine Fassade für die Welt aufzubauen, wie positiv und gut drauf

Sie sind, wird es Chaos in Ihrem Privatleben oder bei Ihrer Gesundheit geben.

Die alten Griechen wussten, dass sie die Macht zum Heilen hatten, und brachten zu diesem Zweck die Kranken auf Bahren zum Schauspiel. Tragödien heilen selbstgerechte Menschen; sie drücken sie nieder, sodass sie ihr Herz in Demut wiederfinden. Komödien heilen selbstungerechte Menschen, sie erheben sie wieder auf die Ebene ihres Herzens. Die Natur weiß das. Die göttliche Ordnung nutzt sowohl demütigende als auch erhebende Umstände, um zu gewährleisten, dass wir uns nicht zu weit von unserem Herzen entfernen. Sie sind kein Opfer, Sie sind der Schöpfer Ihres eigenen Heilungsprozesses. Und Sie bestimmen, wie lange er dauert, je nachdem, wie schnell Sie Ihre Lektion lernen.

Ich sah einmal einen meiner Helden des positiven Denkens in Atlanta in Georgia. Er wollte gerade in einem dicht gefüllten Saal zu sprechen beginnen, als das Mikrophon eine Panne hatte. Er wurde stinksauer. Der Raum war überfüllt, jemand saß auf seinen Notizen, er hatte kein Mikrophon – und schließlich explodierte er!

Mit den Worten »Was ist denn das für eine besch... Organisation? Das ist ja lächerlich!« stürmte er schimpfend zur Tür hinaus und ließ sein Publikum schockiert zurück.

Mein Held!

Als er das tat, dachte ich: Oh Mann! Wenn ich negativ bin ... bin ich damit vielleicht nicht allein.

Wir sind alle gelegentlich negativ. Wir sind alle sowohl freundlich als auch unfreundlich, haben alle eine angenehme und eine unangenehme Seite. Ich versuchte früher immer die Hälfte davon auszublenden, aber heute weiß ich, dass ich das nicht tun muss. Ich möchte es lieben, also weiß ich, wann ich es nutzen kann. Ihnen wurden all Ihre Eigenschaften aus gutem

Grunde geschenkt – um Ihnen zu helfen, Ihre Bestimmung zu verwirklichen. Aber alles, was Sie mit einer negativen Ladung versehen, werden Sie verdrängen, was Sie aber annehmen, das können Sie als ein Meister zu Ihrem Vorteil nutzen.

Ich weiß, dass dies eine Herausforderung für einige Glaubenssysteme ist, weil der Zeitgeist von uns verlangt, wir sollten gut drauf und positiv sein, aber es gibt etwas in dieser Welt, das viel wichtiger ist als das. Ein anderer Oberguru der Bewegung des positiven Denkens sagte später in der Öffentlichkeit, in dieses Positiv-Denken-Zeugs einzusteigen sei eine der verheerendsten Entscheidungen gewesen, die er in seinem Leben getroffen habe. Das positive Denken habe fast all seine Beziehungen zerbrochen und alle möglichen Gesundheitsprobleme und Herausforderungen in der Dynamik seiner Familie hervorgerufen, weil es falsche Erwartungen an eine Realität gestellt habe, die zwei Seiten verlangte.

Sie sind nicht auf dieser Welt, um ein einseitiges Wesen zu sein: Sie sind hier, um beide Seiten anzunehmen. Wenn Sie versuchen, einseitig zu sein, erwarten Sie von anderen Menschen dasselbe, und wenn diese dann nicht Ihren Erwartungen entsprechen, sind Sie über sich, über diese Menschen oder über die Welt verärgert. Wir sind hier, um komplette Wesen zu sein, und das Positive und das Negative sind die beiden Seiten, die uns dies lehren.

Sag niemals nie

Während eines meiner Seminare zur *Breakthrough Experience* schwor eine Dame aus der Gruppe selbstgerecht: »Ich würde mich nie scheiden lassen, nie abtreiben und niemals einen Seitensprung machen.«

Wenn ich Leute sagen höre: »Ich würde dies und jenes nie tun«, schreibe ich es auf, stecke den Zettel in einen versiegelten Umschlag und sage: »Öffnen Sie das in den nächsten sechs Monaten nicht.«

Fünf Monate später kam dieselbe Frau zu einem anderen Seminar und beschrieb ihre Situation: »Bei meiner letzten Begegnung mit Ihnen schwor ich, niemals bestimmte Dinge zu tun. Aber einige Monate später hatte mein Mann eine Affäre. Ich war tief verletzt und wütend. Ich fühlte mich betrogen und in der Falle.« Sie wollte keine Scheidung, konnte es aber nicht ertragen, bei ihm zu bleiben, wenn er seine Affäre fortsetzte. Sie hatte schließlich selbst ein kleines Liebesabenteuer, wurde schwanger und überlegte, ob sie das Kind abtreiben sollte. Diese Frau hatte alle Frauen in der Welt verurteilt, die sich scheiden ließen, die Affären hatten oder abtrieben. Sie hatte allen gegenüber ihr Herz verschlossen und dachte, sie sei ihnen überlegen – bis es ihr selbst passierte. Jetzt verstand sie.

Unsere größten Ängste sind die Drachen,
die unseren tiefsten Schatz hüten.
Rainer Maria Rilke

Das Leben ist ein großes Theaterstück und die Rolle, der wir uns am meisten widersetzen, ist diejenige, die wir im nächsten Stück spielen müssen. Wir ziehen solche Dinge an, damit sie uns lehren, uns selbst und die Welt zu lieben. Wir sind nicht hier, um zu urteilen oder um positiv oder negativ Denkende zu sein; wir sind hier, um Liebe zu sein, die beide Seiten umfängt.

Das Niedergedrücktwerden und Emporgehobenwerden sind gleichermaßen Liebe und wir erfahren beide ständig gleichzeitig, aber wir erkennen schnell, welches der beiden wir am meisten benötigen, um wieder unsere Mitte zu finden. Unsere Selbstgerechtigkeit widersetzt sich unangenehmen Ereignissen und lehnt sie ab, aber sie sind Liebe und sie bringen uns zu unserem wahren Selbstwert und Herzen zurück. Und wenn wir die Lektion gelernt haben, verschwinden sie für einen Augenblick.

Wir zeigen Fremden gewöhnlich jeweils nur eine Seite unserer Natur und sie mögen uns oder mögen uns nicht, je nachdem, welche Halbwahrheit wir offenbaren. Freunden zeigen wir mehr von beiden Seiten und sie haben eine tiefere Beziehung zu uns – mehr Verständnis, Geduld und Annahme. Wir zeigen unseren Lebenspartnern beinahe alles, und was ist die Folge? Sie lieben uns von allen am meisten! Je mehr wir uns verbiegen, desto mehr Zuneigung oder Ablehnung erfahren wir von anderen. Je mehr wir unser wahres Ich offenbaren, desto mehr werden wir geliebt.

Wenn alles, was Sie getan, gesagt und gedacht haben, 24 Stunden am Tag im Ewigkeitsfernsehen gesendet würde und jeder alles über Sie wüsste – könnten Sie sich dann lieben? Aber genau darum geht es in diesem Buch – ein solches Verständnis und eine solche Weisheit zu erlangen, dass Sie aus Selbstüberhebung oder Selbsterniedrigung stets zur Wahrheit der Liebe zurückkehren. Jeder einzelne Mensch hat Krempel im Keller, Dinge, derer er sich schämt und die er nicht offen auf den Tisch legen will. Diese Geheimnistuerei wird Privatleben genannt. Meisterschaft ist das Vermögen, das Private publik zu machen. Damit ist Folgendes gemeint: Wenn Sie die privaten Dinge, die Sie an sich selbst nicht mögen, so annehmen können, dass es keine Rolle spielt, ob die Leute davon erfahren oder nicht, dann lieben Sie sich selbst. Wenn Sie sich selbst lieben, können die Leute nicht Ihre Knöpfe drücken, aber sie werden Sie automatisch in den Bereichen angreifen, wo Sie sich selbst angreifen.

Alles, was Sie tun, sei es gut oder schlecht, positiv oder negativ, dient dazu, Sie Lieben zu lehren. Wenn Sie sich selbst gestatten, vollkommen menschlich zu sein, nähern Sie sich dem Göttlichen. Aber es gibt Überzeugungen und Missverständnisse, die Sie davon abhalten, das Göttliche in jedem Aspekt Ihrer selbst und der Welt anzuerkennen. Mit ihnen beschäftigen wir uns im nächsten Kapitel.

— Übung 1 —

Diese einfache Übung soll Ihre selbstgerechte Seite offenbaren. Sammeln Sie ein wenig Speichel in Ihrem Mund, spucken Sie ihn in Ihre Hand und halten Sie diese weg von sich. Schwenken Sie sie ein wenig hin und her, bis der Speichel abgekühlt ist, und tun Sie ihn dann zurück in den Mund. Wie fühlt sich das an? Ziemlich eklig?

Ich nenne es das Gesetz der Spucke: Je weiter die Spucke in Zeit und Raum von Ihrem Körper entfernt ist, desto unattraktiver finden Sie sie. Sie ähnelt in der Tat beinahe der Spucke eines anderen. Warum? Weil es eine psychologische Grenze für Sie gibt und Sie glauben, dass alles, was außerhalb von Ihnen ist, nicht so gut ist wie alles, was in Ihnen ist. Ihre Illusion, von der Welt getrennt zu sein, ist die Grundlage des Mythos der Getrenntheit: Ich contra andere, Gut contra Böse. Ist das nicht interessant?

— *Übung 2* —

Gewöhnlich achten wir vor allem auf die Unterschiede zwischen uns selbst und anderen. Diese Übung dient dazu, diesen Prozess umzukehren. Setzen Sie sich auf einen öffentlichen Platz, wo Sie einen guten Ausblick auf die Passanten haben, und beginnen Sie, sich mit ihnen zu identifizieren. Blicken Sie rasch von einer Person zur nächsten und fragen Sie sich – ganz gleich, welcher Charakterzug auch gerade im Vordergrund stehen mag –, wo und wann Sie die gleiche Eigenschaft an den Tag legen.

Manche Charakterzüge sind schwer zu identifizieren, besonders jene, die Sie als belastend empfinden, aber mit etwas Übung werden Sie sie immer leichter erkennen. Je deutlicher Sie sie bei anderen zu erkennen vermögen, desto besser werden Sie sie auch bei sich selbst wieder finden können. Das funktioniert, zum Beispiel auch mit einem Baum: »Wir sind beide aus Erd-Substanz gemacht; wir sind beide Lebensformen, die in Zeit und Raum existieren; wir brauchen Licht, um zu leben; wir unterliegen Jahreszeiten von Wachstum und Rückzug; wir tragen Mikroorganismen in uns und könnten ohne sie nicht leben.«

Schließlich werden Ihre Wahrnehmungen von Gut und Schlecht oder Richtig und Falsch beginnen zu schwinden und Sie werden einfach lebendige Wesen sehen. Je länger Sie üben, desto mehr unsichtbare Mauern stürzen ein und Sie werden sich nicht mehr von der Welt getrennt, sondern mit ihr eins fühlen.

Worte der Weisheit und Kraft

- Ich bin ein Mensch. Jeder Charakterzug ist in vollkommenem Gleichgewicht und alle meine Eigenschaften dienen mir.
- Was ich auch sehe, bin ich.
- Was auch erscheinen mag, ich halte Ausschau nach der anderen Seite und bin frei.
- Ich ernte weder Lob noch Tadel.
- Auch dies ist eine Lektion in Liebe.
- Ich danke für meine Fertigkeiten und die Gelegenheit, an dieser Welt teilzuhaben.

Und wer kümmert sich ums Geschäft?

*Wenn Gott allmächtig ist, dann ist jede Begebenheit
– einschließlich jedes menschlichen Handelns,
jedes menschlichen Gedankens und
jedes menschlichen Gefühls und Strebens –
ebenfalls Sein Werk.*

Albert Einstein

Unsere Ammenmärchen von einseitigen Triumphen und Niederlagen halten uns davon ab, die göttliche Ordnung zu erkennen, und eines der verbreitetsten Gerüchte der Menschheit ist das Thema des Todes. Es ruft Erfahrungen von Angst, Schmerz und Leiden auf Erden hervor und ist dennoch einfach nur eine weitere Illusion.

Aus den Fossilienfunden wissen wir von mindestens fünf großen Perioden des Artensterbens auf diesem Planeten aufgrund von umwälzenden Ereignissen, die ungeheure Mengen an Leben auslöschten. Vor etwa 560 Millionen Jahren wurden an die 90 Prozent aller Spezies auf Erden vernichtet. Man nimmt an, dass vor 60 Millionen Jahren ein Komet in der Größe einer Kleinstadt mit einer Geschwindigkeit von 4000 Stundenkilometern auf die Erde geprallt ist. Er schlug mit einer solchen Wucht in den Golf von Mexiko ein, dass große Stücke der mexikanischen Platte sogar in Frankreich zu finden waren, und er löschte ungefähr

60 bis 70 Prozent aller zu dieser Zeit auf der Erde lebenden Spezies aus.

Einer der größten Paläontologen unserer Zeit, Professor Stephen Jay Gould, betrachtete eine Graphik über diese Perioden des Aussterbens, als ihm etwas in den Sinn kam. Er legte eine Graphik der Evolution auf die Auslöschungsgraphik und war erstaunt, dass die beiden genau einander entsprachen. Jedes Mal, wenn es zu einem größeren Artensterben gekommen war, war auch eine neue Evolutionsstufe des Lebens in Erscheinung getreten. Der im Golf von Mexiko niedergegangene Komet war beispielsweise mit für das Aussterben der Dinosaurier verantwortlich, aber er beschleunigte auch die Evolution der Säugetiere.

Gould betrachtete die Tabellen und sagte zu sich etwas in der Art wie:»Man müsste wirklich ein Idiot sein, um diese Verbindung nicht zu erkennen!« Die Natur hat niemals eine Spezies oder eine Gruppe von Spezies ausgelöscht, ohne neue Spezies hervorzubringen, die in der Anzahl geringer waren, aber in ihrer Ordnung und/oder ihrem Bewusstsein höher standen. Ohne den Tod des Alten, kann das Neue nicht in Erscheinung treten.

Das menschliche soziale Bewusstsein ist in zwei Fraktionen geteilt: Technologen, die verwegen in die Zukunft gehen wollen und oft blind gegenüber der Vergangenheit sind, und Ökologen, die die Dinge anhalten und die althergebrachten Weisen beibehalten wollen. Die beiden Strömungen gleichen einander aus und sind lebenswichtige Regulatoren für die Geschwindigkeit der Evolution; sie sind wie das Gaspedal und die Bremse an unserem Evolutionsgefährt.

Die Ökologen sagen, es sei unsere moralische Pflicht, die Pflanzen- und Tierformen vor dem Aussterben zu retten, aber das Erretten anderer Lebensformen könnte verhindern, dass Menschen geboren werden. Es besteht hier eine Synchronizität im Timing. Wenn wir florieren, verdrängen wir Spezies; und wenn wir das Wachstum unserer Spezies drosseln, retten wir sie. Die Bewahrung von Leben auf diesem Planeten befindet sich im Gleichgewicht – es ist eine Gesetzmäßigkeit sowohl der Paläontologie als auch der Natur, und wir können es nicht brechen. Wenn wir versuchen, die Technologie einzuschränken, und zurück zur Natur gehen, stagnieren wir und die Pflanzen und Tiere nehmen zu. Beschleunigen wir den technologischen Fortschritt zu sehr, dann sterben die niederen Lebensformen und bringen den Kohlendioxid-Sauerstoff-Kreislauf aus dem Gleichgewicht, was auch uns umbringt. Auch das ist Teil der göttlichen Ordnung. Technologie und Ökologie sind lediglich zwei einander ausgleichende Seiten des Bewusstseins, und sie regulieren die Geschwindigkeit unserer Entwicklung. Sie sind beide richtig und sind beide notwendig.

Natürliche Ordnung

Die Zyklen von Evolution und Aussterben zeigen uns, dass wir uns keine Sorgen über ein paar Grad Erderwärmung oder schmelzende Gletscherkappen oder erhöhte Meeresspiegel machen müssen, weil es so etwas in der Geschichte des Lebens auf der Erde bereits Hunderte Male gegeben hat. Der südamerikanische Regenwald verschwindet alle 12 000 Jahre als Teil eines natürlichen Vergletscherungszyklus; die ganze Region wandelt sich von Regenwald in Savanne in Buschland in Grasland in Wüste und dann wieder zurück. Nach jedem größeren Krieg gibt es einen Baby-Boom. Auf jeden Verlust einer Spezies folgt die Geburt einer größeren Spezies, und all dies ist Teil der natürlichen Ordnung.

Die Welt ist größer als wir und oszilliert auf einer größeren Skala, aber die meisten Menschen betrachten die Abläufe nicht in einem hinreichend großen Zeitrahmen, um sich dessen bewusst werden zu können. Sie missverstehen die Schwankungen als drohendes Unheil und versuchen etwas zu reparieren, das nicht kaputt ist. Sie versuchen etwas ins Gleichwicht zu bringen, das bereits vollkommen ist. Alles, was geschieht, ist vollkommen natürlich, aber aus irgendeinem Grunde glauben wir, es läge ein Fehler vor – und es sei unsere Schuld.

Wir leben in ungeheurer Angst und Schuld über unser Potenzial, den Planeten zu zerstören, doch im Vergleich zu dem, was die Natur regelmäßig tut, haben die Menschen absolut nichts getan. Die Natur hat Katastrophen unglaublichen Ausmaßes überlebt. Der Komet, der in Mexiko einschlug, hatte die Kraft des 10.000fachen heutigen Nuklearwaffenarsenals auf der Welt. Doch aufgrund unserer kurzsichtigen Perspektive und unseres Mangels an Verständnis bekommen wir Angst und versuchen, Dinge zu richten. Doch auch unsere Versuche, die Welt zu reparieren, sind Teil der großen Ordnung, was wir allerdings nicht realisieren. In unserer Unwissenheit glauben wir, die Welt sei aus dem Gleichgewicht geraten, und in unserer Ahnungslosigkeit versuchen wir, die Welt und auch uns selbst zu reparieren.

Wenn ich über viele der westlichen Gebiete der Vereinigten Staaten fliege, frage ich mich manchmal, warum es noch keine Bewegung zur »Rettung der Wüste« gibt. Einige dieser einst unfruchtbaren Gebiete sind heute mit genügend Vegetation bewachsen, um das Niveau der Feuchtigkeit und des Pollenflugs auf der Erde zu verändern; dennoch scheint niemand die globalen Ausgleiche zu erkennen. Das in einigen Gebieten der Welt wachsende Bedürfnis, Bäume, Pflanzen und Blumen zu pflanzen, ist der natürliche Ausdruck von Kompensation oder Aus-

gleich für den kapitalistischen Drang, den Regenwald zu elimi-
nieren.

Mutter Natur hält die Welt bereits in einem vollkommenen
Gleichgewicht und wir können es nicht zerstören. Wenn wir beginnen, Dinge zu zerstören, werden wir dabei auch uns selbst
reduzieren und das Gleichgewicht wieder herstellen. Wir können
es einfach nicht vermasseln.

Nichts als Licht

Wieder einmal spaltet uns die Angst in zwei komplementäre Teile. Die optimistischen New-Age-Leute sagen: »Die Welt
steht kurz davor, in das Goldene Zeitalter der Erleuchtung ein-
zutreten. Der Christus wird zurückkehren und wir werden alle
bis ans Ende unserer Tage glücklich leben«, während die pessi-
mistischen Weltuntergangspropheten sagen: »Das Ende der Zeit
ist angebrochen. Der Antichrist ist auferstanden und die Welt
steht kurz vor ihrem Ende.« Solche Illusionen gibt es seit mindestens 2000 Jahren – und wie viele Termine für den Weltuntergang
sind seither verstrichen?

Wir werden schließlich erkennen, dass alles von einer Intelligenz geordnet wird, die größer und weiser ist, als wir es uns
vorstellen können. Der Tod ist ein natürlich auftretender Bestandteil des Lebens. Es gibt kein Leben ohne Tod und je größer
der Tod, desto größer ist das Leben. Das erste Gesetz der Ther-
modynamik besagt, dass Energie und Materie weder geschaffen
noch zerstört werden; sie ändern nur ihre Form. Dieses Gesetz
wird auch das Gesetz der Energieerhaltung genannt, und es bedeutet nichts anderes, als dass nichts im Leben jemals verloren
oder gewonnen wird.

> *Die Dinge, von denen wir glauben, sie seien zerstört,*
> *haben nun eine Frequenz, auf die wir nicht mehr*
> *eingestimmt sind. Die Dinge, von denen wir glauben,*
> *sie seien geschaffen, haben eine Frequenz, auf die wir*
> *eingestimmt sind, aber im Grunde gibt es keine Schöpfung*
> *oder Zerstörung, nur den Wandel von Form.*
>
> Buckminster Fuller

Also wird nichts geschaffen und nichts zerstört. Sie sind nicht geboren worden, Sie werden nicht sterben – Sie sind. Sie werden sich im Laufe Ihrer Existenz in vielen Formen manifestieren. Nichts ist gewonnen oder verloren. Dies ist ein vollkommen neues Paradigma in der Psychologie, das beginnt, die Welt zu erschüttern und unser Denken zu verändern. Die meisten Menschen glauben, sie könnten Kummer ohne Freude oder Freude ohne Kummer haben – sie glauben, sie könnten etwas verlieren oder gewinnen. Aber die gleichen Prinzipien, nach denen eine Katastrophe zu neuem Leben führt, gelten auf der persönlichen ebenso wie auf der globalen Ebene: Wir leben in einem kompletten Quantenzustand.

Es gibt keinen Verlust

Im Rahmen eines meiner Vorträge kam das Thema Tod auf, und so bat ich den Mann, der die Frage gestellt hatte, ob er bereit sei, der Gruppe zu helfen, etwas sehr Tiefgehendes zu verstehen. Er war einverstanden. Sein Bruder war vor Kurzem gestorben und er war bekümmert und trauerte um ihn. Also ließ ich ihn alle Empfindungen des Verlustes in Hinsicht auf seinen Bruder aufschreiben. Er hatte seine Freundschaft, seine Unterstützung, seine haselnussbraunen Augen, sein Lächeln, sein braunes Haar, seine Späße, seine herausfordernde Art, das Ballspielen mit ihm verloren ... Der Mann listete 25 Punkte auf, bis ihm nichts mehr einfiel.

Ich sagte: »Gut, das ist der Verlust. Was sind nun die Gewinne, seit er gestorben ist?« Anfangs fand er das schwer zu erkennen oder zuzugeben, aber er gestattete sich schließlich, einen Bereich anzuerkennen, in dem sein Leben ohne seinen Bruder tatsächlich besser war. Er sagte: »Nun, er hatte etwas Selbstzerstörerisches und ich musste immer auf ihn aufpassen und ihn retten. Und wenn etwas danebenging, gab die Familie immer mir die Schuld.« Als er das Tor einmal geöffnet hatte, traten immer mehr verborgene Wahrheiten ans Licht. Wir fanden Vorteile über Vorteile, bis sie die negativen Seiten ausglichen. Seine Empfindung des Verlusts war bereits geringer geworden, aber der Prozess war noch nicht vollendet. Der nächste Schritt war, die Transformation zu entdecken.

Ich fragte ihn: »Wo sind die neuen Formen der Dinge, die Sie verloren haben? Wer hat das Spaßmachen übernommen?« Er dachte ein Weilchen nach und sagte dann: »Ja, mein Vater hat etwas davon übernommen; ein guter Freund ist aus dem Nichts aufgetaucht, und dann ist da noch TJ, meine Verlobte.«

Ich ging die Liste durch und fragte: »Wo sind diese Dinge jetzt in Ihrem Leben? Wer hat haselnussbraune Augen? Wer hat braunes Haar? Wer liebt es, Sie herauszufordern?«

»Mein Gott, das ist TJ.«

Plötzlich kam er an einen Punkt, an dem er realisierte, das jeder dieser Punkte sich in einer neuen Form manifestiert hatte; als sein Bruder starb, begannen sie in sein Leben zu treten. Als er begriff, dass so viele Züge seines Bruders in der Frau, die er liebte, zu finden waren, kamen ihm die Tränen. Er spürte die Präsenz seines Bruders im Raum.

Ich forderte ihn auf, die Augen zu schließen und sich vorzustellen, zu seinem Bruder zu sprechen. Er begann seinem Bruder all die Dinge zu sagen, die er vor seinem Tod nicht gesagt hatte. Während er sprach, erinnerte er sich an etwas, das er seinem Bruder angetan hatte und wofür er sich schuldig fühlte. Also fragte ich ihn: »Inwiefern hat diese Handlung Ihrem Bruder genützt?« Nachdem er einen Moment vor sich hin gestarrt hatte, begann er einige Vorteile zu erkennen. Nun hatte er nicht mehr das Gefühl, sich für das, was er getan hatte, entschuldigen zu müssen. Er öffnete sein Herz vollkommen in Liebe; sein Kummer war vergangen. Schmerzlicher Verlust, Kummer und Gewissensbisse sind einfach Formen von nicht kommunizierter Liebe und Dankbarkeit. Die Menschen trauern nicht, weil jemand gestorben ist, sondern weil sie ihre Liebe nicht zum Ausdruck gebracht haben, als das noch möglich war.

Ich habe Hunderte von Menschen durch den Quantenkollaps-Prozess geführt, um ihren Kummer aufzulösen. Wir haben nicht nur stets gefunden, was sie glaubten verloren zu haben, sondern diese Menschen haben auch realisiert, dass sie die neue Form der alten vorzogen. Deshalb hatten sie auch nicht mehr den Wunsch, in die früheren Umstände zurückzukehren. Das in der Psychologie vorherrschende Paradigma besagt, zwei bis fünf Jahre seien die normale Dauer eines Trauerprozesses. Ich bin da völlig anderer Meinung. Es ist möglich, den Kummer in zwei bis fünf Stunden vollkommen aufzulösen … durch die Macht der Liebe.

Das Leben ist zu kostbar, um es an Illusionen von Verlust und Tod zu verschwenden. Unterliegen Sie nicht dem Mitgefühl, indem Sie dem Ammenmärchen vom Tod noch Vorschub leisten. Kümmern Sie sich um Menschen, die einen »Verlust« erlitten haben, so lange, dass sie ihr Gleichgewicht wiederfinden, und helfen Sie ihnen dann eine geistige Verbindung mit den Verstorbenen zu gewinnen. Wenn Sie das tun, werden Sie sie erleuchten.

Sie wollen es? Sie haben es bereits!

Wenn Sie alles aufschreiben sollten, was Sie sich bei Ihrem Partner wünschen, werden Sie vielleicht überrascht sein, dass es bereits jetzt in Ihrem Leben vorhanden ist – in einer Form, die Sie bisher nicht erkannt haben. Es kann auf mehrere Ihrer Freunde, Verwandten und Kollegen verteilt auftreten, aber solange Sie für die Form, in der es bereits vorhanden ist, nicht dankbar sind, blockieren Sie seine Manifestation in der Form, die Sie sich wünschen. Lieben Sie die Dinge so, wie sie sind, und sie werden sich so verwandeln, wie Sie es sich wünschen. Dies zu begreifen, ist sehr machtvoll. Es fehlt Ihnen nichts.

Ich habe einmal mit einer Frau in Hollywood gearbeitet, die mir sagte: »Ich habe seit sechs Jahren keinen Sex gehabt.«

Ich fragte: »Sind Sie sicher, dass das stimmt?«

»Was heißt: ›Sind Sie sicher?‹ Ich muss es doch wohl wissen!«

»Lassen Sie uns einmal sehen, welche Formen Sex haben kann. Was genau gibt der Sex Ihnen, das Sie vermissen? Wie definieren Sie Sex?«

»Nun, wenn jemand intim mit mir ist und mich berührt, ein bestimmter Blick, ein spezielles Gefühl ...« Wir nahmen die einzelnen Teile ihrer Beschreibung und ich fragte sie, wo in ihrem Leben sie diese Komponenten vielleicht bereits jetzt bekäme.

»Wo bekommen Sie den intimen Augenkontakt?«

»Bei einem meiner Kunden. Wir sehen einander an und es entsteht ein erotisches Prickeln oder eine sexuelle Energie liegt in der Luft. Es ist kein körperlicher Sex, aber ein sexueller Kitzel ist vorhanden. Und es gibt da ein gewisses Etwas zwischen mir und meinem Geschäftspartner, wobei wir ein wenig vorsichtig sein müssen.«

»Und wer schenkt Ihnen die Berührung?«

Sie war Innenarchitektin, die sich auf Badezimmer, Küchen und Vasen spezialisiert hatte, und wir fanden heraus, dass die Vasen sexuelle Objekte für sie waren. Sie stellte überall solche phallischen Objekte auf! Sie nahm sie immer wieder in die Hand, befühlte ihre Oberfläche, drehte sie hin und her, blickte in die Öffnung, ließ ihre Hände darübergleiten und stellte sie dann an einen anderen Ort. Auch weil sie keinen physischen Sex hatte, war ihre ganze erfolgreiche Karriere zu einer sublimierten Form von Sex geworden. Ihre erfolgreichsten Designs, diejenigen, von denen sich die Kunden am meisten angezogen fühlten, waren ihre erotischen Kreationen. Als sie das realisierte, wurde sie sehr dankbar. Sie erkannte außerdem, dass ihre Geschäfte während ihrer letzten Beziehung mit körperlichem Sex deutlich zurückgegangen waren, und da Unabhängigkeit und der Besitz eines eigenen Unternehmens zu ihren höchsten Werten gehörten, wurde ihr klar, dass eine solche Beziehung nicht mit ihren Werten in Einklang zu bringen war.

In dem Moment, wo Menschen begreifen, dass sie bereits haben, was ihnen zu fehlen scheint, sind sie frei und verstehen, dass sie die Macht haben, es in jeder Form zu bekommen, die sie wünschen.

Die vier großen Fragen

Wenn wir in unserem Erdendasein infolge unserer dualistischen Körpersinne beginnen, illusionäre Erfahrungen zu machen, beziehen wir diese Erfahrungen automatisch auf Zukunft oder Vergangenheit. Da wir eher in der Zukunft oder der Vergangenheit leben als in der Gegenwart, stellen wir uns ständig die vier großen Fragen des Lebens, die die Philosophie im Laufe der

Geschichte immer wieder zu beantworten versucht hat: *Woher komme ich? Wohin gehe ich? Weshalb bin ich hier? Wer bin ich?*

Die Astronomie sagt uns, dass wir von den Sternen kommen und wieder dorthin zurückkehren werden. Als die Milchstraße, zu der unser Sonnensystem gehört, entstand, enthielt sie Licht, subatomare Teilchen, Wasserstoff und Helium. Unter dem Einfluss der Gravitationskraft entstanden Sterne aus dem kosmischen Staub und durch die Kernfusion in jungen Sternen entstanden die schwereren Elemente. Wir sind aus dem Stoff der Sterne gemacht und in fünf Milliarden Jahren, wenn die Sonne in das Stadium eines Roten Riesen eintritt, wird sie sich über die Umlaufbahn des Mars hinaus ausdehnen und die Erde wird von ihrem riesigen Feuerball wieder verschluckt. In dem Maße, in dem wir wachsen und unser Bewusstsein entwickeln, werden wir wie Sterne in der Dunkelheit der Unwissenheit strahlen und schließlich zu der Erkenntnis gelangen, dass wir nie etwas anderes waren.

Ich habe fünf Jahre lang einen Kursus über Ökonomie und Finanzen gegeben, in dem ich die Menschen lehrte, ihren Reichtum zu vergrößern. Ihr Wert im Leben ist proportional zu der Menge an Liebe und Dankbarkeit, die Sie besitzen, und die Hierarchie Ihrer Werte sowie die Größenordnung Ihres Lebenszwecks wirken sich beträchtlich auf Ihren Reichtum aus. Viele Menschen sabotieren unbewusst das Ansammeln von Reichtum, weil Ihre Werte und Überzeugungen dazu führen, dass sie sich wertlos fühlen, während jene, die ein großes Anliegen haben und Reichtum schätzen, sehr wohlhabend sind.

Ohne einen Lebenszweck, der größer ist als Sie selbst, können Sie nicht über sich hinauswachsen. Wann immer Sie sich über Ihre Mission im Klaren sind und Ihre emotionalen Störgeräusche reduzieren, wird Ihre Vision deutlicher, vergrößert sich Ihr Anliegen und das Ausmaß von Zeit und Raum Ihrer innersten dominierenden Gedanken wächst und dehnt sich aus. In dem Maße, wie Sie sich ausdehnen und Ihre Vision wächst, nehmen Ihre Ressourcen zu und es eröffnen sich Ihnen weitere Bereiche von Zeit und Raum, in denen Sie spielen können. Sie verfügen über eine Einflusssphäre und außerdem über ein Reich an Ressourcen. Und in dem Maße, in dem Ihr Einfluss zunimmt, tun es auch Ihre Ressourcen. Re-source bedeutet zur Quelle zurückgehen. Bleiben Sie bei der im Inneren Ihres Herzens empfundenen Quelle und die Ressource gehört Ihnen. Liebe und Wertschätzung verbinden Sie mit dieser wahren Quelle von Reichtum.

Das Ausmaß des Raums (wie groß Ihre Vision ist) und Zeit (wie weit Sie in die Zukunft sehen können und wie viel Geduld Sie haben) bestimmen den Grad an bewusster Evolution, den Sie erlangen. Kurzzeitige Lust führt zu lang anhaltendem Leid, etwa wenn Sie zu viel essen und dick werden oder wenn sie jeden Abend fernsehen und schließlich ein Leben führen, das nicht Ihre Träume verwirklicht. Doch je größer Ihre Vision und Ihre Geduld sind, desto größer sind Ihre Kraft und schöpferische Energie. Ein Kind möchte sofortige Belohnung, während ein Erwachsener hoffentlich einige Geduld gelernt hat. Wenn Sie 70 Jahre alt sind, ist ein Jahr keine große Sache, nicht wahr? Es ist wie ein Tag, aber einem Kind erscheint ein Tag wie ein Jahr.

Der Aktienmarkt ist ein finanzielles Umverteilungssystem.
Er nimmt Geld von denen, die keine Geduld haben,
und gibt es jenen, die Geduld haben.
Warren Buffet

Und was erweitert unser Bewusstsein? Ihre unsterbliche Seele ist weit; sie hat kein begrenztes Bewusstsein. Doch Ihr vergänglicher Teil gründet auf einem begrenzten zeitlichen Ereignishorizont und dieser Horizont liegt je nach Ihrer Wahrnehmung in der Zukunft oder in der Vergangenheit. Ist Ihre Wahrnehmung endlich, sehen Sie die Dinge vor Ort; doch wenn Sie geduldiger sind und Ihre Vision sich dem Unendlichen annähert, sehen Sie die Dinge nichtlokal. (»Ereignishorizont« und »Nichtlokalität« sind Begriffe aus der modernen Physik/Kosmologie.) Sie können zum Beispiel auf der Erde stehen und sagen: »Das ist furchtbar! Sieh nur diese schreckliche Verwüstung ...«, während es auf der gegenüberliegenden Seite des Planeten irgendeine wunderbare und aufregende Erfahrung gibt. Es ereignet sich nichts Schönes irgendwo auf der Welt, ohne dass es gleichzeitig und in gleicher Größenordnung zu einem schrecklichen Anti-Ereignis käme. Der Weise sieht die ganze Erde gleichzeitig und sagt »Danke«.

Was ich Ihnen anbiete, ist die Bewusstheit, dass es zu allen Ereignissen im Leben ein nichtlokales ausgleichendes Anti-Ereignis gibt. Das ist das Mysterium, hier die Magie zu finden, und darin liegen Ihre Aufgabe, Ihre Liebe und Ihr Herz. Ihr Geist versucht Ihnen zu vermitteln, dass alles ausgewogen ist, aber Ihre Sinne vermitteln Ihnen verzerrte Wahrnehmungen. Sie entwickeln sich, indem Sie das Gleichgewicht in allen Dingen finden und die Intelligenz, die größer ist als Sie und alles beherrscht, anerkennen.

Es ist alles eine Frage der Perspektive

Vor etwa 20 Jahren machte ich eine, wie ich damals glaubte, harte Zeit durch. Ich praktizierte seit einem Jahr und hatte gerade eine Menge Geld ausgegeben, um meine Praxisräume auszuweiten und eine neue Ausstattung zu kaufen. Ich hatte ein neues Haus und ein neues Auto gekauft und das Finanzamt machte eine Steuerprüfung. Ich stand kurz vor der Heirat und hatte also für die Flitterwochen auf Hawaii und zwei Diamantenringe zu zahlen. Zudem hatte meine zukünftige Frau einen Sohn aus einer früheren Ehe, für den ich ebenfalls die Verantwortung übernahm. Ich hatte zwei neue Hilfskräfte für die Praxis sowie einen Arzt eingestellt, doch die Einnahmen meiner Praxis fielen plötzlich auf 20 Prozent dessen, was sie vorher einbrachte. Ich stand wirklich unter Stress und besuchte meinen Vater. Wir saßen im Vorgarten und er fragte mich: »Wie geht es denn so? Du siehst etwas angespannt aus.«

»Ich bin irre gestresst, Papa.«

»Was ist los?«

Also ging ich die ganze Liste durch und sagte: »Es wird mir alles zu viel. Es ist, als würde alles gleichzeitig auf mich einstürzen.«

Ich wünschte mir eine Reaktion wie: »Ach du Armer! Ich bewundere deine Stärke. Ich könnte mit alledem nicht umgehen.« Aber nichts da. Stattdessen sagte er: »Junge, verstehst du denn nicht, was du alles hast? Deine Mutter und ich sind seit 32 Jahren verheiratet und wir haben niemals eine Hochzeitsreise gemacht. Du fährst nach Hawaii, an den Ort unserer Träume, den wir schon immer einmal sehen wollten. Du hast ein größeres Haus und mehr Autos als wir nach all den Jahren. Wir hatten nur goldene Eheringe. Mir war es erst möglich, Mutter einen Diamanten zu schenken, als ich mein 25-jähriges Dienstjubiläum hatte. Du hast bereits einen hübschen und gesunden Jungen. Du hast eine schöne Praxis, die du erweiterst, und wenigstens hast du so viel Geld verdient, dass du Steuern zahlen musst. Du stellst Leute ein und gibst ihnen Arbeit und du hast eine der am schnellsten wachsenden Praxen in Texas. Du heiratest einen Menschen, den du liebst, gehst auf eine Traumreise und dein Geschäft läuft – du machst in deinem ersten Jahr mehr als ich in 32 Jahren. Das klingt für mich nicht nach Stress, Junge; es klingst für mich nach Segen. Ich wünschte, ich wäre mit von der Partie.«

Als er das sagte, dachte ich bei mir: Hmm, vielleicht ist das alles eine Frage der Perspektive. Es gibt ein Gleichgewicht und manchmal geraten wir in Stress, weil wir die andere Seite verleugnen. Man kann alles, was geschieht, als schrecklich oder wunderbar ansehen, wenn man es aus dem Zusammenhang reißt. Es gibt Lust bei jedem Leid und sie sind absolut gleich. Je größer das Leid, desto größer die Lust, die mit ihm einhergeht. Wir werden immer beides bekommen, ganz gleich was wir tun; das dürfte auch bei der Verfolgung unserer Träume der Fall sein.

Der Alterungsprozess

Vor 23 Jahren schrieb ich ein Buch über die Illusionen und Wahrnehmungen des Gemüts und wie sie den Alterungsprozess und körperliche Erkrankungen beeinflussen. Ich bin überzeugt davon, dass wir immer dann altern, wenn wir die göttliche Ordnung nicht erkennen. Ich bin außerdem überzeugt, dass immer dann, wenn wir die göttliche Ordnung erkennen, wir präsent werden und Zeit und Raum sich auflösen. Doch wir bleiben nicht dabei stehen, wir gehen von einer Erfahrung zur nächsten und hegen unsere Illusionen über das Leben, und daher altern wir. Wir werden den Alterungsprozess – mit Ausnahme von wenigen Augenblicken – nicht aufhalten können. Doch diese wenigen Augenblicke der Präsenz sind alterslos. Das geschieht, wenn wir die unendliche und ewige Gegenwart anerkennen. Wir sind auf die Unendlichkeit eingestimmt und sehen, hören und fühlen im Innern holistisch.

Wir wachsen dadurch, dass unsere Einflusssphäre und unser Wirkungskreis zunehmen, und wir können nichts beherrschen oder regieren, was wir nicht transzendiert haben. Etwas zu transzendieren heißt, es zu meistern, und Meisterschaft gründet darauf, dass wir die Dualität innerhalb jeder konzentrischen Sphäre lieben und verstehen. Wenn wir etwas in uns selbst verändern wollen, müssen wir meiner Überzeugung nach eine Vision haben, die mindestens so groß ist wie die Familie. Um eine Veränderung in unserer Familie herbeizuführen, muss die Vision so groß sein wie die Gemeinde, in der wir leben ... und so weiter. Schließlich müssen wir eine Vision von kosmischer Größenordnung haben, um eine Veränderung auf unserem Globus zu bewirken.

Wer keine kosmische Vision hat, wird wohl kaum globalen Einfluss gewinnen. Der Gewinn der Investition in eine kosmische Vision besteht in der Ausweitung unseres menschlichen Bewusstseins. Wir nehmen uns selbst außerhalb der irdischen Sphäre wahr und realisieren, dass wir himmlische Wesen sind, die zeitlich begrenzte irdische Erfahrungen machen, statt zu glauben, dass wir irdische Wesen sind, die gelegentlich eine spirituelle Vision haben. Wir sind so viel größer als das. Um globalen Einfluss zu gewinnen, müssen wir die Welt von außen ansehen und das ganze Bild aus der Sicht der Astronomie, der Geologie und der Evolution betrachten. Wir dürfen also nicht bei uns selbst stehen bleiben, nur uns ansehen und uns klein fühlen.

Eine Antwort auf die vier großen Fragen ist, dass wir Sterne sind, aber Liebe und Licht sind gleichermaßen gültige Antworten. Das Universum ist eine grenzenlose Schule unendlichen spirituellen Lichts. Wir sind hier, um zu lernen, zu lehren und um zu unserer wahren Natur, Liebe und Licht, zu werden, und diejenigen, die uns am nächsten sind, sind unsere größten Lehrer und Schüler in dieser Schule des Lebens.

— Übung —

Dies ist eine äußerst machtvolle Übung, die Ihnen hilft, das Gerücht von Verlust oder Tod zu transzendieren:

1. Denken Sie an jemanden, den Sie an einem bestimmten Punkt in Ihrem Leben durch Veränderung, Scheidung oder Tod glauben »verloren« zu haben. Schreiben Sie die spezifischen Züge oder Aspekte nieder, die Sie glauben verloren zu haben.

2. Gehen Sie zu genau jener Zeit und an jenen Ort Ihres »Verlustes« zurück und stellen Sie sich die Frage: »Was sind die neuen Formen, die diese spezifischen Züge oder Aspekte angenommen haben? In welcher Weise sind diese Eigenschaften unmittelbar in anderer Form in meinem Leben aufgetaucht?« In dem Maße, in dem Ihnen dies klar wird, schreiben Sie die neue Form, in der die einzelnen Eigenschaften erschienen sind, auf. Vielleicht müssen Sie kreativ und einfühlsam sein, um die neuen Formen zu erkennen. Die Eigenschaften, die Sie vermissen, können in anderen Menschen, in Ihnen selbst, in einem geliebten Tier oder in neuen Beziehungen und Gelegenheiten auftreten. Sie können sich auch in der virtuellen Realität Ihres Gedächtnisses, Ihrer Vorstellungskraft und in Ihren Träumen manifestieren.

3. Es ist keine Frage, ob die neuen Formen existieren, sondern einfach eine Frage, wo sie existieren. Geben Sie daher nicht auf, bevor Sie sie gefunden haben. Sie werden wissen, dass Sie den Prozess abgeschlossen haben, wenn Sie begreifen, dass Sie die neuen Formen nicht gegen das eintauschen möchten, was Sie meinen verloren zu haben. Wenn Sie den Segen in Ihrem vermeintlichen Verlust erkennen, werden Sie einen Augenblick der Stille und Ruhe und Tränen der Inspiration erfahren.

Worte der Weisheit und Kraft

- Ich überschaue eine große Zeitspanne und erkenne die große Ordnung.
- In der Liebe gibt es keinen Verlust.
- Es gibt eine große Intelligenz, die die Welt trägt, und die Welt ist in Ordnung.
- Tod ist eine Illusion; das Leben verändert lediglich seine Form.
- Ich habe eine große Vision und Geld fließt herbei, um mir zu helfen, diese Vision zu verwirklichen.
- Es gibt nichts zu reparieren, aber vieles zu lieben.

Beziehungen

Wenn wir eines Tages den Wind, die Wogen, die Gezeiten
und die Schwerkraft in den Griff bekommen haben,
werden wir für Gott die Energien der Liebe nutzbar machen.
Dann wird der Mensch – zum zweiten Mal
in seiner Geschichte – das Feuer entdeckt haben.

Pierre Teilhard de Chardin

Zwischen zwei entgegengesetzten Teilchen gibt es einen Mittelpunkt aus Licht. Zwischen zwei extremen Emotionen gibt es den Mittelpunkt der Liebe. Der Mittelpunkt ist das, was jeder Mensch bereits ist, was er in seiner Verblendung aber immer noch sucht. Wahre Liebe ist unser letztendliches Ziel, ob wir uns dessen bewusst sind oder nicht. Wir mögen glauben, wir suchten nach etwas anderem, nach etwas Materiellem und Vergänglichem, aber selbst das Verfolgen vorübergehender Ziele führt uns nur zurück zur Wahrheit der Liebe. Es ist der Zweck aller Beziehungem, die Barrieren aufzulösen, die uns davon abhalten, die Liebe zu erkennen, die bereits vorhanden ist, und die Liebe auszudrücken, die wir letzten Endes sind.

Jeder Mensch, mit dem Sie jemals in Beziehung treten, wird zeitweilig freundlich und gemein, unterstützend und herausfordernd, lustgewährend und leidbringend, attraktiv und abstoßend für Sie sein. Der Zweck einer Beziehung ist nicht Glück, sondern eine Kombination von Glück und Traurigkeit, die Erfüllung ausmacht. Wenn wir Glücklichsein suchen, suchen wir nur nach einer Hälfte der Erfüllung; und wenn wir nach Traurigkeit streben, suchen wir die andere Hälfte der Erfüllung. Wenn wir wirkliche Erfüllung wollen, nehmen wir beide Seiten an.

Gibt es in Ihrer Beziehung nicht Zeiten, in denen Sie glücklich sind, und andere, in denen Sie traurig sind? Wenn Sie glauben, mit Ihrer Beziehung sei etwas nicht in Ordnung, weil Sie die Hälfte der Zeit traurig sind, fehlt Ihnen der Blick aufs gesamte Bild. Wenn Sie traurig sind, bedeutet das nur, dass Ihre Knöpfe gedrückt wurden und Sie die Anteile in sich erkennen, die Sie noch nicht liebend angenommen haben.

Knöpfe sind nichts anderes als verzerrte Wahrnehmungen und Menschen treten als Lehrer in Ihr Leben, um Sie darauf hinzuweisen. Diejenigen, die Ihre Knöpfe drücken, sind Ihre besten Lehrer. Wenn es Ihnen gelingt, Ihre verzerrte Wahrnehmung wieder ins Gleichgewicht zu bringen, werden Sie sie als Ihre Lehrer wertschätzen. In dem Maße, in dem Sie an Weisheit gewinnen, werden Sie lernen, andere so anzunehmen und zu lieben, wie sie sind. Sie werden nach dem Gewinn Ausschau halten, den sie Ihnen bringen, und werden erkennen, dass sie jene Anteile in Ihnen repräsentieren, die Sie vergraben oder verleugnet haben. Weisheit bedeutet, anderen dafür zu danken, dass sie Ihnen jene Bereiche ins Bewusstsein gerufen haben, in denen Sie sich selbst belogen und nicht geliebt haben. Und sie besteht darin, dankbar dafür zu sein, dass sie Ihnen Gelegenheit gegeben haben, zu lieben.

Der Zweck der Ehe

Die Illusion, der Zweck der Ehe sei Glücklichsein, hat ihren Ursprung offenbar im 12. Jahrhundert, als die Troubadoure die romantische Liebe erschufen. In der Ehe geht es nicht um Glücklichsein, es sei denn, Sie definieren den Begriff Glücklichsein als Erfüllung, die eine Synthese sowohl positiver als auch negativer Emotionen ist. Eine Ehe sollte nie einseitig sein. Im Eheversprechen geloben wir, einander in guten wie in schlechten Zeiten, in Krankheit und Gesundheit, in Wohl und Wehe zu lieben.

Wenn Sie verstehen, was der Zweck einer Ehe ist, kann Sie das von einem verbreiteten Missverständnis befreien, das die Quelle vieler Ehezerwürfnisse ist. Der Zweck der Ehe besteht darin, die Menschen zu lehren, sich selbst zu lieben – mit all ihren angenommenen und verleugneten Anteilen. Liebe bildet ein vollkommenes Gleichgewicht von Lust und Leid, Unterstützung und Herausforderung, freundlich und gemein, angenehm und unangenehm, Mögen und Nichtmögen. Während Sie um den Mittelpunkt der Liebe schwingen, werden Sie – außer in Augenblicken der Präsenz und bedingungsloser Liebe – in jeder Beziehung zwischen Mögen und Nichtmögen hin und her schwanken. Liebe ist kein statischer Zustand, den wir einmal erreichen, und das war es dann; sie ist eine ständig wachsende und sich ausbreitende Kraft.

Beide Seiten, Lust und Leid, bilden die Dynamik namens Liebe. Wenn Sie mit der Phantasievorstellung leben, Liebe sollte einseitig sein, lehnen Sie die Hälfte der Liebe ab und werden nicht die ganze Erfahrung annehmen. Während des Liebesakts stoßen Sie tatsächlich die Hälfte der Zeit die andere Person von sich und ziehen sie während der restlichen Zeit wieder zu sich heran. Die Pendelbewegung von rein, raus, rein, raus beschleunigt sich allmählich, bis Sie den Höhepunkt erreichen. Stellen Sie sich vor, der Liebesakt bestünde nur aus wegstoßen oder heranziehen – nichts würde passieren.

Stellen Sie sich vor, Sie hätten einen festen Partner oder wären mit jemandem verheiratet, der immer sagte: »Ich finde, du bist wundervoll. Du hast immer recht. Du bist so, wie du bist, unschlagbar.« Wenn die andere Person alles täte, um immer nur lieb und nett zu Ihnen zu sein, würden Sie alles tun, um sie zu konfrontieren und herauszufordern. In der Tat entwickeln Herr oder Frau Freundlich automatisch das Fußabtretersyndrom – die Leute trampeln auf ihnen herum, bis sie sich endlich wehren und sagen: »He, auch ich bin wertvoll und ich bin nicht bereit, weiterhin deinen Wert zu übertreiben.« Jemand, der nur Unterstützung erfährt, wird schließlich sagen: »Das funktioniert nicht. Ich brauche jemanden, der es mit mir aufnehmen kann. Ich brauche eine Herausforderung.«

Es gibt Zeiten, da ist es wichtig, weich zu sein, und Zeiten, da es lebenswichtig ist, hart zu sein. Wenn Sie nicht verstehen, dass Liebe beide Seiten beinhaltet, werden Sie sich nur geliebt fühlen, wenn Ihr Partner nett zu Ihnen ist, und nicht geliebt, wenn er es nicht ist. Aus diesem Grunde spiele ich mit meiner Frau manchmal mit harten Bandagen, weil ich weiß, wenn ich zu weich werde, wird sie zu hart und wenn ich zu hart werde, wird sie zu weich. Zum Glück ist sie so klug, sich mir gegenüber ebenso zu verhalten. Wenn Sie nur säuseln, werden sich alle über Sie hermachen; manchmal müssen Sie zurückbrüllen. Das ist das Spiel. Meistern Sie es.

Leute, die sagen: »Ich will in einer Beziehung keine Spiele spielen«, sind dem Spiel ständig ausgeliefert. Wenn Sie das Spiel spielen, die Regeln beherrschen und die Herausforderungen des Lebens annehmen, gewinnen Sie mehr Meisterschaft über Ihr Leben.

Der Kitzel der Vergangenheit

Einmal rief mich ein Mann aus Boston an und sagte: »Ich habe Probleme in meiner Beziehung.« Er verglich seine Frau mit einer anderen Frau und mit einem Augenblick vermeintlicher Lust, den er vor 12 Jahren erfahren hatte. »Diese andere Frau und ich waren drei Tage lang zusammen und es war unglaublich leidenschaftlich. Leider ist meine jetzige Frau nicht so leidenschaftlich. Wir sind nun seit acht Jahren zusammen, aber ich empfinde nicht das Gleiche für sie.«

Er konnte das, was er gegenwärtig hatte, nicht annehmen, solange er es mit der Vergangenheit verglich. Er war nicht in der Gegenwart; er lebte in der Vergangenheit und die sogenannte Lust der Vergangenheit und sein Leid in der Gegenwart bildeten ein Gespann.

Also fragte ich ihn: »Welches Leid haben Sie mit der Frau erfahren, die Sie vor 12 Jahren getroffen haben?« Er aber konnte nur erwidern: »Oh Mann, sie war so wunderschön.« Er war vollkommen in ihren Körper vernarrt, aber ich forderte ihn weiterhin auf, ihre negativen Züge zu finden, bis er es schließlich begriff. Er erkannte seine Besessenheit, erinnerte sich an den Schmerz, sie zu verlieren, an ihre Eitelkeit, Selbstbezogenheit und Promiskuität. Er erinnerte sich an die hohen Unterhaltskosten und das Fehlen einer tieferen geistigen Verbindung. Er hatte seither jede andere Frau, mit der er eine Beziehung eingegangen war, mit ihr verglichen und hatte an allen etwas auszusetzen. So hatte er eine wunderbare Frau nach der anderen verlassen, weil sie nicht an sein Phantasiegebilde heranreichten. Auch in den Jahren mit seiner jetzigen Frau hatte er immer wieder an seine Phantasiegeliebte gedacht, was dazu führte, dass er nicht wirklich präsent für seine Frau war. Nachdem ich den Quantenkollaps-Prozess mit ihm durchgeführt hatte, half ich ihm schließlich, alles ins Gleichgewicht zu bringen und seine Illusion aufzulösen.

Als er erkannte, dass die negativen und positiven Aspekte gleichwertig und gleichzeitig waren, begann er seine Frau wertzuschätzen. Er begriff, dass sie ihm andere Formen von Behagen und Lust verschaffte, und das Negative, das er ihr gegenüber empfand, wurde vom Positiven ausgeglichen und beides ließ ihn wieder erwachen, sodass er ihre Schönheit und Liebe wahrnehmen konnte. Plötzlich weinte er Tränen der Wertschätzung für seine Frau und sah sie in einem ganz anderen Licht. Er befreite sich von der Phantasie, die sein Leben kontrolliert und ihn davon abgehalten hatte, die wunderbare Frau zu erkennen, die ihn liebte.

Ah, Leidenschaft!

Das Gesetz der Energieerhaltung besagt, dass nichts im Universum aufgebaut wird, ohne dass etwas anderes vernichtet wird, und ich habe noch keinen Fall erlebt, in dem dies nicht gegolten hätte. Sind Sie jemals mit Ihrer oder Ihrem Geliebten durch einen öffentlichen Park spazieren gegangen und haben ein schönes Paar auf einer Parkbank sitzend gesehen, das sich mit wahrer Leidenschaft und Intimität küsste? Sie sind seit 20 Jahren verheiratet und halten sich nicht einmal an den Händen, aber Sie sehen das Liebespaar und denken: Was ist aus unserer Leidenschaft von damals geworden? Was ist mit uns geschehen? Wenn zwei Menschen Zeugen großer Leidenschaft werden, entfernen sie sich oft voneinander und fragen sich, was mit ihrer Beziehung wohl nicht stimme.

Wenn Sie aber zwei Leute auf der Bank sitzend sehen, die sich streiten und einander anschreien, rücken Sie einander näher, halten sich an der Hand und tauschen mitleidsvolle Blicke aus über die armen Teufel, die nicht solche Liebe füreinander empfinden wie Sie.

Ich berate viele Leute, die sagen: »Wir haben nicht mehr diese leidenschaftliche Beziehung, obwohl wir es uns so sehr wünschen.« Sie realisieren nicht, was geschehen würde, wenn diese Leidenschaft zurückkehrte. Wenn Sie einige Stunden später nochmals an der Parkbank vorbeikommen, was glauben Sie, wird dasselbe leidenschaftliche Paar tun? Streiten! Die beiden mögen sich sogar heftig anschreien. Erinnern Sie sich an die leidenschaftliche unreife Phase Ihrer Beziehung? Die beiden Seiten der Gefühle kommen in Paaren daher, und Unmut ist der Preis für die Vernarrtheit. Für jede Sache, die zusammenkommt, geht eine andere auseinander. Das ist das Gesetz.

Wenn auf Erden alle das Schöne als Schön erkennen,
so ist dadurch schon das Hässliche gesetzt.
Wenn auf Erden alle das Gute als Gut erkennen,
so ist dadurch schon das Nichtgute gesetzt.
Denn Sein und Nichtsein erzeugen einander.
Schwer und Leicht vollenden einander.

Laotse*

Sie können eine realistische Anschauung von der Ehe haben und sie mit einem ausgeglichenen Verständnis angehen. So können Sie die wahren Eheversprechen ablegen: in guten und in schlechten Zeiten, in Reichtum und Armut, in Krankheit und Gesundheit. Diese Versprechen sagen Ihnen im Voraus, dass Liebe nicht nur Lust ist, aber die meisten Menschen verstehen das

* *Übersetzung Richard Wilhelm*

nicht, bevor sie es nicht erlebt haben. Wenn Sie beide Seiten annehmen, können Sie wahrhaftig den ganzen Menschen annehmen.

Ihr Wertesystem

Wissen Sie, dass Sie von Ihrem Wertesystem bestimmt werden? Wir alle besitzen eine Hierarchie von Werten, angefangen bei den Dingen, die wir als äußerst wichtig erachten, bis hinunter zu den Dingen, denen wir keinerlei Bedeutung beimessen. Ihre Werte diktieren Ihre Bestimmung. Alles, was Ihre höchsten Werte bestätigt, nennen Sie »gut«, und Sie fühlen sich dazu hingezogen. Alles, was Ihre Werte in Frage stellt, nennen Sie »schlecht«, und Sie fühlen sich davon abgestoßen.

Ihre Werte gründen auf dem Vorurteil, dass Ihnen etwas fehlt, dass es da irgendwo eine leere Stelle gibt. Aber das Gesetz der Energieerhaltung besagt, dass Ihnen nichts fehlt; es hat zurzeit nur eine Form, die Sie nicht erkennen.

Stellen Sie sich vor, dass ich, kurz bevor ich auf eine einmonatige Tour in verschiedene europäische Städte gehe, zu meiner Frau sage: »Schatz, ich werde einen Monat fort sein. Wir sehen uns, wenn es sich machen lässt; ich rufe dich an, wenn sich die Möglichkeit ergibt. Tschüss, Liebes.« Was glauben Sie, was sie dann zu mir sagen würde? Wahrscheinlich etwas in der Art von: »Also mit unserer Beziehung stimmt etwas nicht. Du liebst mich einfach nicht. Kann sein, dass ich nicht mehr da bin, wenn du zurückkommst.« Eine solche Antwort wäre kaum überraschend, weil ich ihre Werte nicht berücksichtigt habe.

Wie aber würde sie reagieren, wenn ich sage: »Schatz, ich gehe auf eine Welttournee. Ich werde unsere Zukunft sichern, indem ich einen schönen Batzen Geld verdiene, und ich dachte mir, wir könnten uns beim nächsten Vollmond vielleicht in Venedig treffen. Ich möchte gern mit dir im Mondschein in einer Gondel den Canal Grande entlangfahren, den Geigen lauschen und später einigen schönen Schmuck ansehen und Klamotten kaufen. Wir könnten uns jeden Tag massieren lassen, uns entspannen, die Sonne genießen, toll zu Abend essen und uns stundenlang am Tage lieben. Was meinst du, kannst du es möglich machen, mich in Venedig zu treffen?«

Sie wird sagen: »O Schatz, ich liebe dich. Ich bin wirklich dankbar dafür, dass du so hart arbeitest. Du bist so ein wundervoller Ehemann. Ich kann es kaum erwarten, dich dort zu sehen. Ich werde alles arrangieren. Mach dir deswegen keine Sorgen.«

Ein Szenario entsprach ihren Werten, das andere stellte sie in Frage. Wenn ich meine Frau nicht ehre, indem ich ihre Werte erkenne, und wenn ich meine Werte nicht kenne und lerne, sie in ihren Begriffen zu kommunizieren, dann bin ich jemand, der nicht weiß, wie er sich um seinen Partner zu kümmern hat.

Es gibt drei Arten, eine Beziehung zu führen, und jede hat eine vollkommen unterschiedliche Auswirkung. Eine achtlose Beziehung ist eine, in der Sie sich auf Ihre eigenen Werte fixieren und sie projizieren, ohne die Werte Ihres Partners überhaupt in Betracht zu ziehen. Sie haben eine selbstverleugnende Beziehung, wenn Sie die Werte des anderen übernehmen und Ihre eigenen missachten. Der achtlose und der selbstverleugnende Ansatz sind gleichermaßen einseitig, weil dabei die Bedürfnisse eines Partners unberücksichtigt bleiben, was zu Spannungen führen muss. Doch eine liebevolle Beziehung entsteht, wenn Sie Ihre Werte mit Rücksicht auf die des Partners oder der Partnerin kommunizieren. Sie denken gleichzeitig an beide Seiten und geben Ihrer Liebe zu sich selbst als auch dem anderen gegenüber Ausdruck.

Doch wie sehr ich auch versuchen mag, unter Berücksichtigung der Werte meiner Frau zu kommunizieren – es wird immer Zeiten geben, in denen ich mehr auf die eigenen fokussiert bin. Das bedeutet, dass ich sie manchmal betrügen und in Frage stellen werde; sie wird mich manchmal nicht mögen oder mir nicht trauen und sie wird manchmal sogar wütend auf mich sein, das ist normal. Auch ich habe meine Eigenheiten und kann mein Leben nicht völlig für sie aufopfern. Je mehr ich mich für sie aufopfere, desto kleiner wird sie mich machen, weil ich mich selber kleiner mache. Sie wird meine Anstrengungen für selbstverständlich halten und mich entsprechend behandeln. Aber wenn ich eine Balance zwischen Unterstützung und Herausforderung finden kann, die ihrem Wachstum förderlich ist, und sie eine Balance zwischen Unterstützung und Herausforderung finden kann, die meinem Wachstum förderlich ist, dann leben wir in einer erfüllteren Beziehung.

Hausregeln

Immer wenn etwas Ihre eigenen Werte unterstützt, vergessen Sie die Regeln. Wenn etwas Ihre Werte in Frage stellt, insistieren Sie auf den Regeln. Nationen machen das so, Unternehmen tun es – und Sie tun es in Beziehungen ebenfalls.

Eines Nachmittags balgten meine Kinder und ich; wir johlten und machten allerlei Unsinn. Da kam plötzlich ein wichtiger geschäftlicher Anruf. Im Geschäft Erfolg zu haben und Geld zu verdienen ist einer meiner höchsten Werte. Die Kinder lärmten noch herum, als ich zum Telefonhörer griff, und ich konnte den

Anrufer nicht verstehen. Also rief ich ihnen zu: »Hört ihr jetzt wohl auf! Habe ich euch nicht gesagt, ihr sollt hier drinnen nicht solchen Fez machen?« – obwohl ich genau das vor zwei Minuten selber noch mit ihnen gemacht habe.

Und dann noch etwas lauter: »Jetzt ist aber Schluss mit dem Gekreische. Ab in euer Zimmer!« Na, und wer macht da jetzt Geschrei?

Wenn wir uns in einer Beziehung befinden, denken wir dummerweise oft, die andere Person müsse so sein wie wir selbst und wir projizieren unsere Wertehierarchie auf sie. Wenn sie unsere Werte unterstützt, finden wir das »gut« und lassen sie beinahe alles machen, was sie will. Wenn aber die andere Person unsere Werte in Frage stellt, so ist das plötzlich »schlecht« und wir kommen mit Gesetzen, Regeln und Ultimaten daher.

Wir wollen, dass der andere genauso ist wie wir selbst, doch wenn zwei Menschen genau gleich sind, dann ist einer von ihnen überflüssig. Zwei Menschen in einer Ehe versuchen typischerweise, ihre eigenen Werte auf den anderen zu projizieren, aber würde ihnen das gelingen, so würden sie die Beziehung damit zerstören. Der Zweck der Ehe ist, uns zu lehren, die Anteile zu lieben, die wir verleugnen; daher sind 50 Prozent Übereinstimmung und 50 Prozent Herausforderung die ideale Mischung für eine Beziehung.

Vor Kurzem sagte eine Frau zu mir: »Mein Mann behandelt mich wie Dreck.«

Ich fragte sie: »Und wo behandelt er Sie toll?«

»Er tut es nicht, er behandelt mich einfach schrecklich.«

»Ja, aber hören Sie genau zu, was ich Ihnen sage. Wo behandelt er Sie toll?«

Als sie schließlich begriffen hatte, was ich meinte, entlockte ich ihr eine Stunde lang lauter tolle Verhaltensweisen ihres Mannes. Schließlich hatten wir genug schöner Dinge beisammen, um die schrecklichen auszugleichen, und sie saß mit Tränen der Liebe in den Augen da.

Sie sagte: »Das ist mir nie bewusst geworden. Ich habe nie erkannt, dass er mir seine Liebe in den Begriffen seines Wertesystems zeigt, da sie meinen Werten nicht entsprechen.«

So etwas wie eine vollkommen harmonische Beziehung gibt es einfach nicht. Wenn ein Mann Geld und Geschäfte wertschätzt und seine Finanzen oder seine Karriere bedroht sind, wird er weniger Zeit mit seiner Familie verbringen, um sich um sein Geschäft zu kümmern. Sind die höchsten Werte der Frau Familie und Kinder, so wird sie nicht zur Arbeit gehen und zu Hause bleiben, wenn die Kinder krank sind. Ich spreche hier nicht von Stereotypen. Natürlich gibt es Paare, bei denen die Rollen vertauscht sind, aber dies ist in der Regel das übliche Muster.

Jeder Mensch hat seine eigenen Werte und zwei Menschen haben niemals dieselben. Die Menschen zeigen ihre Liebe anhand ihres eigenes Wertesystems und nicht durch das eines anderen – es sei denn, sie sind demütig, klug und liebevoll genug, um Liebe anhand der Werte des anderen kommunizieren zu können. Aber ihre natürliche Neigung ist, Liebe in Begriffen ihrer eigenen Werte zum Ausdruck zu bringen. Wenn wir Achtung vor dem Wertesystem des anderen haben, begreifen wir, dass wir ständig von Liebe umgeben sind, diese allerdings manchmal Formen annimmt, die wir nicht als solche erkennen.

Das Feld des Streits

Jeder Mensch hat einen Bereich, ein Territorium, dessen Grenzen je nach seinen Emotionen fluktuieren. Zu einem Streit kommt es, wenn zwei Menschen in einer Beziehung Raum, Zeit, Energie oder Materie entweder hinzufügen oder reduzieren müssen. Jegliche Wahrnehmung eines Zuviel oder Zuwenig eines dieser Elemente führt zu einem Streit, durch den ein Ausgleich herbeigeführt werden soll. Ist Streiten etwas Schlechtes? Durchaus nicht, denn es sagt Ihnen, dass jemand Sie liebt und mit Ihnen die Aufteilung von Raum, Zeit, Energie und Materie regeln will.

Wenn Sie sich in einer Konfliktsituation befinden, fragen Sie sich einfach: Gebe ich hier zu viel oder zu wenig Raum, Zeit, Energie und Materie? Wenn Sie herausfinden, ob es hier um einen Mangel oder einen Überschuss geht, und wieder ein Gleichgewicht herstellen, wird der Streit beigelegt sein. Es ist erstaunlich einfach. Wussten Sie, dass alle Menschen, zu denen Sie eine Beziehung haben, eine ständig aktualisierte Checkliste über die Beziehung mit Ihnen führen? Sie haben stets ein vollständiges Tagebuch über den Austausch mit Ihnen bei sich, vom ersten Tag Ihrer Begegnung bis zum heutigen Tag – und Sie führen ebenso Tagebuch. Die anderen wissen ganz genau um die Bilanz Ihres Austauschs, und wenn es zu einem Streit kommt, wird die Abrechnung präsentiert. Erinnern Sie sich, dass das, was die anderen denken, lediglich das ist, was sie denken. Es kann richtig sein oder auch nicht, und bei einem Streit geht es darum, das herauszufinden.

Manchmal glauben die anderen, sie hätten Ihnen eine Menge Aufmerksamkeit (Zeit) geschenkt und wollen davon etwas wieder zurückbekommen. Manchmal haben sie das Gefühl, sie seien für Sie da gewesen (Raum), aber plötzlich wären Sie nicht

mehr verfügbar gewesen. Manchmal haben sie Ihnen etwas gekauft oder geschenkt (Materie) und erwarten eine Gegenleistung
von Ihnen. Manches Mal haben sie Ihrem Gejammer zugehört
(Energie) und wollen nun, dass Sie ihnen beim Jammern zuhö-
ren. Es mag so aussehen, als ginge es dabei um Lappalien, aber
Wahrnehmungen eines Ungleichgewichts besitzen die Macht,
das Herz zu verschließen.

Manchmal möchte der andere einfach nur in Ruhe gelassen
werden. Wenn Sie ihn einfach lassen, kann es passieren, dass er
zehn Minuten später hereinkommt, Sie umarmt und mit Ihnen
zusammen sein möchte. Achten Sie darauf, dem anderen den
Raum zu geben, den er oder sie braucht, und Sie werden Liebe
zurückbekommen. Manchmal möchte der andere Sie in seinem
Raum haben, und wenn Sie bereit sind, einfach für ein paar
Momente bei ihm zu bleiben, verschwindet das Problem. Ein
Augenblick der Präsenz ist machtvoller als Stunden eines unge-
duldigen und abgelenkten Beisammenseins. Liebe ist ein unge-
ladenes Feld, das unbegrenzt oder unendlich ist. Geben Sie Raum
und Sie ernten Liebe; geben Sie Liebe und Sie bekommen Raum.
Versuchen Sie es.

Die meisten Menschen leben in dem Irrglauben, jemanden
zu lieben hieße, ihn niemals zu enttäuschen, zu verärgern oder
zu verletzten. Wissen Sie, dass Sie einen Menschen dann lieben,
wenn Sie ihm die Hälfte der Zeit an den Karren fahren? Ich definiere Liebe neu. Die meisten Menschen glauben, Liebe sei lediglich die nette Seite und Hass sei die schlechte Seite, aber das
stimmt nicht. Wenn Sie jemanden lieben, sind Sie am freund-
lichsten und am gemeinsten zu diesem Menschen. Sie sind Unterstützung und Herausforderung, Sie sind angenehm und unangenehm, Sie muntern ihn auf und machen ihn nieder. Sie tun
Dinge für ihn und ignorieren ihn. Das sind die beiden Seiten der
Liebe.

Das Ammenmärchen besagt, dass Sie nur die eine Seite zeigen sollten, aber das schafft in Ihrer Beziehung und in Ihrem Leben Spannungen, weil die Hälfte der Wahrheit unterdrückt wird. Wenn ich mit meiner Frau am härtesten umspringe (und ich bin ihr gegenüber manchmal wirklich hart), sind das die Momente, wo sie zu mir kommt und mir am meisten dafür dankt. Manchmal spiele ich die weiche Rolle und Spannungen stauen sich bei ihr an; wenn ich dann die harte Rolle spiele, wird sie wieder weicher. Sie weiß das auch und spielt mir den Ball entsprechend zurück. Wir kennen das Spiel der Liebe.

Liebe besteht nicht darin, einander anzusehen,
sondern gemeinsam in dieselbe Richtung zu blicken.

Antoine de Saint-Exupéry

Ebenso wie die Liebe ist auch der Krieg ein wesentlicher Bestandteil der Ganzheit und des Wohlbefindens. Die Hälfte der Zeit brauchen Sie einen guten Krieg in Ihrer Beziehung. Konflikte und Wettbewerb sind für ein Wachstum erforderlich. Wir sind nicht hier, um nur Frieden zu haben; wir sind hier, um beide Seiten der Münze des Lebens zu erfahren. Wenn es also in Ihrer Beziehung zu einem Konflikt kommt, denken Sie nicht: Oje, meine Beziehung geht den Bach runter. Nein, sie wächst! Sie fordert Sie heraus, sich selbst anzusehen. Wenn Sie sich selbst überprüfen, Ihre Überzeugungen und die Weise, wie Sie mit den Dingen umgehen, verändern und lernen, wie Sie unter Berücksichtigung der Werte Ihres Partners kommunizieren können, dann wachsen Sie.

Haben Sie schon einmal versucht, einen Menschen zu ändern, indem Sie sich aufs Rechthaben versteift haben? Was geschieht, wenn Sie sagen: »Schau her, ich habe recht und du hast unrecht, und wenn du dich nicht änderst, dann gehe ich halt«? Je polarisierter und verbissener Sie werden, desto hartnäckiger nimmt der andere den gegenteiligen Standpunkt ein. Wenn Sie beide auf Ihren jeweiligen Standpunkten beharren, geraten Sie in eine Patt-Situation. Was aber wäre, wenn Sie sagten: »Was ich in dir sehe, ist ein Teil von mir. Ich trage ihn in meinem Inneren, und indem du mich darauf hinweist, erhalte ich die Gelegenheit, einen ungeliebten Anteil von mir anzunehmen. Das ist wirklich hilfreich für mich, denn es bringt mir Demut bei. Ich sehe jetzt, dass ich ziemlich hochnäsig war, und danke dir, dass du mein Lehrer warst.« So kommen Sie aus Ihrer extremen Position zurück in die Mitte, und die andere Person kommt ebenfalls in die Mitte. Wenn Sie wirklich in Ihrem Herzen sind, kann Ihnen niemand widerstehen.

Liebe kann nicht zurückgewiesen werden, Erwartungen schon. Die meisten Menschen verwechseln Liebe mit Erwartungen. Sie können es nicht vermeiden, Erwartungen und Meinungen zu haben, aber wenn Sie in ihnen stecken bleiben, wird das Ihr Wachstum hemmen. *The Breakthrough Experience* wurde geschaffen, um Ihnen zu helfen, Ihre starren Meinungen zu transzendieren und Liebe zu gebären – und auf diese Weise als menschliches Wesen immer weiter zu werden.

Wenn Sie versuchen, einen Menschen zu korrigieren oder zu verändern, wird er Widerstand leisten. Wenn Sie ihn jedoch wertschätzen und ihm für das, was er ist, danken und ihn so lieben, wie er ist, dann wird dieser Mensch Ihnen entgegenkommen. Wenn Sie Menschen so lieben, wie sie sind, dann werden diese Menschen so, wie Sie sie sich wünschen.

Eine Krise ist ein Segen

In einem Seminar zur *Breakthrough Experience* sagte eine Frau: »Ich treffe mich seit acht Jahren mit einem anderen Mann. Mein Mann weiß nichts davon, aber wir haben schon seit Beginn unserer Ehe ernsthafte Probleme. Ich glaube, ich wusste schon bei der Trauung, dass ich nicht mit ihm zusammen sein wollte, aber ich hatte nicht den Mut, es auszusprechen. Der soziale Druck war zu groß und ich traute meiner Intuition nicht.«

Ich fragte sie: »Was würden Sie denn am liebsten machen? Was wäre für Sie authentisch?«

»Ich habe Angst vor dem, was die Leute über mich sagen würden, wenn ich ginge. Ich habe Angst, was mit meinen Kindern geschehen würde. Ich habe Angst vor der finanziellen Situation …«

Ihre Beziehung war von 30 Ängsten umgeben, und wir kollabierten während des Seminars so viele davon, wie in der gegebenen Zeit möglich war. Sie kollabierte die Angst, ihrem Mann von der Affäre zu erzählen, ihre Begeisterung für ihren Liebhaber, die Angst, was die Leute denken oder sagen könnten, die Geldsorge und eine Menge anderer Ängste.

Dann fuhr sie nach Hause und begann, ihrem Mann einige ihrer derzeitigen Gefühle zu offenbaren. Sie hatte das Gefühl, dass es das Beste sei, ihm nicht alle Details auf einmal zu eröffnen, aber sie sagte zu ihm: »Ich werde mir selbst gegenüber und dem, was unsere Beziehung angeht, wahrhaftig sein und ausziehen.« Er war schockiert und herrschte sie wütend an: »Du gehst auf dieses Seminar und jetzt verlässt du mich?« Dann rief er mich an und beschimpfte mich: »Na besten Dank, Herr Demartini, Sie haben gerade meine Beziehung zerstört.«

Ich fragte ihn: »Können Sie mir behilflich sein zu verstehen, wovon Sie sprechen?«

»Meine Frau hat mir gerade gesagt, sie würde mich verlassen, weil sie auf Ihrem Seminar gewesen ist.«

»Wissen Sie, was dort wirklich passiert ist?«

»Nein, aber was immer es war, es hat unsere Beziehung zerstört.«

Ich sagte: »Ich habe mich mit Ihrer Frau zusammengesetzt und habe mich drei Stunden darum bemüht, sie den Segen und das Positive in Ihrer Beziehung erkennen zu lassen. Anfangs nannte sie 75 negative und nur 5 positive Aspekte. In Folge ihrer unausgewogenen Wahrnehmung hat sie sich seit acht Jahren mit einem anderen Mann getroffen, von dem Sie nicht einmal etwas wussten.«

Es entstand eine fassungslose Stille, und dann platzte er heraus: »Meine Frau hat mit jemand anderem geschlafen? Was soll ich damit denn nun anfangen?«

Die Leute geben gern jemand anderem die Schuld, wenn sie nicht verstehen, dass sie für ihre Realität selber verantwortlich sind. Ist Ihnen jemals aufgefallen, dass es Ihnen nichts bringt, andere zu beschuldigen? Es kann Ihre Position in der Tat sehr schwächen und es wird Ihnen nicht das bringen, was Sie sich wirklich vom Leben erhoffen.

Ich sagte: »Sehen Sie – was immer Sie in der Gleichung Ihrer Beziehungsdynamik unterdrücken, wird irgendjemand anderer zum Ausdruck bringen.«

Wenn Sie keinen Sex mit Ihrem Ehepartner haben, seien Sie nicht überrascht, wenn er oder sie etwas anzieht, wovon Sie träumen, es aber nicht tun. Während ich mit dem Ehemann sprach, änderte er offenbar seine Meinung über mich. Er fand mich nun doch nicht mehr so schrecklich, weil ich ihm half zu erkennen, was in seiner Ehe wirklich los war.

Ich sagte: »Wenn Sie Ihre Frau halten wollen, hören Sie ihr zu. Finden Sie heraus, was die Werte Ihrer Frau sind und lernen

Sie, unter Berücksichtigung dieser Werte mit ihr zu kommunizieren. Erkennen Sie, wo Sie selber etwas verdrängen, wo Sie sich aus der Affäre ziehen und ihr Vorwürfe machen, und geben Sie es zu. Sonst wird sie Sie tatsächlich verlassen.«

Als ich ihm bestätigte, dass sie bereit war, ihn zu verlassen, wachte er auf. Es war eine der besten Sachen, die ihnen in ihrer Beziehung passieren konnte. Vorher hatte er praktisch gesagt: »Es kümmert mich nicht, ob ich irgendetwas lerne. Ich will nicht wachsen. Ich will einfach nur in der konventionellen Phantasie leben, dass alles in Butter ist, wenn man erst einmal verheiratet ist.« Als er jedoch aufgewacht war, wollte er plötzlich etwas über das Leben erfahren und seine Ehe wachsen lassen.

Seine Ehefrau zog für eine gewisse Zeit aus und nahm weiter an *The Breakthrough Experience* teil. Sie hatte ihn seit Jahren verurteilt, doch nun wurde er zu dem, was sie sich immer von ihm erhofft hatte. Sie begann, ihn anzunehmen, ja sie fühlte sich jetzt sogar von ihm angezogen. Inzwischen begann er, sich selbst zu helfen. Er war nicht mehr im Zustand des Brauchens, sondern begann sie wirklich zu lieben. Je mehr sie sich von ihm angezogen fühlte, desto deutlicher begann sie die Kehrseite ihres Liebhabers zu sehen. Schließlich kollabierte sie diesen Phantasiemann, glich ihre Wahrnehmungen aus und fand an ihrem Ehemann auf einmal so viel mehr Gefallen. Sie hatte eine selbstgerechte Rolle gespielt und er hatte den Gegenpart gespielt. Indem er immer mehr zu seiner Kraft zurückkehrte und sie demütiger wurde, konnten sie mehr von ihren bisher verleugneten Seiten annehmen und sich in der Mitte finden.

Sie zog zurück zu ihrem Mann und die beiden sind heute noch zusammen. Sie sind durch ihre Krise hindurchgegangen. Ohne die Ereignisse dieser Krise hätte sich nichts verändert. Als er zur Wahrheit der Dynamik ihrer Beziehung erwacht war, hatte er ihr nichts mehr vorzuwerfen: Ihre Affäre hatte ihm im Grunde sein Herz, seine Frau und sein Leben zurückgegeben, und das war genau das, was beide sich aufrichtig gewünscht hatten. Das Wirken der göttlichen Ordnung hatte Liebe hervorgebracht. Zur gleichen Zeit, da jemand zu mir sagte, ich hätte ihre Beziehung zerstört, sagte ein anderer, ich hätte sie gerettet. Aber in Wahrheit habe ich nur Herzen geöffnet. Ich habe ihnen nur geholfen, zu ihrem Herzen zurückzufinden und die Wahrheit ihrer Liebe zu finden.

Seelengefährten

Ich berate häufig Menschen, die auf der Suche nach einer perfekten Beziehung sind. Sie fragen mich: »Wie kann ich meinen Seelengefährten finden?«

Das Erste, was ich dann tue, ist die Möglichkeit auszuschließen, dass sie in einer Phantasie leben, die nur aus positiven und nicht aus negativen Seiten besteht. Da es einen solchen einseitigen Seelengefährten nicht gibt, werden sie ihn natürlich auch nicht finden können. Und da sie ihre eigenen, nicht angenommenen Anteile in ihren Beziehungen anziehen werden, werden sie einen gegensätzlichen Gefährten in ihr Leben bringen. Eine Mischung aus ihrem Phantasiebild kombiniert mit ihrer realen Persönlichkeit stellt den wahren Seelengefährten dar, aber das erkennen sie nicht.

Als Nächstes lasse ich mir von ihnen jede einzelne Eigenschaft ihres Traumpartners beschreiben und erkunde dann mit ihnen, wo diese Eigenschaften in ihrem Leben bereits vorkommen. Erst wenn sie erkennen, dass diese Eigenschaften in ihrem Leben bereits vorhanden sind, sind sie auf eine Begegnung mit ihrem Seelengefährten vorbereitet. Das Leben ist komisch. In dem Augenblick, da Sie begreifen, dass Sie bereits alles haben, was Sie sich wünschen, schenkt das Universum es Ihnen. Doch sobald Sie glauben, etwas zu vermissen, entfernt sich dies noch weiter von Ihnen.

Als ich aufs College ging, gab es stapelweise Herrenmagazine in unserem Wohnheim und eines Tages nahm ich eine Ausgabe von *Qui* in die Hand und blätterte sie durch. Ein Foto packte mich, und es war nicht ein Busen oder ein paar Beine oder etwas in dieser Art. Es war das Bild einer wunderschönen Frau und eines ansehnlichen Mannes, die, beide nackt, eng umschlungen dalagen. Man konnte ihnen ansehen, dass es nicht nur eine Pose wahr – es war ein Bild der Liebe. Als ich das Foto sah, projizierte ich meine Traumfrau und mich selbst darauf, und es ist irgendwie wahr geworden. Ich habe dieses Bild 18 Jahre in mir herumgetragen, bis meine Traumfrau erschien, und sie sah genauso aus wie das hübsche Mädchen auf dem Foto. Heute ist das Bild Wirklichkeit geworden.

Haben Sie ein inneres Bild von dem oder der »Einen«, mit dem oder der Sie alle anderen vergleichen? Je klarer, ausgeglichener, realer und umfassender dieses Bild ist – und je mehr Sie sich selbst lieben (denn das Bild ist eine Widerspiegelung Ihres wahren Selbst) –, desto mehr Kraft haben Sie, Ihren speziellen Gefährten zu erschaffen oder anzuziehen. Und glauben Sie ja nicht, dass alles voller Rosen, Gondeln und Mondschein sein wird, wenn Sie Ihrem Seelengefährten begegnet sind. Ihr Seelengefährte wird Ihnen die größte Erfahrung an Lust und Leid, die größte Unterstützung und die größte Herausforderung Ihres Lebens bescheren. Das ist wahre Liebe.

In einer Beziehung haben zwei Menschen anfangs eine Maske vor dem Gesicht, weil sie befürchten, nicht um ihrer selbst willen geliebt zu werden. Wenn Sie jedoch wissen, dass Sie der Liebe wert sind, dass ganz gleich, was Sie getan oder nicht getan haben, und wenn Sie erkennen, dass alles, was Sie getan haben, zu etwas gut war, dann scheuen Sie sich nicht, diese Maske abzustreifen. Dann setzen Sie vielleicht gar nicht erst eine Maske auf.

Jeder Mensch außerhalb von Ihnen ist eine Reflexion und ein Teil von Ihnen. Lieben Sie sich selbst genug, dann können Sie auch andere lieben. Ich bin so vielen Menschen begegnet, die Fassaden errichten und Masken anlegen und die versuchen, sich einzureden, dass sie die Menschen, die sie lieben, nicht lieben –, aber ich nehme ihnen das nicht für eine Sekunde ab. Ich weiß es besser. Es gibt nichts außer der Liebe und alles andere ist Illusion. Die Macht, Ihr Leben zu transformieren, liegt in Ihrem Herzen. Sie brauchen nur den Mut, es zu öffnen.

— *Übung* —

Es gibt keine Opfer in dieser Welt. Wir alle sind die Ursache und die Schöpfer unserer eigenen Wahrnehmungen. Solange wir diese grundlegende Wahrheit nicht anerkennen, kann es zu keiner wahren Heilung, keinem wahren Erwachen kommen.

1. Das nächste Mal, wenn jemand etwas tut, das wirklich Ihre Knöpfe drückt, halten Sie inne, anstatt sofort zu reagieren. Nehmen Sie sich eine Minute und fragen Sie sich: Wie und wann mache ich dasselbe, entweder genau so oder in meiner eigenen Form? Wie dient es anderen, wenn ich mich auf diese Weise verhalte? Inwiefern dient es mir, wenn man mir das jetzt antut? Welchen Anteil habe ich daran, dass dies nun geschieht?

2. Sie werden wahrscheinlich in der Hitze des Augenblicks nicht klar denken können, aber das ist in Ordnung. Wenn Sie auch nur einen Moment zwischen Auslöser und Reaktion inne gehalten haben, dann ist das bereits ein Fortschritt. Lassen Sie die Begegnung später, wenn Sie allein sind, noch einmal vor Ihrem geistigen Auge ablaufen und entdecken Sie den verborgenen Spiegel.

Je mehr Sie sich daran gewöhnen, auf diese Weise zu denken, desto häufiger wird es Ihnen gelingen, das auch in schwierigen Momenten zu tun. Sie werden erstaunt sein, welche Wirkung es auf andere – und auf Sie selbst – hat, wenn Sie über den Augenblick des Verurteilens und der Schuldzuweisung hinausgehen.

Worte der Weisheit und Kraft

- Glücklichsein und Traurigsein sind die beiden Seiten von Erfüllung.
- Ich spreche aus meinem Herzen heraus, und die Menschen hören mir zu.
- Wenn zwei Menschen haargenau gleich sind, ist einer von ihnen überflüssig.
- Stellst du jemanden auf ein Podest, dann wirfst du ihn in eine Grube.
- Liebe die Menschen für das, was sie sind, und sie werden zu dem, was du liebst.
- Es gibt nichts außer der Liebe, alles andere ist Illusion.

Göttlichkeit

Gott ist eine Metapher für ein Mysterium,
dass alle menschlichen Kategorien
des Denkens total transzendiert,
einschließlich der von Sein und Nichtsein.

Joseph Campbell

Stellen Sie sich eine Galaxis mit 700 Milliarden Sternen genau wie unsere Sonne vor, die alle um ein Zentrum kreisen. Im absoluten Zentrum eines solchen Wirbels gibt es einen Ruhepunkt. In manchen Theologien wird dieses Zentrum der Zentren »Gott« genannt.

Gott wurde als Ruhepunkt verstanden; Aristoteles nannte ihn den »unbewegten Beweger«. Überall um ihn herum ist Bewegung, aber der unbewegte Beweger ist der Initiator jeglicher Bewegung. Der wahre Schüler der geistigen Dimension und Sucher der Weisheit bewegt sich in der Galaxis seines eigenen Bewusstseins mit ihren Konstellationen von Personae auf deren Zentrum der Zentren zu, hin zu dem Ruhepunkt des unbewegten Bewegers. Er oder sie ist nicht in dem Kreislauf von Tag und Nacht, von Positiv und Negativ, Hell und Dunkel gefangen, sondern ist bereit, direkt in das Zentrum dieser Dualitäten einzutauchen. Wie bei der Pirouette eines Eiskunstläufers, der sich langsam dreht, wenn er die Arme ausstreckt, und dessen Drehung schneller wird, wenn er die Arme zum Zentrum hin anzieht, nimmt auch die Geschwindigkeit von Drehung und Schwingung beim Schüler zu, wenn er sich dem Zentrum annähert. Er erkennt die Kreisläufe von Licht und Dunkelheit viel schneller und wenn er sich der Weisheit annähert, nähert er sich auch einem Punkt, in dem er Ruhe findet. Er reagiert nicht auf die Veränderungen um ihn herum, denn für einen Augenblick ist er das Zentrum, in dem es keine Bewegung gibt.

Guru Nanak

Der Begründer der Sikh-Religion war ein großer Lehrer namens Guru Nanak. Dieser weise Mann hatte sein Leben dem Studium der Weltreligionen gewidmet. Auf seiner spirituellen Suche ging er nach Israel und studierte das Judentum und Christentum; er reiste nach Mekka, um Mohammeds Lehren zu studieren, und er besuchte die Kaaba, das würfelförmige Gebäude auf dem großen Platz von Mekka.

Auf der östlichen Seite der Kaaba befindet sich ein heiliger Stein, ein Meteorit, der in die Mauer eingelassen ist. Guru Nanak betrat den Platz und legte sich zur Meditation auf den Rücken, die Füße auf den heiligen Stein ausgerichtet. Die ihn umgebenden Muslime waren zutiefst verletzt, weil der Stein ein Symbol für Allah ist und die Füße bei ihnen als unrein gelten. Sie riefen: »Blasphemie! Blasphemie! Wie kannst du es wagen, deine Füße auf den heiligen Stein zu richten?«

Sie schoben seine Füße weg, aber er kreiste nur einmal um sich herum und auf magische Weise zeigten seine Füße wieder auf den Stein. Sie stießen ihn, sie zogen ihn herum, sie rollten ihn auf die Seite und zogen ihn fort, aber was sie auch taten, es schien nichts zu nützen: Seine Füße richteten sich immer wieder auf den Stein aus.

Alle waren wütend auf ihn und beschimpften ihn, und schließlich fragte er: »Brüder, warum seid ihr so aufgebracht?«

»Weil der heilige Stein Gott repräsentiert, und man nicht mit seinen Füßen auf Gott zeigt. Das ist schlecht!«

Er entgegnete: »Wenn ihr mir sagt, wo Gott nicht ist, werde ich gern meine Füße dorthin richten.«

Wir sind alle Heuchler, wenn wir uns spirituelle Menschen nennen, uns aber nicht angesichts der Großartigkeit von allem, wie es gerade ist, in einem Zustand der Dankbarkeit und Gnade befinden. Keiner von uns wird sich 24 Stunden am Tag in diesem Zustand befinden, aber wenn wir klug und weise sind, sind wir uns selbst gegenüber aufrichtig genug, die Zeiten zu erkennen, zu denen wir nicht dankbar sind, und zu wissen, dass darin die Reise auf dem heiligen Pfad der Liebe hin zur Demut besteht.

Göttlichkeit ist nicht irgendeine autoritäre Persönlichkeit aus theologischen oder religiösen Lehren. Die Wurzel des englischen Wortes für göttlich, devine, bedeutet »scheinen«, und wenn wir scheinen, leuchten und glänzen, nähern wir uns der Göttlichkeit. Für mich steht »GOTT« (engl.: GOD) für Großes Organisiertes Design des Universums. Wenn Sie es personifizieren wollen, können Sie es auch den Großen Organisierenden Designer nennen. Gott ist die Quelle dessen, was der Physiker David Bohm »die implizite Ordnung« nennt. Wir projizieren auf die Welt unsere Phantasievorstellungen davon, wie sie sein sollte, aber die Wahrheit ist eine zugrunde liegende Ordnung und es ist unsere Aufgabe, diese Ordnung zu entdecken.

Die Göttliche Ordnung ist wie ein Puzzle-Spiel. Zuerst haben Sie keine Ahnung von der zugrunde liegenden Ordnung, doch immer, wenn wir zwei passende Teile zusammenfügen, erhaschen wir einen Blick auf das, was hinter dem scheinbaren Chaos verborgen ist, und schließlich fügt sich das große Bild plötzlich zusammen. In unserem Leben nehmen wir all die Teile in die Hand, in denen wir keine göttliche Ordnung entdecken können, erfahren beide Seiten und integrieren sie, bis wir die Ordnung entdecken – und wissen wir erst einmal, dass sie existiert, fangen wir an, überall nach ihr zu suchen. Je intensiver wir nach dieser Ordnung Ausschau halten, desto mehr finden wir sie. Es ist so, als kaufe man einen neuen BMW und plötzlich sieht man überall BMWs. Die Göttlichkeit schlägt uns geradezu ins Gesicht, aber wir wollen sie nicht erkennen. Wir meinen, uns in einem Zustand der Un-gnade zu befinden, weil wir nicht die Göttlichkeit in uns und in jedem Teil unseres Lebens anerkennen.

In den Himmel kommen

Sind auf Sie auch schon einmal Menschen zugekommen, die sagten: »Ich muss dir helfen, weil ich befürchte, dass deine Seele in der Hölle schmoren wird, wenn du nicht gerettet wirst«?

Ich habe Anhänger vieler fundamentalistischer Gruppen gebeten, sie mögen mir den Himmel beschreiben. Sie haben sich entweder von mir abgewandt und sind gegangen oder sie haben gesagt: »Ich kann Ihnen nicht antworten. Ich muss erst meine Oberen fragen.« Natürlich wissen die auch nicht, wie der Himmel aussieht, aber sie haben ihr Leben lang so gelebt, als wüssten sie es.

Ich sprach einmal vor 275 Presbyterianern und fragte sie, was der Himmel sei. Nicht zwei Leute von ihnen waren darüber einer Meinung. Sie gehörten alle der gleichen Religion an, aber alle glaubten, sie gingen auf unterschiedliche Weise an ganz unterschiedliche Orte – und doch glaubten alle, sie hätten denselben Glauben.

Der Himmel ist im Grunde ein Seinszustand und er hat eine unendliche Anzahl von Quantenebenen. Die Ausdehnung auf eine nächste Ebene erfolgt durch Dankbarkeit. Der Himmel ist ein Zustand des Herzens: Immer dann, wenn Sie Dankbarkeit empfinden, sind Sie im Himmel, und jedes Mal, wenn Sie nicht dankbar sind, sind Sie in der Hölle. Ich stimme mit den Fundamentalisten insofern überein, dass wir auf irgendeine Weise höher kommen müssen, aber dies geschieht nicht nur in Ihrem physischen Körper. Sie bestehen im Grunde aus spirituell-materiellen Schwingungen, und wenn Sie durch Liebe und Dankbarkeit Ihre Schwingungsfrequenz erhöhen, stimmen Sie sich auf die höheren Sphären jenes unendlichen Himmels ein. Und es gibt kein Ende.

Mittlerweile habe ich viele Menschen beraten und festgestellt, dass sich das, was sie anfangs für Chaos gehalten hatten, schließlich als eine Ordnung entpuppte – wenn sie nur bereit waren, genau hinzuschauen. Es gibt hinter jedem augenscheinlichen Chaos eine verborgene Ordnung, aber die meisten Menschen verstehen das nicht. Wir können die Göttlichkeit in der Dualität nicht wahrnehmen, denn in der Dualität machen wir uns verzerrte Vorstellungen von ihr. Göttlichkeit ist die Synthese, die Ganzheit, die in der ewigen Gegenwart erfasst wird, jene Präsenz, die wir empfinden, wenn wir Gegensatzpaare, die in Dualität leben, vereint oder verschmolzen haben. Präsenz ist die der Göttlichkeit am nächsten kommende Erfahrung.

Das Gesetz der Energieerhaltung ist unantastbar. Sie bestehen aus derselben Energie und Materie wie das ganze Universum. Daher werden auch Sie das Gesetz nicht verletzen. Deshalb ist der Wille Gottes Gleichgewicht und deshalb gibt es nichts als die Liebe. Alles andere ist Illusion. Was immer Sie wahrnehmen mögen, jenseits Ihrer Sinne ist alles im Gleichgewicht und gegenwärtig.

Der große Künstler

Manche Menschen fragen, warum wir Gott oder Göttliche Intelligenz in diese ganze Diskussion hineinbringen müssen. Sie meinen, wenn wir etwas nicht sehen können, dann sei es sicherer oder gar weiser anzunehmen, dass es nicht existiere. Doch kein Wissenschaftler auf Erden hat je ein Atom oder eine Radiowelle gesehen, und niemand weiß, was Elektrizität ist. Die Physiker finden es nahezu unmöglich, eine Gleichung zu schreiben, die so etwas Einfaches wie die Dehnung eines Gummibands beschreibt. Dennoch zweifelt niemand daran, dass es diese Dinge gibt.

Wissenschaftler nehmen heute an, dass es vor 3,9 Milliarden Jahren lebende Mikroorganismen und Zellen auf der Erde gegeben hat. Schon vor so langer Zeit waren diese Zellen auf so wunderbare Weise konstruiert, dass es den Verstand der größten zeitgenössischen Physiologen überfordert, genau zu erklären, wie sie funktioniert haben. Wie ist es möglich, dass etwas so hoch Entwickeltes, etwas, das eine solche Intelligenz und Ordnung besitzt, uns vorangegangen sein kann, wo wir doch so selbstgerecht von uns annehmen, wir seien die höchste Intelligenz und Ordnung? Zu behaupten, eine unglaublich komplexe Zelle sei das Ergebnis eines zufälligen thermischen Ereignisses, ist der Gipfel des Wahnsinns. Mit all seiner Intelligenz wäre der größte menschliche Geist in der Geschichte nicht in der Lage, eine einzige Zelle funktionieren zu lassen. Man könnte Isaac

Newton, Plato, Albert Einstein und Stephen Hawking kombinieren, und dennoch wären sie nicht dazu in der Lage – nicht einmal annäherungsweise.

Die Leute sprechen bewundernd von einem Geschäftsführer eines größeren Unternehmens mit 50 000 Angestellten. Doch ich sehe einen menschlichen Körper und sage: »Das ist echtes Management!« Sie betrachten ein Gemälde oder eine Skulptur und sagen: »Dieser Künstler ist ein Genie!« Aber das größte Kunstwerk, das jemals geschaffen wurde, ist der Sandkuchen oder die Fingermalerei eines Kindes im Vergleich zu dem Genie und der Kunstfertigkeit eines Menschenwesens, dem Leben, von dem es erfüllt wird, und dem Göttlichen Künstler, der es erschaffen hat.

Weil wir von Leben und Göttlichkeit umgeben sind, halten wir sie für selbstverständlich, so wie ein Fisch sich nicht des Wassers bewusst ist, in dem er lebt. Das Leben ist wahrlich ein Wunder, und Wunder geschehen nicht nur zufällig, sondern aufgrund von Gesetzmäßigkeiten und Intelligenz. Jene Intelligenz hat die Prinzipien eingesetzt, die das Leben beherrschen. Die Gottheit überwacht und verurteilt uns ebenso wenig, wie sie persönlich die Bewegung jedes Moleküls in jeder Zelle eines jeden Wesens dirigiert. Das Universum ist eine große Sache und funktioniert wie eine große Organisation über Hierarchie und Delegierung. Gott ist viel zu beschäftigt, um irgendjemanden zu bestrafen. Er setzt lediglich die Dynamik der Evolution durch universelle Gesetze in Gang und tritt dann zurück, während er göttliche Liebe ausstrahlt. In dieser göttlichen Ordnung sind Leben und Tod im vollkommenen Gleichgewicht, das durch Zeit und Raum bewahrt wird.

Viele wissen, dass in Oklahoma City 168 Menschen durch eine Bombe ums Leben gekommen sind, aber die meisten begreifen nicht, was zugleich nicht geschehen ist. Die monatliche Rate von Selbstmord, Mord, Tod durch Krankheit und tödlichen

Unfällen fiel nämlich in dieser Stadt, sodass im Durchschnitt letztlich genauso viele Menschen starben wie in jedem anderen Monat. Was sich verändert hatte, war nur die Form des Todes. Von dieser Statistik berichteten große amerikanische Tageszeitungen, aber wer die universellen Gesetze nicht versteht, der glaubte nur, es handele sich um einen Zufall.

Ein junger Mann namens Martin Bryant erschoss in Australien 35 Menschen, viele davon waren Kinder. Die direkte Auswirkung dieser Schießerei war, dass Australien sein nationales Schusswaffengesetz änderte und Hunderte und Tausende von Waffen eingezogen wurden, was wohl im Voraus für viele Jahre viele Leben gerettet hat. Das ganze Land hielt für einen Augenblick des Gebets inne. Keine Religion der Welt hätte es wohl geschafft, die Gedanken der Menschen so kollektiv dem unsterblichen Geist und der körperlichen Sterblichkeit zuzuwenden. Die Eltern überall in diesem Teil der Welt haben wahrscheinlich, als sie die Nachricht hörten, in jener Nacht ihre Kinder an sich gedrückt und gedacht: Danke, dass ihr lebendig seid. Ich bin so dankbar, dass ich dich noch habe. Das Leben und die Liebe wurden bewahrt.

Es gibt keine Opfer

Du magst fragen: Wie kann ich wissen,
dass etwas Gottes Wille ist?«
Meine Antwort ist:
»Wäre es nicht Gottes Wille, so würde es nicht existieren,
nicht einmal für einen Augenblick.
Wenn also etwas geschieht, so muss es Sein Wille sein.

Würdest du dich wahrhaft des Willens Gottes erfreuen,
so fühltest du dich, als wärest du im Himmlischen Königreich,
was immer dir geschähe oder nicht geschähe.«

Meister Eckhart

Viele Menschen fragen: »Wenn es einen Gott gibt, warum lässt er so viele schreckliche Dinge zu, wie Gewalt gegen Frauen, Krankheit und Krieg? Was ist mit all den unschuldigen Opfern?«

Häusliche Gewalt ist heutzutage mehr als ein heikles Thema; es ist eine Lebensweise für die Millionen von Frauen, die sich gefangen fühlen und in Angst leben. Viele misshandelte Frauen haben an *The Breakthrough Experience* teilgenommen, Frauen, die in ihren Beziehungen immer wieder geschlagen wurden. Doch der erste Eindruck kann oft täuschen. Wiederholte Gewalt ist nicht die »Schuld« des »Gewalttäters«. Die sogenannten »Opfer« misshandeln sich selbst innerlich; sie machen sich nieder und glauben, sie seien nichts wert. Gewöhnlich erhalten sie von anderen überaus freundliche und aufbauende Unterstützung, die kompensierend und ausgleichend wirkt, und manchmal werden sie, um solche Unterstützung zu erlangen, geradezu zu Märtyrern. Sie machen sich klein und erkennen nicht an, dass sie großartig oder wertvoll für die Welt sind, und sie lassen sich immer wieder mit Männern ein oder ziehen solche an, die sie auf diese Weise behandeln.

Wenn ich sie durch den Quantenkollaps-Prozess begleite und ihnen helfe zu erkennen, warum sie sich innerlich selber misshandeln und wie die Eigenschaften, die sie bei sich annehmen, ihnen und anderen Menschen dienen, steigt ihr Selbstwertgefühl. Wenn sie dann wieder nach Hause gehen, verändert sich ihre Familie oder Beziehung, ohne dass sie überhaupt etwas gesagt hätten. Sie ziehen entweder aus oder aber der Mensch, mit dem sie zusammenleben, hört spontan auf, sie zu schlagen.

Das soll keine Gewalttaten entschuldigen oder heißen, dass sie gut wären, aber in dem Augenblick, in dem Sie sich selbst wertschätzen und aufhören zu denken, Sie seien wertlos, wird es auch Ihr Partner tun. Das Ganze hat eine eigene Dynamik: Es geht nicht um einen gewalttätigen Schuft und sein unschuldiges Opfer. Die beiden sind vielmehr ein Team, das das Spiel einer ausgewogenen Dualität spielt. Wenn Sie begreifen, was da eigentlich geschieht, erkennen Sie, dass das Spiel perfekt geordnet ist und zwei Menschen einander lehren, in Selbstwert und Liebe zu wachsen.

Es ist nicht ratsam, Ursache und Wirkung zu trennen, denn in dem Augenblick, in dem Sie das tun, machen Sie sich zum Opfer. Solange Sie jemand anderen für das, was geschieht, die Schuld geben, werden Sie ein Opfer sein – ohnmächtig und ohne Lösungsmöglichkeiten. Sie müssen Ihre eigene Ursache und Wirkung anerkennen, damit Ihre Wirklichkeit zur Erleuchtung gelangen kann. Ich habe noch niemanden gesehen, der sich befreit, sein Herz geöffnet oder Kraft gewonnen hat, indem er Schuld zuwies und das Opfer spielte. Eine Befreiung ist so lange nicht vollständig, wie Sie nicht begreifen, dass Ihre Wahrnehmungen Ihre eigene Ursache sind und es an Ihnen liegt, sich zu ermächtigen. In dem Augenblick, da Sie verstehen, dass Sie eine Rolle spielen, die solche Kräfte angezogen hat, haben Sie die Macht, diese Realität zu transformieren. Sie sind der Autor Ihres eigenen Lebens.

Ich bin der Liebe wert

Vor einigen Jahren hatte ich die Gelegenheit, im Krankenhaus von San Franzisco mit einem Mann zu sprechen, der an Aids starb. Die Ärzte gaben ihm nur noch wenige Wochen zu leben. Als ich in sein Zimmer kam, saß er, von Kissen gestützt, ausgemergelt und von Wunden bedeckt in seinem Bett. Ich setzte mich neben das Bett, ergriff seine Hände und mochte sie nicht wieder loslassen.

Ich war diesem Mann niemals zuvor begegnet, aber ich hielt einfach seine Hände, sah ihm direkt in die Augen und sagte: »Ganz gleich, was Sie getan oder nicht getan haben, Sie sind der Liebe wert. Ganz gleich, was Sie getan oder nicht getan haben, Sie sind der Liebe wert.« Ich musste ihm dies immer wieder wiederholen, bis es schließlich in sein Herz eindrang und er zu weinen begann. Er beugte sich zu mir herüber und legte den Kopf in meinen Schoß. Ich legte ihm die Hände auf den Rücken und fuhr fort zu sagen: »Ganz gleich, was Sie getan oder nicht getan haben, Sie sind der Liebe wert«, während er weinte und weinte und weinte.

Schließlich hob er den Kopf, sah mich an und sagte: »Das ist das erste Mal in meinem ganzen Leben, dass ich so etwas gedacht habe. Dies ist das erste Mal, dass ich mir je die Erlaubnis gegeben habe, mich selbst zu lieben.«

Trotz der düsteren Prognose lebte der Mann noch fast zwei Jahre.

Aids soll eine Autoimmunerkrankung sein, aber meiner Meinung nach rührt sie daher, dass sich der Körper zum Teil deshalb gegen sich selbst wendet, weil der Geist sich gegen sich selbst gewandt hat. Die meisten Krankheiten haben eine unterschwellige emotionale Basis; mir ist bisher keine bekannt, bei der dies nicht der Fall gewesen wäre. Noch vor knapp dreißig

Jahren listeten die medizinischen Zeitschriften bloß eine Handvoll anerkannter psychosomatischer Krankheiten auf. Heute umfasst die Liste mehr als Hundert und in weiterer zehn Jahren werden es wohl mehrere Hundert sein.

Krankheit und Erkrankung sind die Zeichen und Symptome, die unser Körper benutzt, um uns zu offenbaren, dass wir nicht liebevoll genug waren. Das gottgeschaffene System stellt sicher, dass wir die Botschaft erhalten und erweckt uns zu der Wahrheit, dass es nichts in uns oder in der Welt gibt, das nicht der Liebe wert ist.

Die meisten Kopfschmerzen entstehen daraus, dass wir der inneren Führung und Weisheit der Seele keine Beachtung schenken. Sie sind Ausdruck eines Konflikts zwischen dem emotionalen Effekt der Sinne und der Klarheit der inneren Stimme. Versuchen Sie das nächste Mal, wenn Sie Kopfschmerzen haben, Folgendes: Halten Sie inne und seien Sie in Stille präsent. Erlauben Sie sich, die Botschaft Ihrer inneren Stimme zu hören und ihrer Führung zu folgen, und beobachten Sie, wie Ihre Kopfschmerzen nachlassen. Es ist wirklich erstaunlich.

Ich habe mit Krebspatienten im Endstadium gearbeitet, die spontane Remissionen erfuhren, und in jedem Falle war eine Form von Liebe und Dankbarkeit in ihr Leben gekommen und hatte sie verändert. Eine spirituelle Erfahrung transformierte ihre Krankheit. Sogar das Anschauen eines Liebesfilms, so haben Untersuchungen gezeigt, kann bereits die Immunglobulin-A-Werte im Speichel ansteigen lassen, die die erste immunologische Abwehrfront im Körper darstellen. Wir werden krank, damit wir Liebe lernen. Krankheit ist keine Bestrafung oder ein Fehler – sie ist ein Geschenk.

Jedes Symptom und Zeichen unseres physischen Körpers ist darauf angelegt, uns zu offenbaren, wo wir uns selbst belügen. Unsere Gefühle sind Lügen. Unsere Hochstimmung oder unsere

Depression ist eine Lüge. Emotionen sind das Ergebnis verzerrter Wahrnehmungen. Sie werden zu elektrischen Ladungen, die Ihre Physiologie beeinflussen und Zellen, Gewebe und Organe ein- oder ausschalten. Krankheit ist die Art und Weise Ihres Körpers, Ihnen zu sagen, dass Sie in Bezug auf Ihr Leben lügen. Sie sehen etwas, das Sie entweder für anziehend oder für abstoßend halten, anstatt das zu sehen, was liebevoll und großartig ist. Also nur für den Fall, dass es irgendwo in Ihrem Leben ein Bruchstück gibt, von dem Sie aus einem bestimmten Grunde glauben, es sei zu schwer zu lieben – lassen Sie sich gesagt sein, dass dies eine Illusion ist. Sie sind der Liebe wert. Sprechen Sie die folgenden Worte der Kraft: Ganz gleich, was ich getan oder nicht getan habe, ich bin der Liebe wert. Wenn jede einzelne Zelle Ihres Körpers mit diesen Worten schwingt, werden auch Sie es tun und mit Ihnen die ganze Welt.

Danke für mein Leben

Alle Ereignisse haben einen Sinn, und die Weisheit sieht Ihr sinnvolles Leben und bedankt sich dafür. Aus der Perspektive der Weisheit ist alles in Ihrem Leben vollkommen, so wie es ist. Worin Sie jedoch keinen Sinn finden, dem werden Sie nicht trauen und Sie werden nicht dafür dankbar sein. In diesem Zustand sehen Sie nicht, wie wundervoll Ihre Welt ist, und Sie neigen dazu zu glauben, dass es anderswo besser sein wird, wenn Sie dieses Jammertal verlassen. Einer Studie zufolge erwarten 97 Prozent der Amerikaner etwas Sinnvolles, nachdem sie diesen wunderbaren Planeten verlassen haben, anstatt jetzt die Menschen, die auf dem Planeten leben, zu lieben.

Manche Menschen sagen: »Ja, ich weiß, aber es gibt bestimmte Dinge im Leben, die kann ich einfach nicht lieben. Was ist hiermit und damit und, mein Gott, was ist hiermit?« Ich habe auf diesem Planeten noch nichts gefunden, das nicht auf irgendeine Weise jemandem gedient hat.

Ich habe mit einer Frau in Kanada gearbeitet, die im Alter von 18 Jahren vergewaltigt worden war. Sie war über das Ereignis wütend und verbittert, aber sie wurde schließlich Gynäkologin, die sich auf vergewaltigte Frauen spezialisierte. Sie liebte ihre Arbeit. Sie fühlte sich erfüllt und wertvoll und wurde auf diesem Gebiet zu einer führenden Persönlichkeit, die für ihre Fertigkeiten und ihre Kompetenz größte Anerkennung bekam.

Als sie zu *The Breakthrough Experience* kam, ließ ich sie ihren Vergewaltiger kollabieren und das Gute an diesem Ereignis finden. Ihre ganze Karriere war aus diesem Ereignis entsprungen, aber sie hatte dem Vergewaltiger bis zu diesem Tag niemals dafür gedankt. Sie listete die positiven und negativen Aspekte auf, bis sie einander aufwogen, und sie fand heraus, inwiefern all die Komponenten von Vergewaltigung auch in ihrem eigenen Verhalten wiederzufinden waren. Sie erkannte, wo Menschen das Gefühl hatten, sie habe ihre Privatsphäre verletzt, sie habe sie psychologisch dominiert und sie Dinge tun lassen, die sie nicht tun wollten. Diese Komponenten fanden sich im Grunde in ihrem ganzen Leben wieder, sie machte so etwas jeden Tag. Ich ließ sie sich mit ihrem Spiegelbild identifizieren und sich selbst all das eingestehen, was sie in dem Vergewaltiger sah.

Dann fragte ich sie: »Wer hier im Raum erinnert Sie an den Vergewaltiger?«

Sie sah sich um und wählte einen Burschen aus, der in der Ecke saß – und unter allen Teilnehmern wählte sie ausgerechnet den Einzigen, der tatsächlich wegen einer Vergewaltigung angeklagt worden war. Sie setzte sich zu ihm und erzählte ihm, wie er ihr im Leben geholfen habe, und sie dankte ihm.

Am Ende ihres Austausches sagte er: »Ich möchte Ihnen dafür danken, dass sie mich freigelassen haben – denn seit jenem Ereignis war ich ständig in einem Gefängnis.«

Allen im Raum standen die Tränen in den Augen und liefen Schauder über den Rücken angesichts der Großartigkeit des Universums, das diese beiden zusammengebracht hatte. Wenn ich diese Geschichte erzähle, stehen oft Menschen auf, die selbst vergewaltigt worden sind und die niemals darüber hinweggekommen sind. Sie werden wütend oder stürmen mit den Worten aus dem Saal: »Der Mann hat nicht mehr alle Tassen im Schrank!« Ich möchte Sie ermutigen, es durchzustehen und den Segen darin zu finden, weil es sonst Ihr Leben bestimmen wird. Wenn Sie Ihre Wahrnehmungen ausgleichen, macht Sie das frei.

Wenn wir den Vergewaltiger als »böse« und die Frau als »Opfer« bezeichnen, tragen wir nur dazu bei, dass sie beide festsitzen. Wir stecken ihn ins Gefängnis, die Frau aber auch. Wir trösten sie und sagen ihr, sie sei ein unschuldiges Opfer – und sie bleibt für den Rest ihres Lebens in ihrem selbstgebauten Gefängnis. Die Menschen in dieser Geschichte wurden außergewöhnliche Menschen, aufgrund – und nicht trotz – ihrer Erfahrungen.

Sie können in der Vergangenheit leben und niemals mit Ihrer Zukunft zurechtkommen, und ich versichere Ihnen, dass alles, was Ihnen an Ihrer Vergangenheit nicht gefällt, Ihre Zukunft belasten wird. Warum sollten Sie jemandem, den Sie gering schätzen, die Macht geben, Ihr Leben zu bestimmen? Sind Sie schon einmal jemandem begegnet, der kein gutes Haar an seiner ersten Frau oder ihrem ersten Mann ließ ... und dann loszog, um jemand anderen zu finden, der ganz genauso war wie er oder sie?

Alles, was Ihnen an irgendeiner Ihrer vergangenen Beziehungen nicht gefällt, tragen Sie direkt in die nächste hinein. Es beschäftigt Sie weiterhin, weil es nicht um die anderen geht, sondern um Sie selbst. Lieben Sie sich selbst genug, um den anderen zu lieben, und befreien Sie beide.

Alles ist uns dienlich

Bruce Lee wurde zu einem großen Kampfkunstkünstler, weil er als junger Mann in den Straßen von Hongkong heftig zusammengeschlagen worden war und geschworen hatte, dass ihm so etwas nie wieder passieren würde. Der Regisseur Martin Scorsese hatte als Kind Asthma und wuchs in einer Dachkammer auf, von der aus er die Welt durch ein kleines Fenster wie durch den Sucher einer Kamera vorüberziehen sah und in der er Geschichten über die Leute da unten erfand. Nelson Mandela benutzte seine 28 Jahre im Gefängnis, um Weisheit und Verständnis zu entwickeln. Er wurde zu einem Symbol für Freiheit und Verständigung zwischen den Rassen und wurde schließlich zum Führer seiner ganzen Nation.

Ich habe mit Hunderten von Menschen gearbeitet, die einen geliebten Menschen verloren haben, und konnte feststellen, dass der Moment des Verlustes genau der Augenblick war, als ihre emotionalen Mauern zusammenbrachen. Es war der Augenblick, in dem sie ihr Herz für die anderen Menschen um sie herum öffneten, in dem ihre Spiritualität und ihre Bewusstheit eines weiteren Lebens oder eines ewigen Geistes Gestalt annahmen, in dem sie einen wahren Sinn im Lebendigsein erkannten. Selbst Leben und Tod befinden sich im vollkommenen Gleichgewicht, und in Zeiten von Widrigkeiten gehen wir in uns, um einen tieferen Sinn des Lebens zu erkennen.

Wenn du jemals aufwachen solltest,
ohne ein Problem zu haben,
knie besser nieder und bete um eines,
weil du sonst bereits tot bist.

Norman Vincent Peale

Alles hat zwei Seiten und Sie können niemals die eine ohne die andere bekommen. Es ist nicht so, dass die eine Seite jetzt wäre und die andere irgendwann später käme; sie sind gleichzeitig vorhanden. Warten Sie nicht, bis Sie alt werden, um dies endlich zu verstehen. Erwachen Sie zur Weisheit der Alten, bevor Sie selbst alt geworden sind. Erkennen Sie die Wahrheit der Ausgewogenheit an.

Vorteil und Nachteil, das Positive und das Negative sind immer vollkommen ausgewogen. Je tiefer unten Sie einmal gewesen sind, desto höher hinauf können Sie es schaffen. Das frühe Leben der großen Meister war von Herausforderungen und Widrigkeiten gekennzeichnet. In diesen Widrigkeiten haben sie ihre Macht offenbart, das zu erreichen, wofür wir sie kennen.

Dicke Dankbarkeit

Es herrscht in unserer Gesellschaft zurzeit eine weit verbreitete Bevorzugung eines bestimmten körperlichen Erscheinungsbildes, und ich habe mit vielen Menschen gearbeitet, die sich halb umbringen und die ihre Genialität blockieren, weil sie diesem Idealbild nicht entsprechen. Andererseits nehmen einige schöne Frauen zu, weil sie den ständigen Druck männlicher Aufmerksamkeit und weiblichen Neides nicht mehr aushalten und es einfacher für sie ist, einfach aus dem Spiel auszusteigen. Eine

Frau, mit der ich arbeitete, benutzte ihr Gewicht, weil sie ihrem Mann treu bleiben wollte: Sie war nicht sicher, ob sie anderen Männern widerstehen könne, wenn sie attraktiv bliebe. Manche Menschen benutzen ihr Körpergewicht, um Sex, Aufmerksamkeit oder Verantwortung zu vermeiden oder anzuziehen. Manche trauen sich nicht, ihren Traum zu leben, und halten deshalb ihren Stoffwechsel niedrig, um zu vermeiden, Energie und die damit einhergehende Verantwortung zu haben.

Ich habe mit mehreren schönen Frauen gearbeitet, die ihr Gewicht als einen Auswahlmechanismus benutzten. Sie hatten Männer satt, die von ihrem Äußeren angezogen waren, aber ihre innere Schönheit nicht erkannten. Ihr Gewicht führte automatisch zu einer Vorauswahl, weil sich nur noch solche Männer von ihnen angezogen fühlten, die in der Lage waren, tiefer zu sehen und das zu erkennen, was sie wirklich waren. Sie waren wie die verzauberten Jungfrauen in einem Märchen, die nur durch die Augen eines wahrhaft liebenden Herzens erlöst werden konnten. Sie suchten nach »dem einen« und setzten, um Liebe zu finden, ihre äußere Erscheinung aufs Spiel.

All diese Verhaltensweisen waren niemals ein Fehler, sondern einfach die beste Strategie, die diesen Menschen zum gegebenen Zeitpunkt einfiel, um einen höheren Wert zu verwirklichen oder einem höheren Ziel zu dienen. Ihre Motive waren in der Tat recht edel. Hatten wir erst einmal ihre Motive gefunden, konnten wir andere Strategien erarbeiten, die zu den gleichen Ergebnissen führen konnten. Diese Frauen hörten auf, sich selbst gering zu schätzen, und häufig kehrten sie zu dem Gewicht zurück, das für sie normal war.

Es ist unsere Aufgabe hinter die Illusionen und Wahnvorstellungen zu blicken und die darunterliegende Wahrheit herauszufinden. Auch wenn im Grunde nichts falsch daran ist, die Schönheit des Lebens nicht zu erkennen, kommt es doch zu der wahren lebendigen spirituellen Erfahrung, wenn wir Gottes Großartigkeit und Gnade in Präsenz, Liebe und Dankbarkeit anerkennen. Das ist die heilige Kommunion in ihrer reinsten Form und sie ist erreichbar. Wir werden nicht in der Gnade bleiben, aber wir vermögen sie zu erfahren und eine Ahnung von dem zu erhaschen, was möglich ist. Die Vitalität und Kraft, die aus ihrer Anerkennung entstehen, werden uns nicht erlauben, unverändert zu bleiben. Wir werden noch in diesem Leben zu einem neuen Menschen transformiert. Das ist der Prozess der Wiedergeburt; auf diese Weise werden wir wirklich wiedergeboren, weil wir begreifen, dass es eine großartige und verborgene Ordnung gibt. Darum geht es in meiner ganzen Arbeit.

Dies zu erfassen, liegt im Rahmen des Menschenmöglichen. Es gibt eine Intelligenz, die Sie durchdringt, und sie ist unendlich groß. Zu dieser Intelligenz können Sie durch Inspiration und Intuition Zugang gewinnen, und sie kann Sie in Ihrem Leben führen und leiten. Sie hat die Macht, eine Zelle zu gestalten und alle Lebensformen zu organisieren. Sie hat die Macht, Sie zu gestalten.

Das Märchen von der Vergebung

Haben Sie jemals bemerkt, dass Sie all das, wovon Sie sagen: »Ich verzeihe es dir«, weiterhin in Ihrem Leben anziehen, und dass Sie all das, wovon Sie sagen: »Es tut mir leid«, weiterhin tun? Und warum? Weil Sie alles, wofür Sie sich entschuldigen oder was Sie vergeben, als nicht zur göttlichen Ordnung gehörig verurteilen. Darum werden Sie es so lange weiter erfahren, bis Sie begreifen, dass es Teil der göttlichen Ordnung ist. Alles, wofür Sie sich schuldig fühlen, wiederholen Sie; alles, was Sie vergeben, ziehen Sie immer weiter in Ihrem Leben an.

Vergebung ist eine selbstgerechte Illusion, die jemanden als schlecht oder falsch hinstellt und sich dann anmaßt, zu urteilen und zu verzeihen. Entschuldigung bedeutet, über sich selbst zu urteilen, und beides sorgt dafür, dass alles wie gehabt weitergeht. Das Einzige, was diese Dynamik transzendiert, ist die Liebe.

Die Leute fragen mich: »Bedeutet das, dass wir uns nicht entschuldigen müssen, wenn wir jemanden anrempeln?«

Ja, genau das bedeutet es. Es gibt weitaus kreativere Möglichkeiten, mit solchen Dingen umzugehen. Ich stieß vor Kurzem in einem Restaurant mit einem Mann zusammen, der bedauernd sagte: »Oh, entschuldigen Sie!« Ich aber drehte mich sofort zu ihm um und sagte: »Hallo, ich bin Dr. Demartini. Aus irgendeinem Grunde müssen wir uns wohl anziehen. Wie heißen Sie?« Und ich streckte ihm die Hand zur Begrüßung entgegen.

Ich begann eine Unterhaltung, machte eine interessante Bekanntschaft und brachte ihn beinahe dazu, sich zu meinem Seminar an jenem Wochenende anzumelden. Anstatt zu denken, dass ich einen Fehler gemacht hatte, statt mich schuldig zu fühlen, mich zu entschuldigen und diese ganze Illusion ablaufen zu lassen – warum nicht das Ganze als eine Art Synchronizität ansehen? In einem göttlich geordneten Universum gibt es keine Fehler. Warum der Illusion Vorschub leisten, indem man sich für die göttliche Ordnung entschuldigt und ihr vergibt? Gehen Sie über Vergebung hinaus und finden Sie die Ordnung, indem Sie für das, was geschieht, präsent sind. Sie mögen vielleicht glauben, dass dies keine guten Manieren sind. Aber der Glaube an Angst und Schuld und deren unnötige Förderung sind auch nicht gerade »gutes Benehmen« und helfen den Leuten nur, ihrem ohnehin schon schweren emotionalen Gepäck noch weiteres hinzuzufügen.

Auf dieser Welt gibt es Millionen, wenn nicht gar Milliarden von Menschen, die von Vergebung sprechen. Es gibt eine Hierarchie emotionaler Reaktionen im Leben. Angst und Schuld stehen am Anfang der Leiter. Über ihnen stehen Glaube, Akzeptanz und Vergebung, und an der Spitze stehen die im gegenwärtigen Moment erfahrene Wahrheit der Liebe sowie Annahme und Weisheit. Vergebung ist ein Stadium auf dem Weg, aber sobald Sie erkennen, dass alles dienlich ist und es nichts zu vergeben gibt, wird sie zu einem weiteren Ammenmärchen. Die Wahrheit bedarf keiner Vergebung.

In meinem ersten Buch *Genieße, was dir beschieden ist. Die heilende Kraft von Dankbarkeit und Liebe* sagte ich, Vergebung sei eine selbstgerechte Illusion. Als ich *The Breakthrough Experience* Mitgliedern der Pfingstgemeinde vorstellte und anschließend mit den Priestern sprach, stellten sie diese Aussage in Frage. Ich erklärte ihnen: »Meiner Ansicht nach ist Vergebung eine selbstgerechte Illusion, weil Sie davon ausgeht, dass Gott in dieser Erfahrung nicht gegenwärtig ist. Doch immer, wenn Sie die Gegenwart der göttlichen Ordnung verleugnen, beherrscht der verzerrte ›Teufel‹ Ihr Leben. Wenn Sie sich wahrhaftig im Christusbewusstsein befinden, dann urteilen Sie nicht, Sie lieben einfach. Du bist dein eigener Feind. Entferne den Balken aus deinem eigenen Auge, bevor du den Splitter im Auge des anderen bemängelst.«

Die Seelsorger nickten zustimmend und sagten: »So gesehen ist das eine christliche Lehre!«

Dann fügte ich hinzu: »Und das gilt für alles.« Sie dachten einen Augenblick nach, bevor sie sagten: »Das ist verstörend, ja beängstigend, aber es scheint richtig zu sein.«

Unendliche Intelligenz

Allein die Milchstraße umfasst 700 Milliarden Sterne, die unserer Sonne vergleichbar sind. Es gibt Milliarden Galaxien in nur einem Galaxienhaufen und Milliarden von Galaxienhaufen in nur einem Superhaufen. Das sind unglaubliche Proportionen, aber jene Sterne, Galaxien, Sternhaufen und Superhaufen bewegen sich alle auf ein gemeinsames Ziel zu, einen großen Attraktor (Begriff aus der Chaostheorie). Eine Intelligenz bestimmt ihre Bewegung und führt sie auf ihrem Weg; Geistesgrößen aus allen Jahrhunderten haben dies als wahr anerkannt, sofern sie nicht Atheisten oder emotional aufgeladen waren.

Ich frage mich, was geschähe, wenn wir dieser Intelligenz lauschen würden, wenn wir ihr gehorchten und ihrer Leitung folgen würden? Ein Genie ist jemand, der dem Licht seiner Seele folgt und gehorcht. Wir müssen uns dieser Intelligenz hingeben, wenn wir jemals über uns selbst hinauswachsen wollen. Sobald wir uns dieser unendlichen Intelligenz hingeben, beginnen wir an ihr teilzuhaben. Wir erkennen uns als Teil von ihr an, und wir erhalten Führung und Inspiration, die uns dorthin tragen, wohin zu gehen uns bestimmt ist und wo wir am liebsten wären.

— *Übung* —

Zeitungen, Radio, Fernsehen, Bücher, Freunde und sogar Ihre eigenen Gedanken erzählen Ihnen ständig Geschichten über Ihr Leben hier auf Erden. Diese Geschichten sind fast immer einseitig, positiv oder negativ, weil das Bewusstsein der Massen zumeist zwischen den Extremen von »Gut« und »Böse« hin und her pendelt.

1. Wenn Sie das nächste Mal eine Geschichte hören, sehen oder lesen, die Ihre Knöpfe in die eine oder andere Richtung drückt, halten Sie inne und suchen Sie die andere Seite. Sei es positiv oder negativ, suchen Sie nach dem nichtlokal damit verbundenen Ereignis, das wieder in die andere Richtung ausgleicht.

2. Fragen Sie, wie dieses Ereignis der Welt und den betroffenen Menschen dient. Fragen Sie sich selbst: »Wie wird Gott in diesem Ereignis offenbar?« und hören Sie nicht damit auf, bis Sie es erkennen.

Einer meiner Freunde betrat an einem Morgen, als gerade ein großes Erdbeben in der Türkei Hunderte von Menschen getötet hatte, den Aufzug eines Gebäudes in New York. Die Fernsehberichte über das Ereignis beschäftigten ihn noch, und so sagte er zu dem schon etwas älteren Fahrstuhlführer: »Ist es nicht schrecklich, was in der Türkei passiert ist? All die armen Leute!« Der Fahrstuhlführer antwortete: »Ach wissen Sie, ich stelle Gottes Wirken nicht mehr in Frage.« Er war nicht gleichgültig oder gefühllos. Er besaß lediglich eine solche Weisheit und war sich der Präsenz des Göttlichen dermaßen gewiss, dass er direkt zum Kern des Ereignisses ging.

Üben Sie Ihre Weisheit. Gewöhnen Sie sich an, Ihre Gefühle sofort auf globaler Ebene auszugleichen. Je häufiger Sie das tun, desto mehr Gewissheit in Hinsicht auf die herrschende Intelligenz, die das Leben auf Erden ordnet, werden Sie erlangen.

Worte der Weisheit und Kraft

- Wo ist Gott nicht?
- Dankbarkeit ist der Himmel, Undankbarkeit die Hölle.
- Alles ist dienlich, auch ich selbst.
- Es fehlt nichts; es verändert lediglich seine Form.
- Es gibt keine Opfer, sondern nur Lektionen in Liebe.
- Vergebung ist eine Zwischenstation auf dem Weg zu Liebe und Wahrheit.

Genie

Genie: »Außergewöhnliche intellektuelle oder kreative Kraft.
Schutzgeist einer Person oder eines Ortes.
Mensch oder Geist von machtvollem Einfluss.

Oxford English Dictionary

Ich hatte das große Glück, in noch sehr jungen Jahren einem großen Lehrer zu begegnen, der von einer äußerst kraftvollen Gewissheit war. Seine Gewissheit war so tief, dass er Möglichkeiten in mir und in jedem anderen seiner Mitmenschen sah. Er erkannte unser Genie. Seine Gewissheit war so groß, dass meine Fragen und Zweifel von ihr einfach überrannt wurden, und für eine zeitlose Periode sah ich mich so, wie er mich sah. Er half mir, meine innere Vision zu erwecken, und dafür bin ich voll demütiger Dankbarkeit.

Ich glaube, dass wir ein sterbliches und ein unsterbliches Ich haben – einen Teil, der von der äußeren Welt regiert wird, und einen Teil, der von der inneren Welt gerufen wird. In dem Maße, in dem wir eher der inneren Stimme und Vision als der äußeren folgen, erwecken wir unser unsterbliches Genie und die Inspiration.

Genius, die lateinische Wurzel des Wortes »Genie«, bedeutet »Schutzgeist«. Und große Lehrer und Denker sind genau das: Schutzgeister, die Licht auf das werfen, was anderen dunkel erscheint. Unsere eigene Seele ist der letztendliche Schutzgeist und ein Genie ist jemand, der seiner Seele lauscht und ihr gehorcht.

Der Zustand, in dem wir das Unsterbliche und Unendliche anerkennen, vermag die größten Genies hervorzubringen. Meisterwerke der Kunst, Musik, Literatur und Mathematik ergießen sich da auf belebende Weise durch uns. Wir sind unendlich eingestimmt, und wir können das größere Ganze ganzheitlich sehen, fühlen oder hören. Wir wissen, dass wir ein kleiner, aber vollständiger Teil von etwas Riesigem sind.

Was wäre, wenn Sie wüssten, dass jedes Ereignis in Ihrem Leben Sie zur Anerkennung Ihrer Unendlichkeit, dem holographischen Stück des Universums, das im Inneren eines jeden von uns wohnt, führte? Was wäre, wenn jeder Herzschlag, jeder zelluläre Puls, jeder Muskel und jede Sehne Ihres Körpers, jede Mikrofaser innerhalb Ihrer Zellen alles täte, was möglich ist, um Sie wieder zu dieser Möglichkeit zu erwecken? Was geschähe, wenn Sie stillhalten und dieses Potenzial nicht verleugnen würden, sondern ihm einfach die Möglichkeit gäben, zu erstrahlen? Wozu wären Sie imstande?

Himmlische Musik

Ich bin überzeugt, dass auch Sie bereits außergewöhnlichen Menschen begegnet sind und sich gefragt haben: »Wie haben die das gemacht? Wie konnten sie so viel vollbringen?« Ich entsinne mich, wie ich im Schminkraum der Fernsehanstalt von Dallas saß und für eine Fernsehshow vorbereitet wurde. Neben mir saß ein hübsches kleines Mädchen, das ebenfalls gerade geschminkt wurde. Ich begann ein Gespräch mit ihr.

»Bist du auch in der Show?«

Sie hauchte mit einem zarten Stimmchen: »Ja.«

»Und was wirst du dort machen?«

»Ich werde Violine spielen.«

Ich sagte: »Oh, das ist aber schön«, aber ich sah nur ein kleines Mädchen. Ich erkannte das Potenzial ihres Genies nicht an und dachte im Stillen bei mir: Sie wird versuchen, im Fernsehen Violine zu spielen, wie süß.

Auf dem Monitor des Schminkraums sah ich, wie sie den Set betrat, und als ich mich in die Kulissen schlich, saß sie gerade in einem Sessel und wurde interviewt. Die beiden Moderatoren sprachen mit ihr, als sei sie nur ein kleines süßes Kind; sie hatten keine Ahnung, wer sie im Innern wirklich war. Dann stand sie auf, klemmte sich die Violine unters Kinn, schloss die Augen und begann zu spielen.

Während ihr Tränen die Wangen hinabliefen, tauchte das kleine Mädchen in das Meisterwerk der Musik und in einen außergewöhnlichen Bereich ein. Ich dachte: Wie kann das möglich sein? Es ist unfassbar, dass sie eine Meisterin auf der Violine ist, sie ist doch nur ein Kind.

Als das Stück beendet war, öffnete sie ihre funkelnden kleinen Augen. Das Make-up der Moderatoren war von Tränen verschmiert und die Kameraleute waren desorientiert. Sie waren noch immer davongetragen von ihrer Musik und sie waren davon ebenso bezaubert wie ich.

Als Nächstes wurde ich zu meinem Buch *Genieße, was dir beschieden ist* und der Kraft des Genies interviewt, insofern war das Timing perfekt. Ich sagte zu den Moderatoren: »Das war es. Das war genau meine Botschaft. Sie ist gerade von der Bühne gegangen. Sie ist es wert, dass wir unsere Segnungen für sie zählen.«

Die Fassade der interviewenden Moderatorin war verschwunden, die Maske ihres Co-Moderators war fort, die Fassaden der Kameramänner lösten sich auf, alle Masken waren durch eine Erfahrung der Göttlichkeit in der Unendlichkeit hinweggewischt. Die Reinheit der Essenz und die Erhebung des menschlichen Geistes wurden in diesem harmonischen Augenblick zum Ausdruck gebracht. Diese winzige Violinistin war eine Meisterin, ein manifestes Genie. Ihre Kreativität entstand spontan; sie war ganz und vollkommen.

Stellen Sie sich vor, sie gäben sich die Ehre zu sagen: »Ich bin es wert. Ich beherrsche und meistere jene Fertigkeiten, die zum Ausdruck zu bringen mir bestimmt ist«, was auch immer es sein mag. Im Falle des kleinen Mädchens war es die Musik; bei Ihnen kann es irgendetwas auf dieser Erde sein, denn in Ihnen ruht ein Talent, das aus Ihrer Unendlichkeit schöpft. Es ist göttlich, ausdrucksvoll, einzigartig, kreativ, und wenn andere es aus Ihnen in Erscheinung treten sehen, werden sie es als wahres Genie erkennen. Es ist Ihre Bestimmung. Sie tragen eine Sehnsucht und ein Wissen im Inneren einer jeder Ihrer Zellen, die mit Ihrer unendlichen Natur verbunden sind.

Die sieben Bewusstseinsebenen

Genie ist nicht eine Frage des Intellekts; es kommt zum Vorschein, wenn Sie auf die Botschaften Ihrer Seele lauschen und ihnen entsprechend handeln. Genie ist im Grunde eine Funktion der Liebe, denn je mehr Liebe Sie haben, desto mehr können Sie Ihre Frequenz erhöhen und sich auf diese inspirierenden Botschaften einstimmen. Sie haben die Wahl, Ihr Genie zu unterdrücken oder es auszudrücken, und Ihre Wahrnehmung wird darüber bestimmen, für welche Möglichkeit Sie sich

entscheiden. Stellen Sie sich vor, es gäbe sieben Bewusstseins-
ebenen, die den sieben Entwicklungsstufen des Gehirns und des
verbalen Ausdrucks entsprechen:

Verbaler Ausdruck	Bewusstseins- ebene	Wahrneh- mungs-Ratio	Entwicklung des Gehirns	Entwicklungs- stadium	Ergebnis im Leben
Lieben	Selbstverwirk- lichung	(1-1)	Corpus Callosum	spiritueller Mensch	*Durchbruch* Inspiration
Wählen	Selbsterfüllung	(2-1)	Zerebraler Kortex	menschliches Säugetier	
Verlangen	Selbstwert- schätzung	(3-1)	Limbisches System	Säugetier	
Wollen	Soziales	(4-1)	Basalganglien	Reptilien-Affen	*Break-Even*
Brauchen	Sicherheit	(5-1)	Stammhirn	Amphibien	
Sollen	Überleben	(6-1)	Rückenmark	vor-amphibisch	
Müssen	Suizid	(7-1)	Neuron	Einzeller	*Zusammenbruch* Verzweiflung

Die obige Tabelle zeigt die mögliche Skala emotionalen
Ausdrucks. Das untere Ende der Tabelle repräsentiert einen nie-
derfrequenten Bereich, der Ungleichgewicht beinhaltet, und Verzweiflung ist die hauptsächliche motivierende Kraft. Am oberen
Ende der Tabelle stehen hochfrequente Bereiche, die Gleichgewicht beinhalten, und Inspiration ist die hauptsächliche motivierende Kraft. Je ausgeglichener Ihre Wahrnehmung ist, desto
höher steigen Sie auf. Am Gipfel der Skala erkennen Sie an, dass
Sie mehr als nur ein Einzelmensch sind; Sie sind mit dem universalen Ganzen verbunden und spiegeln es vollkommen wider.
    Die dritte Spalte, die Wahrnehmungs-Ratio, vergleicht Nega-
tives mit Positivem. Zum Beispiel zeigt die 7-1-Ratio am unteren
Ende der Tabelle an, dass etwas Ihrer Ansicht nach siebenmal

mehr Negatives als Positives hat und Sie davon wegkommen müssen. Wenn etwas für Sie siebenmal mehr Positives als Negatives hat, müssen Sie es haben. Wenn die Ratio 6-1 ist, spüren Sie, Sie sollten es haben oder davon wegkommen. 5-1 bedeutet, Sie brauchen es, oder Sie müssen davon wegkommen, und so weiter die ganze Tabelle entlang.

Wir springen alle zu unterschiedlichen Zeiten und in verschiedenen Bereichen unseres Lebens die Skala hinauf und hinunter. Meisterschaft in irgendeinem Bereich des Lebens zu finden bedeutet einfach nur, die Balance zu finden und nicht von Gefühlen beherrscht zu werden. Alle Dinge sind ausgeglichen, warum sollten Sie das also nicht erkennen und anfangen, nach dem Gleichgewicht zu suchen? In diesem Stadium gibt es keine Wahrnehmung von Gewinn oder Verlust; Sie sind gleichmütig und meistern, was immer Sie auch tun mögen.

Viele Menschen leben auf der verzweifelten Müssen-Ebene: »Ich muss zur Arbeit; ich muss sie in mein Leben zurückholen.« Sie glauben, dass eine beherrschende soziale Kraft außerhalb von ihnen sie dazu zwingt, etwas zu tun, und sie haben sich ihrer eigenen inneren Kraft entfremdet. Hier am unteren Ende der Hierarchie gibt es keine Wahl; die Menschen sehen sich genötigt, etwas zu vermeiden oder es zu suchen, und sie verbringen ihre Tage damit, Dinge zu tun, von denen sie glauben, sie müssten sie tun. Wenn Sie nicht das tun, was Sie lieben, und nicht das lieben, was Sie tun, dann erwarten Sie nicht, dass sich Ihr volles Genie offenbart.

Auf der Sollen-Ebene besteht das Leben aus »Ich sollte das tun. Ich sollte dorthin fahren.« Die Autorität ist noch immer außerhalb eines solchen Menschen, aber nicht mehr so stark.

Die meisten Menschen leben zwischen der Brauchen-Ebene und der Wollen-Ebene: »Ich brauche dies, aber ich will das.« Sie vermögen ihre Träume oder ihr Genie nicht zu verwirklichen, weil sie nicht ihren Eingebungen lauschen und ihnen entsprechend handeln. Mehr als 90 Prozent der Amerikaner sind von der Sozialversicherung abhängig, wenn sie aus dem Berufsleben ausscheiden, und mehr als 60 Prozent von ihnen werden auch von Familienmitgliedern unterstützt. Die meisten leben für ihre sofortige Befriedigung ohne Langzeit-Vision und hören nur auf ihre Sinne, nicht aber auf ihre Seele.

Solange Sie nicht über die Wollen-Ebene hinausgelangen, gibt es nur wenig freien Willen oder Wahlfreiheit. Doch mit jeder nachfolgenden Ebene nimmt die innere Selbstmotivation zu und der äußere Druck nimmt ab. Auf der Verlangen-Ebene beginnen Sie, Ihren Traum anzuerkennen, und auf der Wählen-Ebene beginnen Sie zu realisieren, dass Sie ihn wahr machen können. Auf der Lieben-Ebene erkennen Sie, dass es Ihre Bestimmung ist und dass nichts Sie aufhalten kann. An dieser Stelle erfahren Sie einen Durchbruch zu einer neuen und inspirierten Seinsebene.

Große Genies sind bereit, den Preis für etwas zu zahlen. Sie sind gewillt, für ihren Traum Opfer zu bringen. Anstatt mit ihren Freunden Partys zu feiern, verbringen sie Stunden der Übung, des Studiums und der Vorbereitung. Sie geben Vergnügungen und Unterhaltung auf und stellen sich ihren Ängsten und Zweifeln. Sie tun alles, was nötig ist. Daran ist nichts falsch, denn Schmerz und Lust kommen immer als Paar daher.

Ich bin viel mit dem Flugzeug unterwegs, und häufig sitzen Leute neben mir, die Dinge sagen, wie:»O Gott, ich hasse es zu fliegen. Es ist so voll, und ich hasse es, in der Schlange zu stehen. Fliegen ist so ermüdend und ich kann in diesen blöden Sesseln nicht schlafen und der Jetlag ist ein Alptraum für mich. Ich kann das Essen nicht ausstehen. Und diese Turbulenzen machen mir Angst.« Sie sprechen andauernd davon, wie schrecklich das Fliegen ist. Das ist 7-1-Denken; es ist verzweifelt und es sabotiert das Genie.

Für mich ist das Fliegen eine völlig andere Realität. Ich stelle mir vor, in meinem Privatflugzeug zu sitzen, das von meinen Piloten im Cockpit geflogen wird. Eine ganze Mannschaft von Flugbegleitern ist nur dazu da, sich um mich zu kümmern. Es sind viele Schlafzimmer, Toiletten und Küchen vorhanden, und es gibt eine ganze Versammlung von Menschen, mit denen ich in sozialen Kontakt treten kann. Ich brauche nur auf einen Knopf zu drücken, wenn ich etwas haben will, ich habe einen eigenen Computer und eine eigene Telefonanlage und ein persönliches Kino. Ich kann mich vorn hinstellen und einem aufmerksamen Publikum Bücher und andere Produkte verkaufen, ich kann Seminare geben oder Gedichte lesen oder alles tun, was ich möchte, und ich werde für das Fliegen auch noch bezahlt. Ja, natürlich gibt es zum Ausgleich exzessive kosmische Strahlung, das Schlangestehen und all die anderen Herausforderungen, die mit dem Fliegen einhergehen. Doch weil ich sehe, dass alles ausgewogen ist, bin ich dankbar geworden und habe die Erfahrung des Fliegens in etwas transformiert, das ich liebe.

Es kommt nur auf den Bezugsrahmen an, und ich brauche nur einige wesentliche Fragen zu stellen: Wie hilft mir das Fliegen, meine Aufgabe zu erfüllen? Wie hilft mir das Hinaustragen des Mülls, meine Aufgabe zu erfüllen? Wie hilft mir das Baden oder Rasieren dabei, meine Aufgabe zu erfüllen? Wenn Sie sich diese Art von Fragen stellen, dann verbinden sich die Antworten schließlich miteinander, bis Sie sagen können: »Ich danke Gott, dass ich das tun darf« – und plötzlich wirkt alles als Treibstoff und ist keine Last mehr. Das ist 1-1-Denken, die Sichtweise, die Ihnen hilft, inspiriert zu werden.

Die Geschichte, die Sie sich über Ihr Leben erzählen, ist die, zu der Ihr Leben wird.

Gerechter Austausch

Jede Ebene oder jedes Stadium enthält genau die Lektionen, die Sie benötigen, um auf die nächste Stufe zu gelangen. Wenn Sie versuchen, Menschen zu retten, von denen Sie annehmen, sie befänden sich auf der Verzweiflungs-Ebene, dann berauben Sie sie der Lebenserfahrung, die sie zum Wachsen brauchen. Diese Menschen haben die Möglichkeit, ihre Einstellungen zu verändern und ihr Leben zu transformieren, aber sie mögen zurzeit ihre eigenen Kräfte verleugnen.

Wir sind ganzheitliche Wesen mit zwei Seiten. Jeder Mensch, der Depression und Minderwertigkeit zum Ausdruck bringt, unterdrückt auch Hochgefühl und Überlegenheit. Wenn Sie die selbstungerechte Seite zu retten versuchen, werden Sie schließlich von der selbstgerechten Seite gebissen, wenn diese sich zeigt. Das ist keine Undankbarkeit; das ist das Universum, das Sie lehrt, nicht Ihr Leben und Ihre Ressourcen darauf zu verwenden, etwas zu reparieren, das bereits im Gleichgewicht ist.

Im vergangenen Jahr rief mich eine alte Freundin an und fragte: »Kannst du mir etwas Geld leihen?«

Ich sagte: »Nein, das werde ich nicht tun.«

»Aber warum denn nicht? Du hast doch so viel.«

»Ich weiß, und das ist so, weil ich weiß, wie man damit umgeht. Ich gebe Menschen kein Geld, die nicht wissen, wie man damit umgeht, denn wenn ich es täte, könnten wir beide gleich ,Tschüss' zum Geld sagen. Die Leute werden dann abhängig und ich bekomme eine Lektion in Sachen Wirtschaft.«

> *»Ich gebe niemals Geld für eine Sache,*
> *die den Empfängern nicht Würde, Mündigkeit, Produktivität*
> *und Verantwortlichkeit gewährleistet.«*
> Nelson Rockefeller

Meine Freundin wurde wütend und warf den Hörer auf die Gabel, doch sie zog los und lernte, Verantwortung zu übernehmen. Sie organisierte ihr Leben, nahm zwei Jobs an und sparte etwas Geld. Einige Monate später kam sie zu mir und sagte: »Danke, dass du mir nicht geholfen hast.«

Ihr Vater hatte sie jahrelang finanziell unterstützt. Als er starb, war sie anfänglich durch die Erbschaft versorgt, und sie musste nie auf eigenen Füßen stehen. Ihr Bruder stellte das Gleichgewicht in der Familiendynamik her; er verließ das Elternhaus früh, um unabhängig zu sein. Er stellte die andere Seite dar; das ist das Wunderbare daran. Wenn er ihr geholfen hätte, hätte er die gleiche Dynamik aufrechterhalten, die ihr Vater geschaffen hatte. Als das Geld aufgebraucht war und es niemanden mehr gab, der ihr half, wurde sie mündig und begann zu sparen und Reichtum wertzuschätzen.

Diese Frau hörte auf zu fragen, wer ihr helfen könne, und begann zu fragen, wie sie sich selbst helfen könne. Sobald sie bereit war, diese Frage zu stellen, bekam sie die Antwort. Denken Sie also nicht: Was muss ich heute tun? Oder: Was brauche ich? Fragen Sie sich: Was würde ich heute gerne tun? Was möchte ich liebend gern mit meinem Leben anfangen? Wenn Sie eine andere Frage stellen, bekommen Sie ein anderes Leben, denn die Weise, wie Sie zu sich sprechen, erzeugt Ihre Realität.

Lebendiges Genie

In den letzten 25 Jahren habe ich auf vielen Podien meinen Auftritt gehabt, aber in all den Jahren war ich nur an einem Ort wirklich zu bescheiden, um zu sprechen. Es geschah in einer von Marilyn Wilhelm unterrichteten Klasse. Marilyn ist eine außergewöhnliche Lehrerin, die ganz gewöhnliche Kinder aus aller Welt zwischen zwei und dreizehn Jahren unterrichtet. Sie behandelt diese Kinder, als wären sie außergewöhnlich, und unterrichtet sie, als wären sie bereits Genies –, und genau das werden sie dann auch.

Ich war gekommen, um vor ihrer Klasse der Achtjährigen zu sprechen. Als ich fragte, ob es irgendwelche Fragen gäbe, meldete sich ein japanischer Junge und sagte: »Dr. Demartini, ich wüsste gern, nach welchem Modus operandi Endorphine in den Gehirnhälften wirken.«

Ich war erstaunt. Ich kannte die Antwort – das war nicht das Problem –, aber ich hatte diese Art von Frage nicht von einem so jungen Kind erwartet. Ich steckte noch in einem anderen Paradigma fest und realisierte von diesem Augenblick an, dass ich Achtjährige nicht länger wie Kinder lehren konnte. Ich musste sie als unsterbliche Seelen, die die Erde bewohnen, unterrichten. Sie mögen zwar kleine Körper haben, aber sie haben einen wunderbaren und möglicherweise alten Geist. Die Weisheit ist in ihnen und in uns. Wir müssen sie nur erkennen.

Nach dieser Frage lehrte ich die Klasse nichts mehr und sagte auch nichts mehr zu den Kindern. Ich wandte mich vielmehr an Marilyn Wilhelm und sagte: »Wie es scheint, ist es das Klügste, was ich jetzt tun kann, mich demütig auf meinen Platz zu setzen und Ihnen zuzuhören. Wenn das Ergebnis Ihrer Arbeit nach drei Jahren junge Männer wie diesen hervorbringt, dann tue ich wohl besser daran, Ihnen einfach zuzuhören.«

Marilyn lehrt ihre Schüler neun Sprachen sowie Kunst und vergleichende Medienwissenschaft, Naturwissenschaften, Religion und Philosophie – und diese jungen Leute verstehen alles. Vielleicht passt sie gelegentlich ihr Vokabular oder ihre Ausdrucksweise an, aber sie betrachtet diese Kinder als Genies und sie entwickeln sich zu dem, was sie sich vorstellt. Marilyn ist eine der vitalsten und lebendigsten Menschen, die ich jemals getroffen habe. Sie liebt das, was sie tut, und tut, was sie liebt. Sie ist eine Lehrerin und sie wurde auf diesen Planeten gerufen, um zu lehren.

Ich weiß, dass es einen Teil in Ihnen gibt, der eine Berufung hat, etwas, von dem Sie in Ihrem tiefsten Innern wissen, dass Sie hier sind, um dies zu tun. Manchmal wollen Sie sich dem nicht stellen oder es anerkennen, und manchmal haben Sie eine Todesangst davor, aber in Wahrheit wissen Sie, warum Sie wirklich hier sind. Jeder Umstand, jeder Mensch, jeder Ort, jede Sache, jede Idee und jedes Ereignis, die in Ihrem Leben in Erscheinung treten, führt, leitet und dirigiert Sie auf magische Weise zu diesem besonderen großen Etwas, das so machtvoll und inspirierend für Sie ist.

Wir dienen der Welt nicht, indem wir schrumpfen, sondern indem wir glänzen.

Die sieben Bereiche des Lebens

Sie sind auf dieser Erde, um sieben Lebensbereiche zu meistern: den Bereich des Spirituellen, des Mentalen, des Berufs, der Finanzen, der Familie und den sozialen und physischen Bereich. Diese Bereiche können Ihre Genialität entweder machtvoll unterstützen oder sie hemmen. In jedem der Bereiche kann die Liebe

Ihr Genie entfachen, aber Angst und Schuld können bewirken, dass es nur noch glimmt.

Wenn Sie diese Bereiche mit Liebe erfüllen, werden sie zu sieben Quellen der Kraft. Die erste Quelle ist die *spirituelle Kraft*, die Sie zum Vorschein bringen, wenn Sie eine spirituelle Mission haben und diese wertschätzen. Würden Sie mir zustimmen, wenn ich sage, dass Gandhi, Christus und Martin Luther King eine spirituelle Mission hatten? Menschen mit einer solchen Mission haben große Kraft; sie spüren, dass Gott sie zu einem bestimmten Zweck auf diesen Planeten gebracht hat, und sie sind bereit, ihn zu erfüllen, selbst wenn es sie ihr Leben kosten sollte.

Die zweite Kraft ist das *mentale Genie*, das eine ungeheure Kraft darstellt. Dies ist die Kraft, Dinge zu erkennen, zu verstehen und Probleme zu lösen. Albert Einstein, Isaac Newton und Stephen Hawking sind Beispiele für Menschen von einer außergewöhnlichen Intelligenz und Kraft, und sie haben die Welt, in der wir leben, verändert.

Die dritte Kraft ist die *berufliche*, die Erfolg und Karriere beinhaltet. Menschen wie George Lucas, Donald Trump und Rupert Murdoch besitzen die Fähigkeit, das Denken der Menschen auf dieser Welt zu beeinflussen; und wenn sie eine bestimmte Vorstellung oder eine Vision haben, können sie sie umsetzen und sie wahr werden lassen.

Die vierte Kraft ist *finanzieller* Natur. Ich beriet einmal eine junge Frau (ich werde sie Laura nennen), deren neuer Ehemann (ich nenne ihn Steve) an der Spitze eines großen Unternehmens stand. Steves Ex-Frau (ich nenne sie Mary) war äußerst wütend, dass er sie wegen Laura verlassen hatte, aber dann heiratete Mary einen anderen sehr reichen Mann. Laura und ihr Mann lebten in einem schönen Penthouse mit phantastischer Aussicht. Also sagte Mary zu ihrem reichen neuen Ehemann: »Ich will, dass du ein Haus baust; es soll so hoch sein, dass es ihnen die

Sicht versperrt.« Und ihr Mann erfüllte ihr den Wunsch! Ist das wirklich mit Kraft gemeint? Nun, ich will nicht behaupten, dass dies ein besonders kluger Einsatz von Kraft war, aber Geld schenkt Ihnen die Freiheit, außergewöhnliche Dinge zu tun. Nur Ihre Vision setzt dem, was Sie erreichen können, Grenzen.

Die fünfte Kraft hat mit der *Familie* zu tun – es ist die Kraft einer stabilen Familie und einer tiefen, liebevollen und reifen Beziehung. Manche nennen das eine »Dynastie«, und es ist eine kraftvolle Angelegenheit, eine ganze Familie aufzubauen und sie dazu zu schulen, über viele Generationen etwas aufzubauen.

Die sechste Kraft ist *sozialer* Natur, es ist die Kraft eines sozialen Netzwerks. Wie viele Menschen kennen Sie? Und wie viele Menschen zählen Sie zu Ihren Bekannten? Wenn Sie eine Menge einflussreicher Menschen kennen, können Sie sich an sie wenden und Dinge von ihnen erledigen lassen. Je größer Ihr Netzwerk ist, desto größer ist Ihre Macht.

Die siebte Kraft ist die von *Schönheit und Vitalität.* Schöne Menschen haben zweifellos eine Kraft. Als ich einmal in Houston, Texas, war, fuhr ich einmal mit Miss Bolivien, Miss Brasilien und Miss Kolumbien in einem Aufzug. Die kolumbianische Schönheitskönigin sollte später den Wettbewerb zur Miss Universum gewinnen. Ich sah zu ihnen auf, denn sie waren größer als ich, und es gab keinen Zweifel in mir, dass sie wirklich Kraft besaßen.

Die sieben Ängste

Angst ist die Annahme, Sie würden im nächsten Augenblick mehr Schmerz als Lust, mehr Negatives als Positives, mehr Verlust als Gewinn erfahren. Angst ist eine Illusion, die Ihr volles Potenzial aufspalten kann. Es gibt sieben Ängste, eine für jeden der sieben Lebensbereiche.

Die erste Angst ist *spiritueller* Natur – es ist die Angst davor, Sitten und Ethik zu verletzen. Sitten sind die Regeln, die wir uns aufgrund unserer Internalisierung der Gesellschaft selbst auferlegen, und Ethik beruht auf auferlegten Regeln für die Beziehung zwischen uns selbst und anderen. Viele Menschen lassen sich von diesen Ängsten davon abhalten, das zu tun, was sie lieben, weil andere möglicherweise ihre Taten nicht gutheißen. Manche Menschen haben Angst, für etwas einzustehen, weil sie fürchten, ihre Religionsgemeinschaft könnte sie abweisen oder Gott könnte sie strafen.

Die zweite Angst ist *mentaler* Natur – es ist die Befürchtung, nicht genug zu wissen. Diese Angst kann Sie davon abhalten, das zu tun, was Sie wirklich lieben: »Ich bin nicht clever genug. Ich bin dafür nicht ausgebildet.« Das ist eine andere Illusion, denn Sie haben die Kapazität, alles, wovon Sie träumen, auf der Ebene, auf der Sie sich im Augenblick befinden, zu tun. Und indem Ihre Erkenntnis zunimmt, werden auch Sie selbst wachsen. Wenn Sie sich selbst auch im Zustand der Unwissenheit lieben, gewinnen Sie die Freiheit, dazuzulernen.

Die dritte Angst ist *beruflicher* Natur – es ist die Angst zu versagen. Haben Sie sich jemals Ziele gesetzt und diese nicht erreicht? Jeder hat das. Sie sind Ihr ganzes Leben hindurch immer beides, sowohl Erfolg wie Versagen, und Sie benötigen auch beides. Sie müssen in der Lage sein, Versagen ebenso zu lieben wie Erfolg. Die Baseball-Legende Babe Ruth hielt den Rekord für die meisten Home Runs und die meisten Strikeouts und das ist das Großartige an diesem Phänomen. Wenn Sie nur die Phantasie haben, Erfolg zu haben, werden Sie sich selbst die Hölle heiß machen, wenn Sie versagen, und dann werden Sie Ihr ausgewogenes Genie unbeachtet lassen.

Die vierte Angst ist *finanzieller* Natur – es ist die Befürchtung, Sie könnten nicht genug Geld verdienen, wenn Sie loszögen und das täten, was Sie wirklich tun möchten. Wenn Sie etwas lieben und sich dazu verpflichten, alles dafür zu tun, dass es sich manifestieren kann, und wenn Sie das Geld genügend wertschätzen und den erprobten Gesetzen des Reichtums folgen und sparen, können Sie bestimmt reich werden.

Die fünfte Angst ist die Angst, *geliebte Menschen zu verlieren*. Viele Menschen fürchten, sie könnten jemanden verlieren, den sie lieben, wenn sie das täten, was sie gern tun würden. Ich glaube, was meine eigene Ehe so stabil macht, ist die Tatsache, dass wir einander nicht so sehr brauchen, wie wir einander lieben. Es gibt da einen großen Unterschied. Wir führen beide ein unabhängiges Leben, und wenn einer von uns gehen müsste, würde der andere auch weiterhin funktionieren. Es gibt zwischen uns mehr ein Teilen als ein verzweifeltes »Habenmüssen«. Bedenken Sie: Wenn Sie nur gründlich genug hinsehen, werden Sie sehen, dass nichts verloren gehen kann, sondern dass die Dinge nur transformiert werden.

Die sechste Angst ist die Angst vor *sozialer Ablehnung*. Das ist eine große Angst. Manche Menschen tun nicht das, was sie gern tun würden, weil sie Angst davor haben, die Leute könnten sie ablehnen. Doch da sich Annahme und Ablehnung die Waage halten, können Sie nicht das eine ohne das andere bekommen. Wenn Sie fähig sind, beide gleichermaßen zu lieben, sind Sie frei. Lob und Tadel wird es Ihr ganzes Leben hindurch geben, und je außergewöhnlicher Sie werden, desto mehr werden Sie von beidem bekommen. Wenn Sie keinen Tadel ertragen können, dann erwarten Sie auch kein Lob. Ich habe ein Prinzip mit dem Namen »Das Gesetz des geringeren Anpinkelns« formuliert. Es besagt: Wenn Sie die Wahl haben, sich selbst ans Bein zu pinkeln oder jemand anderem ans Bein zu pinkeln – wählen Sie den anderen. Menschen kommen und gehen, aber Sie selbst sind während der ganzen Reise mit sich zusammen ... und es ist Ihr Leben. Opfern Sie niemals das Bleibende für das Vorübergehende. Nehmen Sie beide Seiten des Lebens gleichermaßen an.

Die siebte und letzte Angst ist die Angst vor *Krankheit und Tod*. Manche Menschen leben ihren Traum nicht, weil sie befürchten, ihre Gesundheit zu beeinträchtigen oder zu sterben, wenn sie tun, was sie gern tun würden. Doch der häufigste Grund für Krankheit und Tod ist, dass ein Mensch seinen Traum nicht lebt. Das wird Sie schneller umbringen als alles andere. Inspiration und Dankbarkeit heilen und ermächtigen, und wenn Sie nicht das tun, was Sie lieben, werden Sie undankbar und verzweifelt sein.

Der Unterschied zwischen jemandem, der liebt, was er tut, und jemandem, der es nicht liebt, besteht darin, dass der Erstere seine Ängste erkennt und eine Strategie besitzt, sie zu durchbrechen. Als ich klein war, hatte ich immer schreckliche Angst, in mein Zimmer zu gehen, wenn es dunkel war. Ich war überzeugt, dass in meinem Schrank ein Buhmann auf mich wartete. Deshalb ließ ich immer erst meine Mutter hineingehen und das Licht für mich andrehen, und ich betrat das Zimmer erst, sobald ich sehen konnte. Damals gab mir mein Vater meine erste Affirmation. Er lehrte mich zu sagen: »Ich gehe durch die dunkle Pforte, wo die Angst lauert, und stelle aktiv das Licht an.«

Es ist ziemlich erstaunlich, dass ein Vater seinem fünfjährigen Sohn eine solche Affirmation gibt, aber ich wiederholte sie wieder und wieder, während ich mich meinem Zimmer näherte

– und dann sprang ich hinein und ... drehtedasLichtan! Mit dieser kleinen Affirmation lehrte er mich, mich der Dunkelheit zu stellen und das Licht anzuknipsen, und ich benutze sie noch heute – natürlich nicht nur, um in mein Zimmer zu gehen.

Sie können in allen sieben Bereichen des Lebens entweder einen Durchbruch haben oder zusammenbrechen. Wenn Sie zusammenbrechen, hören Sie auf das ängstliche Ich; wenn Sie aber einen Durchbruch haben, haben Sie Ihrem unsterblichen Ich gelauscht. Glauben Sie ja nicht, Sie könnten in Ihrem Leben jemals angstfrei sein; Angst bedeutet, dass Sie wachsen und sich über die Grenzen des Bereichs, in dem Sie sich sicher fühlen, hinaus fordern. Ich habe beinahe jeden Tag Angst, aber ich weiß, dass Angst eine Lüge ist, eine verzerrte Wahrnehmung, die die verborgene Ordnung vernebelt. Also identifiziere ich sie, bringe sie ins Gleichgewicht zurück und gehe dann durch sie hindurch. Dann geschieht es, dass ich mein Licht anknipse.

> *Vergiss die Vorlieben und Abneigungen,*
> *sie haben keinerlei Bedeutung.*
> *Tu einfach, was getan werden muss.*
> *Das ist vielleicht kein Glück, aber es ist Größe.*
> George Bernard Shaw

Ich hatte einmal einen Biophysik-Lehrer, der sich mehr als alles andere in der Welt wünschte, um den Ursprung des Lebens zu wissen. Vor einigen Jahren begegnete ich ihm wieder. Wir aßen in einem chinesischen Restaurant zu Abend und ich erzählte ihm von meiner Arbeit, meinen Forschungsergebnissen und meiner Überzeugung, dass Leben aus dem Leben erwächst. Als ich ihm meine Gedanken mitteilte, traten ihm plötzlich Tränen in die Augen, er geriet aus der Fassung und war sprachlos. Ich fragte ihn, was er gerade empfinde und was er denke.

Er sagte: »Du hast mich gerade an das erinnert, was mich vor 36 Jahren dazu brachte, meinen Beruf zu wählen. Ich hatte eine Eingebung und wollte mein Leben der Erforschung des Ursprungs des Lebens widmen. Also wechselte ich von einer Universität zur nächsten, weil ich überall so viele andere Dinge tun sollte, die mich nicht interessierten. Ich verwendete 80 Prozent meiner Energie darauf, Anträge für Forschungsgelder zu schreiben, 10 Prozent auf das Lehren von Studenten und nur 10 Prozent auf die Forschung selbst.«

Er hatte stets das getan, was die anderen von ihm verlangten, statt das zu tun, wozu ihn sein Herz trieb. Er hatte einen absolut brillanten, besonders wissbegierigen Geist, aber da er nicht alle sieben Bereiche des Lebens verstand und Geschäftliches und Finanzielles nicht wertschätzen oder meistern wollte, lebte er nicht seinen Traum.

Wir können in stiller Verzweiflung leben oder in Inspiration. Diesem brillanten Mann ging in diesem Augenblick ein Licht auf, weil ich ihm gesagt hatte, er habe die Kraft, sein Herz zu öffnen und zu tun, was er wolle, wenn er lernen würde, die Dinge zu meistern, die er vermeide. Er müsse dazu vielleicht Finanz- und Geschäftswesen lernen und ein Unternehmer werden, aber die Energie, die er investierte, würde ihm erlauben, sein eigenes Forschungssystem zu schaffen und andere dafür begeistern, sich ihm anzuschließen. Das weckte ihn auf und er konnte seinen Traum wieder sehen.

Überall in der Welt frage ich Menschen, was sie denn davon abhalte, in ihrem Leben das zu tun, was sie gern tun würden, und beinahe alle antworten das Gleiche: »Ich würde es ja gern tun, aber ich habe keinen Abschluss. Ich werde es tun, wenn ich erst einmal eine Beziehung habe. Ich kann es mir nicht leisten. Mein Mann oder meine Frau lässt mich nicht. Ich kann nicht, denn niemand kennt mich und ich verfüge über keinerlei Kontakte.

Wenn ich das täte, würde mich meine Kirche verstoßen. Ich habe einfach nicht die Kraft dazu.«

Es gibt für jeden Bereich im Leben Ausreden. Wenn Sie Ihre Wahrnehmung in jedem dieser Bereiche ausgleichen, gewinnen Sie Kraft, und wenn Sie sie aus dem Gleichgewicht bringen, senken Sie Ihr Potenzial. Bei *The Breakthrough Experience* geht es darum zu lernen, über beschränkende Überzeugungen und Emotionen hinaus- und zur Manifestation Ihres Genies weiterzugehen.

Das ausgleichende Spiel

Haben Sie jemals bemerkt, dass in genau dem Augenblick, wo es mit Ihrer Beziehung endlich klappt, etwas anderes auseinander fällt? Oder Sie schaffen es, in Ihrer Karriere wirklich voranzukommen und haben plötzlich Gesundheitsprobleme oder eine Familienkrise? Wussten Sie, dass genau dies der große Entwurf ist? Das Leben trägt Sie zu immer großartigeren Ebenen des Verstehens und das schnellste Wachstum tritt direkt an der Grenze von Chaos und Ordnung auf.

Denken Sie nicht: Mensch, ich hatte da wirklich alles beisammen, aber ich habe es verloren. Realisieren Sie, dass Sie in die nächste Ebene des Chaos hineingewachsen sind und Ihnen jetzt größere Herausforderungen gestellt werden, weil Sie noch größere Kapazitäten besitzen. Wenn Sie in einem Leben der Leichtigkeit stillsitzen, erschweren Sie es sich, verfallen und brechen tatsächlich zusammen. Es ist gut, wenn Sie ständig auf der Kippe stehen. Lehnen Sie sich also nicht zurück und sagen: »Mein Gott, ich wünschte, das Leben wäre leichter.« Sagen Sie: »Ich wünschte, das Leben würde herausfordernder werden, und ich beabsichtige, die Fertigkeit zu meistern, mit noch mehr Herausforderungen umzugehen.«

Machen Sie das Annehmen von Herausforderungen zu Ihrem neuen Ziel. Das ist das Geheimnis von Evolution – Chaos und Gefühl in Ordnung und Liebe zu verwandeln, sodass Sie dann noch mehr auf sich nehmen können, um auch dies wiederum in Liebe zu verwandeln. Sie sind niemals fertig. Manche Menschen glauben, sie wären fertig, wenn sie erst einmal »erleuchtet«, reich oder berühmt sind. Doch wenn sie an ihr Ziel gelangen – was dann?

Ich hatte den Traum, dass ich eines Tages vor einigen der größten Lehrer auf Erden sprechen würde. Ich sagte: »Ich wäre gern der Lehrer der Lehrer, ein Maestro der Maestros«, und ich beobachte, wie das allmählich in meinem Leben eintritt. Als ich dies zum ersten Mal im Rahmen einer Gruppe von Führungskräften zum Ausdruck brachte, sagten einige meiner Partner: »Ach John, du träumst schon wieder.« Und ich sagte: »Ihr habt vollkommen recht, das tue ich.« Sie konnten meine Vision nicht so klar sehen wie ich.

Viele Menschen, die Ihren Traum nicht sofort begreifen, werden versuchen, Sie lächerlich zu machen, oder sie werden Sie bitten, zu erläutern, wie Sie ihn denn, bitteschön, in Erfüllung zu bringen gedenken. Das ist Teil des ausgleichenden Spiels. Jeder, der Sie lächerlich macht, ehrt Sie auch, indem er zugibt, dass das, worauf Sie aus sind, sein Verständnisvermögen überschreitet. Wenn Menschen Sie unterstützen, denken sie offensichtlich, Sie könnten es nicht allein schaffen. Wenn sie Sie jedoch kritisieren, ist das eine Ehre. Wenn Sie alle Kritik als Ehre ansehen könnten, wäre das nicht eine Motivation für Sie?

Wenn Sie von Ihrem Traum total begeistert sind, dann ziehen Sie auch missgünstige, abgelehnte Teile an, um die Begeisterung auszugleichen. Wenn man Sie jedoch lächerlich macht und Sie die Herausforderung mit Klarsicht und ohne emotionale Reaktion annehmen, so ist dies ein Zeichen dafür, dass Sie in Ihrem Traum gegenwärtig sind. Wenn Sie sich verletzt fühlen oder in die emotionale Defensive gehen, wenn man Sie lächerlich macht, dann sind Sie von Ihrem übersteigerten Traum allzu begeistert und benötigen Demut, um sich zu mäßigen und ihn effektiver erfüllen zu können. In jedem Fall wachsen Sie.

Wenn wir uns nicht auf unseren Traum fokussieren, dann fokussieren wir uns auf unsere Zweifel und Hindernisse. Anders formuliert: Konzentrieren wir uns nicht auf die Blumen, sind wir auf das Unkraut konzentriert. Genies konzentrieren sich auf immer feinere Details der Blumen, die ihrem Herzen entwachsen, und binden ein wunderbares Bukett aus ihren Erfahrungen. Der gewöhnliche Mensch, der sein Genie nicht erweckt hat und der sich nicht einmal dessen bewusst ist, dass er Genie besitzt, wird im Allgemeinen von Unkraut, Zweifeln und Ängsten abgelenkt.

Wie alle anderen Menschen, habe auch ich unsichere Momente. Manchmal fühle ich mich wie ein Niemand und das ist Teil des Spiels, das mir hilft, den Teil auszugleichen, der glaubt, er sei Jemand. Wenn ich auf diese Weise empfinde, verknüpfe ich meine Wahrnehmung wieder mit meinem Lebenszweck und erkenne, dass jene Zweifel die treibende Kraft sind, die mich immer weitergehen lassen. Mit jedem Schritt in Richtung auf die Verwirklichung der Einzelheiten Ihres Traumes werden Sie kreativer, inspirierter und erfindungsreicher. Jeder Mensch hat einen Traum, aber ein Genie ist bereit, diesen Traum immer wieder neu zu definieren und die Dinge in Angriff zu nehmen, die in Hinsicht auf seine Verwirklichung die höchste Priorität besitzen.

Donald Trump wurde einmal in einem Interview gefragt: »Sie leben ein Phantasie-Leben, nicht wahr?« und er antwortete: »Nein, das tue ich nicht. Eine Phantasie ist etwas, das Sie sich vorstellen, aber niemals leben. Ich lebe vielmehr meine Träume.

Ich lebe sie, weil ich nicht eher aufhöre, sie zu planen und dafür zu arbeiten, bis ich sie verwirklicht habe.«

Phantasien sind einseitige Illusionen, mit denen wir unsere Realität vergleichen; sie werden uns schließlich deprimieren. Träume sind realistische Ziele, auf die hin wir unser Leben veredeln und die wir leben können.

Verpflichten Sie sich, dass Sie, bevor Sie heute Abend zu Bett gehen, einen weiteren Handlungsschritt auf Ihren Traum zu machen werden, denn je deutlicher die Vision, desto größer das kreative Genie. Ihre Vitalität ist proportional zu der Lebendigkeit Ihrer Vision und der Klarheit Ihrer Berufung, die wiederum zum Maß Ihrer Erkenntnis und Anerkennung der göttlichen Ordnung proportional sind. Wenn Sie vollkommenes Gleichgewicht erkennen, wird die innere Stimme laut, die innere Vision wird klar und eine ungeheure Menge an Energie steht Ihnen zur Verfügung. Das gibt Ihnen den Mut, die Stärke und die Gewissheit, die Hindernisse zu überwinden und aufzusteigen, was immer auch geschehen mag.

— *Übung* —

Fangen Sie an, die Biographien großer Genies der Welt, die Sie inspirieren, zu sammeln und zu lesen: Philosophen, Schauspieler, Wissenschaftler, Musiker, Politiker, Sänger, Schriftsteller, Maler, Komponisten – auf jeglichem Gebiet. Lesen Sie über das Leben jener, die der Menschheit ein unsterbliches Vermächtnis hinterlassen haben.

Indem Sie in das Leben dieser Genies eintauchen, wird ihre Inspiration ein wenig auf Sie abfärben. Sie werden feststellen, dass keines von ihnen ohne Hochs und Tiefs war, ohne die Unterstützung und die Herausforderungen, die es auch in Ihrem eigenen Leben gibt, und Sie werden in der Lage sein zu erkennen, dass sie alle etwas gemeinsam haben, das sie außergewöhnlich macht. Es ist unmöglich, seine Hand in einen Topf voller Leim zu stecken, ohne dass etwas Leim daran haften bleibt. Genauso ist es unmöglich, seinen Geist den großen Werken der Genies zuzuwenden, ohne dass etwas von ihrem Genie daran haften bleibt.

Worte der Weisheit und Kraft

- Ich spreche zu mir selbst mit dem Respekt, der einem großen Genie gebührt.
- Ich halte in jedem, dem ich begegne, nach dem Genie Ausschau.
- Ich verknüpfe alles, was ich tue, mit meiner Aufgabe und bin von meinem Leben begeistert.
- Ich gehe durch die dunkle Pforte, wo die Angst lauert, und schalte das Licht an.
- Ich höre auf mein Herz, das mein Genie erweckt.
- Mein Genie trägt mich über meine täglichen Illusionen hinweg.

Der Quantenkollaps-Prozess

> *Wenn ich von Liebe spreche, meine ich nicht*
> *irgendeine sentimentale oder schwächliche Regung.*
> *Ich spreche von jener Kraft, die alle großen Religionen als*
> *das höchste vereinende Prinzip des Lebens angesehen haben.*
> *Liebe ist der Schlüssel, der die Tür aufschließt,*
> *die zur letztendlichen Realität führt.*
>
> Martin Luther King

Der Quantenkollaps-Prozess* ist das machtvollste Werkzeug zur Auflösung von Illusionen, zur Zentrierung des Geistes, zur Öffnung des Herzens und zum Erwecken der inneren Vision und des Genies, das ich entdeckt habe. Alles, was ich bislang gesagt habe, hat darauf hingeführt und in diesem Kapitel wird alles zusammengeführt. Wenn Sie ihm bis zur Vollendung folgen, garantiere ich Ihnen, dass Sie eine Erfahrung haben werden, die Sie

---

* *The Quantum Collapse Process*[TM] *(Der Quantenkollaps-Prozess) ist ein eingetragenes Warenzeichen und unterliegt dem Copyright. Er darf daher nur für private, nicht aber für gewerbliche Zwecke genutzt werden. Ohne Abschluss des* Breakthrough Experience Annual Certification Training Program *ist es strikt verboten, diese Methode zu gewerblichen Zwecken zu nutzen. Für Informationen zu* The Quantum Collapse Process, The Breakthrough Experience **und** The Worldwide Certified Teachers **oder** Training Certification **rufen Sie unter 001-713-850-1234 an oder faxen Sie an 001-713-850-9239 oder loggen Sie sich unter www.drdemartini.com ein.*

unmöglich leugnen oder vergessen können. Sie werden wissen, dass Sie mit einem Lebenszweck gesegnet sind und dass alles in Ihrem Leben diesem Lebenszweck gedient hat. Ganz gleich, was Sie getan oder nicht getan haben, Ihr Leben ist göttliche Vollkommenheit. Wenn Sie das wirklich begreifen, werden Sie gegenüber der Intelligenz, die uns alle regiert, voller Ehrfurcht sein. In diesem Stadium gibt es ein grenzenloses Energiepotenzial, das für das gewöhnliche Gemüt unfassbar ist, das aber jenen zur Verfügung steht, deren Geist sich in einem Zustand der Gnade befindet.

Ich werde Sie einen der machtvollsten Prozesse lehren, die Sie je in Ihrem Leben finden können, und wenn ein Teil von Ihnen denkt: Nun, es gibt nicht wirklich jemanden, der meine Knöpfe drückt; ich habe Kontrolle über mein Leben – wachen Sie auf! Das ist Unsinn! Sie sind auf diesem Planeten, um zu wachsen, und wenn Ihr Ego denkt, es gäbe nichts, was Ihre Knöpfe drückt, leben Sie in einer Phantasie; andernfalls würden Sie sich nicht herausfordern und sich gestatten, bis an die Grenzen zu gehen. Finden Sie also heraus, wer Ihre Knöpfe drückt. Es muss nicht jemand sein, der Sie in Wut versetzt; es kann einfach jemand sein, der Sie ablenkt und Sie davon abhält, präsent zu sein. Aber wenn Sie den Quantenkollaps in Bezug auf die Menschen durchführen, an denen Sie sich am meisten reiben, sind es die Menschen, von denen Sie am meisten profitieren.

Der Zweck dieser Übung besteht darin, Ihre verzerrte Wahrnehmung, die bislang Ihr Leben, Ihre Gesundheit, Ihren Reichtum, Ihre Beziehungen und Ihr Selbstwertgefühl bestimmt hat, auszugleichen, Ihr Potenzial freizusetzen und Ihre innere Stimme anzuregen. Ich verspreche Ihnen, dass diese Stimme zu Ihnen sprechen wird, wenn Sie den ganzen Prozess bis zum Schluss durchlaufen. Es ist eine Wissenschaft, und sie funktioniert, wenn Sie daran arbeiten. In dem Kontext, in dem ich das

Wort Kollaps benutze, bezeichnet es keinen Zusammenbruch und keinen Verlust von Kraft. Wir lassen vielmehr unsere falschen Überzeugungen und Illusionen über das Leben kollabieren. Wenn Ihre falsche Natur kollabiert, wird Ihre wahre Natur offenbar, und das ist großartig. Ist das die Mühe wert?

Reservieren Sie sich also drei bis fünf Stunden, in denen Sie nicht gestört werden und legen Sie los! Lassen Sie sich durch nichts aufhalten! Sie werden dankbar sein!

Erster Schritt

Der erste Schritt im Quantenkollaps-Prozess ist die Entscheidung, in Bezug auf wen Sie einen Kollaps durchführen möchten. Aufgrund der im vierten Kapitel angesprochenen Übertragungsassoziation wird der Dominoeffekt des abgeschlossenen Quantenkollaps-Prozesses umso größer sein, je früher jemand in Ihrem Leben aufgetaucht ist, je näher er Ihnen stand und je größer sein Einfluss auf Sie war. Wenn Sie in Hinsicht auf einen Menschen emotional stark aufgeladen sind und frühe Assoziationen mit ihm verbinden, werden diese alles nach dem verursachenden Ereignis Geschehene beeinflussen. Aus diesem Grunde hat es meist die größte Wirkung, wenn Sie mit einem Elternteil beginnen. Aber wenn Sie einen Ehe- oder Geschäftspartner haben, der momentan stark für Ihren hohen Stresspegel verantwortlich ist, eignet der sich auch gut für einen Anfang.

Berücksichtigen Sie folgende Fragen, wenn Sie Ihre Wahl treffen:

- Wer bestimmt oder belastet Ihr Leben am meisten?
- Wer drückt am meisten Ihre Knöpfe?

- Wen würden Sie am wenigsten gern um sich haben?
- Wen verachten Sie oder wem grollen Sie am meisten und wen können Sie am wenigsten ausstehen?
- Mit wem sind Sie noch nicht »ins Reine gekommen«?
- Wer hat Sie »verletzt«?
- Wer hat Sie verlassen, allein gelassen oder fallen gelassen?
- Welche Person macht es Ihnen schwer, sie zu lieben, und welche würden Sie gern mehr lieben?
- Von welcher Person glauben Sie, dass sie Ihnen im Wege steht?

Den ersten Kollaps führen Sie am besten nicht mit sich selbst, sondern mit jemand anderem durch, aber letztlich sind es Sie selbst, der durch jemanden gespiegelt wird. Es gibt Eigenschaften, die Sie verleugnen und die Ihre Personae Sie nicht sehen lässt, aber wenn Sie sehen, dass sich diese Eigenschaften in anderen widerspiegeln, erkennen Sie sie bald leichter auch bei sich selbst. Jeder Kollaps ist im Grunde genommen in Wirklichkeit ein Selbstkollaps, denn was immer Sie da draußen sehen, ist in Ihnen. Wir lieben andere Menschen nicht um ihrer selbst willen, wir lieben sie um unserer willen.

Die Arbeitsblätter für den Quantenkollaps-Prozess finden Sie am Ende dieser Anleitungen (ich schlage vor, dass Sie jedes Formular mehrfach kopieren, damit Sie einige übrig haben), zusammen mit einem zusammengefassten Beispiel, an dem Sie sich orientieren können. Wenn Sie sich entschieden haben, auf wen Sie den Kollaps anwenden wollen, gehen Sie weiter zu den Arbeitsblättern und schreiben Sie den Namen dieser Person und das heutige Datum in die dafür vorgesehenen Felder oben auf der Seite.

Schreiben Sie ebenfalls als Erinnerung oben auf die Seite »Jeder Mensch besitzt jeden Charakterzug«. Es gibt mehr als

4000 menschliche Charakterzüge und jeder besitzt sie auf seine ihm einzigartige Weise. Glauben Sie also ja nicht, es fielen Ihnen keine ein, wenn Sie gleich danach gefragt werden und Sie niederschreiben sollen; Sie müssen lediglich aufmerksam sein und hinsehen.

Zweiter Schritt

So, dann lassen Sie uns anfangen! Es gibt fünf Spalten auf jeder Seite (angefangen von Seite 222) und Sie werden mindestens vier Seiten ausfüllen. (Bemerkung: Am besten Sie kopieren die Arbeitsblätter aus diesem Buch, bevor Sie anfangen.) Sie werden mindestens zwei positive Seiten (Blatt A) und zwei negative Seiten (Blatt B) in Bezug auf das ausfüllen, was ich Ihnen gleich zeigen werde. Wenn Sie glauben, Sie könnten das nicht tun, hören Sie einfach auf, das zu denken. Die Wahrheit ist: Sie können es! Jeder kann diesen Prozess durchführen, sobald er sich einmal darauf eingelassen hat.

Gehen Sie zu Spalte 1 und schreiben Sie auf, welche die positivsten und bewunderungswürdigsten Charakterzüge des jeweiligen Menschen sind. Beschränken Sie sich dabei auf ein bis vier Worte. Zum Beispiel »Gab mir Geschenke« oder »fürsorglich«. Lassen Sie sich weitere positive Charakterzüge der Person einfallen und schreiben Sie in jedes Feld nur einen. Beachten Sie folgende Fragen, wenn Sie nach den positiven Zügen suchen:

- Welchen Charakterzug dieses Menschen mögen oder bewundern Sie am meisten, welchen halten Sie für den positivsten oder anziehendsten?

- Was macht diesen Menschen so liebenswert?
- Was hat dieser Mensch getan oder nicht getan, das sich gut anfühlt?
- Was gibt es an diesem Menschen noch, das Sie anziehend finden und bewundern?
- Warum geht es Ihnen so gut, wenn Sie an ihn denken?
- Warum können Sie nicht fern von ihm sein?
- Warum möchten Sie Umgang mit ihm haben und ihn wiedersehen?
- Warum werden Sie so von ihm angezogen?
- Warum begehren Sie ihn so sehr?
- Was hat diese Person getan oder nicht getan, wovon Sie glauben, Sie hätten es nicht oder hätten es ebenfalls?

Beachten Sie die Chronologie: Was hat die Person getan oder nicht getan (Vergangenheit), was tut oder tut sie nicht (Gegenwart), was wird sie tun oder nicht tun (vorgestellte Zukunft), das lustvoll war, ist oder sein wird? Denken Sie auch in den Kategorien der sieben Bereiche des Lebens: spirituell, mental, beruflich, finanziell, familiär, sozial und physisch. Jeder menschliche Charakterzug lässt sich in ein, zwei, drei oder vier präzisen Worten zusammenfassen und niederschreiben.

Gehen Sie dann zur Spalte 6 und schreiben Sie Charakterzüge auf, die am negativsten und verachtenswertesten sind, wieder in ein bis vier Worten. Zum Beispiel »War nicht für mich da« oder »geizig«. Führen Sie die Auflistung der negativen Charakterzüge dieses Menschen fort und schreiben Sie nur einen in jedes Feld. Stellen Sie sicher, dass Sie dieselbe Anzahl von ungeliebten und geliebten Charakterzügen anführen. Beachten Sie folgende Fragen, wenn Sie nach den negativen Charakterzügen suchen:

- Was mögen Sie an diesem Menschen nicht?
- Was hat dieser Mensch getan oder nicht getan, was sich schlecht anfühlt?
- Welchen Charakterzug legt er an den Tag, der Sie am meisten abstößt?
- Was lässt Sie diese Person verachten und ihr aus dem Wege gehen?
- Was tut Ihnen weh, wenn Sie an diesen Menschen denken?
- Warum ertragen Sie es nicht, in seiner Nähe zu sein?
- Warum wollen Sie keinen Umgang mit ihm haben oder warum wollen Sie ihn nicht wiedersehen?
- Warum verachten Sie ihn so sehr?
- Was hat er getan oder nicht getan, von dem Sie glauben, Sie hätten es auch getan oder nicht getan?
- Warum können Sie diese Person nicht ausstehen?

Beachten Sie wiederum die Chronologie und die sieben Kategorien oder Bereiche des Lebens. Es ist wichtig, das, was Sie bewundern und was Sie verachten, sehr genau zu formulieren. Sagen Sie nicht einfach »Alkoholiker«, sondern schlüsseln Sie es auf, denn das, worauf Sie abzielen, ist wahrscheinlich nicht der Alkohol, sondern es sind die verschiedenen Komponenten des Alkoholismus. Seien Sie präzise. War es Anschreien, körperliche Grobheit, kein Geld, Ungewissheit, schlechter Mundgeruch, Stimmungsschwankungen, gebrochene Versprechen, Scham oder soziale Stigmatisierung – was? Je präziser Sie sind, desto leichter wird es, die Punkte aufzulösen. Gehen Sie an das Eingemachte, das Ihre Knöpfe drückt, und halten Sie nichts zurück. Bleiben Sie fokussiert. Je größer die emotionale Aufladung eines Punktes ist und je präziser Sie bei Ihren Antworten sind, desto besser.

Füllen Sie die Spalten 1 und 6 von mindestens zwei Seiten mit den positiven und negativen Eigenschaften oder Charakterzügen der jeweiligen Person. Wenn Ihnen noch mehr Eigenschaften einfallen, machen Sie ruhig weiter. Wenn es bei den positiven Aspekten gerade gut läuft, bleiben Sie am Ball, aber wenn Ihnen nichts mehr einfällt, gehen Sie zu den negativen Aspekten und machen Sie dort weiter. Tun Sie alles, was Ihnen hilft, am schnellsten voranzukommen. Sitzen Sie nicht einfach nur da und starren vor sich hin. Zeit mal Intensität zeitigt Ergebnisse; je fokussierter Sie also sind, desto tiefgehender sind die Ergebnisse. Wenn Sie mindestens zwei Seiten mit positiven und negativen Qualitäten ausgefüllt haben, gehen Sie zum nächsten Schritt.

Dritter Schritt

Gehen Sie nun zu Spalte 2 und schreiben Sie die Initialen aller Menschen nieder, die in Ihnen genau die positiven Charakterzüge, die Sie in Spalte 1 niedergeschrieben haben, gesehen haben. Wenn Sie dort geschrieben haben »fürsorglich«, schreiben Sie die Initialen aller Menschen auf, die zu einem bestimmten Zeitpunkt in der Vergangenheit oder Gegenwart von Ihnen gemeint haben, Sie wären fürsorglich. Machen Sie so lange weiter, bis Sie erkennen können, dass Sie die Charakterzüge in Spalte 1 in gleichem Maße besitzen wie die Person, um die es geht, auch wenn sie in ähnlicher oder in einer anderen Form auftreten können.

All Ihre Charakterzüge überdauern Zeit und Raum, und daher gewinnen oder verlieren Sie niemals einen Charakterzug, er mag lediglich die Form seines Ausdrucks verändern. Fahren Sie fort, bis Sie aufrichtig erkennen können, dass Sie ebenso fürsorglich sind wie der Mensch, den Sie kollabieren. Dies wird *Aneignung Ihrer positiven verleugneten Anteile* genannt. Es kann sein, dass Sie hier mehr als drei Reihen an Initialen benötigen, schreiben Sie daher klein. Sagen Sie nicht einfach »jeder«, denn das ist eine Illusion. Seien Sie präzise. Dies ist eine Weise, Ihr Gehirn und Ihre Personae zu integrieren. Wenn Sie glauben, Sie hätten einen bestimmten Zug nicht, ist das eine Illusion. Fahren Sie also fort nachzudenken und aufzuschreiben, bis Sie erkennen, dass Sie ihn besitzen. Mir war es vergönnt, mehr als 10 000 Menschen bei diesem Prozess beizustehen, und jeder findet jeden Charakterzug.

Gehen Sie jetzt zu Spalte 7 und schreiben Sie die Initialen von mindestens fünf Menschen auf, die an Ihnen den gleichen negativen und verachteten Charakterzug gesehen haben, wie den, den Sie in Spalte 6 niedergeschrieben haben. Stellen Sie fest, wer von Ihnen meint, dass Sie diesen negativen Zug besitzen, und listen Sie die Initialen dieser Personen auf, bis Sie wahrhaftig erkennen können, dass Sie ihn in gleichem Ausmaße besitzen. Im Durchschnitt sind es fünf bis acht Menschen, aber manchmal können es an die 30 sein, bevor sich dies mit Gewissheit bestätigt. Dieser Schritt verankert in Ihrem Geist die Realität, dass auch Sie diese Züge besitzen. Es ist wesentlich, dass Sie sich selbst gegenüber aufrichtig sind. Dies wird *Aneignung Ihrer negativen verleugneten Anteile* genannt.

Wenn es wirklich offensichtlich ist, dass Sie einen Charakterzug besitzen, können Sie Ihre eigenen Initialen aufschreiben, aber hören Sie hier nicht auf. Finden Sie heraus, wer Sie sonst noch so sieht. Leben Sie nicht in der Phantasie, niemand sonst wisse oder erkenne diesen Zug an Ihnen, denn das wäre eine Form der Selbstverleugnung. Darüber nachzudenken, wo Sie ihn manifestieren, kann Ihnen helfen herauszufinden, wo jemand diesen in Ihnen sehen kann.

Wenn es Ihnen schwerfällt zu glauben, jemand könne positive Eigenschaften an Ihnen sehen, bedeutet dies, dass Sie selbstungerecht sind, sich klein machen und sich in Bezug auf die Sache und den anderen niedermachen. Wenn Sie Mühe haben zu erkennen, wo Sie die gleiche negative Eigenschaft haben, bedeutet das, dass Sie selbstgerecht sind und sich selbst überbewerten und gegenüber der Sache und den anderen überheblich sind. Sowohl das Niedermachen als auch die Überheblichkeit errichten Mauern zwischen Ihnen und der Person, um die es geht, und ebenfalls zwischen Ihnen und der Wahrheit. Sie besitzen diesen Zug, er hat bei Ihnen vielleicht nur eine andere Ausdrucksform, sodass Sie sich selbst nicht in anderen wiedererkennen können.

Gehen Sie bei keiner Zeile der Spalten 2 oder 7 weiter, bevor Sie sich nicht völlig darüber im Klaren sind, dass Sie dieselbe Qualität im gleichen Maße besitzen wie die Person, die Sie kollabieren. Wenn Sie noch immer glauben, die anderen hätten diesen Zug ausgeprägter als Sie, suchen Sie weiter, sonst bleiben Sie in Selbstgerechtigkeit oder Selbstungerechtigkeit hängen und halten sich zurück. Ich verspreche Ihnen, es ist nicht die Frage, ob Sie jede der Eigenschaften haben, sondern nur, wie sie sich bei Ihnen manifestiert.

So etwas wie einen Menschen, der zu hart ist, gibt es nicht. Es gibt nur jemanden, der Sie an das erinnert, was Sie in Ihrem eigenen Innern nicht annehmen wollen. Sie mögen manchmal das Gefühl haben, dass es Sie überfordert, sich all diesen Dingen zu stellen, aber dies ist die gute Gelegenheit, genau dies zu tun. Es gibt mehr als 4000 menschliche Charakterzüge, und Sie besitzen jeden einzelnen in der für Sie charakteristischen Form und Maske. Wenn Sie erkennen, dass Sie jede Eigenschaft, die Sie in den Spalten 1 und 6 aufgeführt haben, im gleichen Maße besitzen, gehen Sie zum nächsten Schritt weiter.

Vierter Schritt

Sie haben bislang senkrecht mit den Spalten gearbeitet, nun möchte ich, dass Sie direkt über die Horizontale der Seite gehen. Wenn die betreffende Person jemand ist, dem Sie grollen, verwenden Sie das Arbeitsblatt B und füllen Sie als Nächstes die Spalten 8, 9 und 10 aus. Wenn Sie von jemandem begeistert sind, verwenden Sie Blatt A und füllen Sie die Spalten 3, 4 und 5 aus. Wenn Sie unsicher sind, können Sie alle sechs Spalten ausfüllen. Dieser Teil mag anfangs etwas knifflig erscheinen, sodass Sie sich anhand des Beispiels vielleicht leichter tun.

Sind Groll und Negativität die Hauptgefühle, wenn Sie an eine bestimmte Person denken, dann gehen Sie zu Spalte 8 und beginnen Sie aufzuschreiben, inwiefern es Ihnen nützt, dass diese Person diese negativen Züge besitzt. Erinnern Sie sich, dass immer dann, wenn jemand Sie niedermacht, Sie jemand anders erhebt. Wenn sich jemand von Ihnen abwendet, wendet sich ein anderer Ihnen zu. Wenn jemand Sie kritisiert, lobt Sie ein anderer. Wenn sich jemand Ihnen gegenüber geizig verhält, ist jemand anders großzügig. Behalten Sie die Gegensätze im Sinn.

Wenn Sie den ersten Charakterzug in Spalte 6 betrachten, denken Sie an all die Situationen, in denen Ihnen dieser negative Zug gedient hat, und schreiben Sie so lange weiter, bis Sie allen Hass oder Groll gegenüber diesem Charakterzug aufgelöst haben. In unserem Beispiel ist der negative Zug in Spalte 6 Geiz. Inwiefern war dieser Charakterzug hilfreich? Nun, der Mensch in unserem Beispiel stellte fest, dass dieser Charakterzug der anderen Person ihn unabhängig, besonnen, kreativ und realistisch machte. Er lehrte ihn zu sparen und einen Finanzplan zu entwickeln. Beachten Sie, dass all diese Begriffe auf dem Beispielblatt abgekürzt sind. Schreiben Sie nur die ersten paar Buchstaben und gehen Sie dann weiter zur nächsten Antwort. Dabei nicht nachzulassen, ist ein wichtiger Bestandteil dieses Prozesses. Hören Sie nicht auf, ehe Sie sagen können, »Gott sei Dank habe ich diesen Charakterzug«, und bevor Sie kein Verlangen mehr haben, ihn zu vermeiden oder zu verändern.

Gehen Sie jetzt zu Spalte 9 und fragen Sie sich, inwiefern die Tatsache, dass Sie selbst diese Eigenschaft haben, anderen gedient hat. Einige der Vorteile werden die gleichen sein, wie im Falle Ihrer Konfrontation mit dieser Eigenschaft in der anderen Person. Hören Sie jedoch nicht auf zu schreiben, ehe nicht alle Ihre Schuldgefühle darüber, dass Sie die Eigenschaft besitzen, durch Verständnis aufgelöst sind und Sie begriffen haben, dass Sie mit Ihrem Verhalten auch anderen gedient haben. Noch einmal, kürzen Sie Ihre Antworten ab, damit Sie zügig weiterschreiben können. Die Person in unserem Beispiel erkannte beispielsweise, dass ihr Geiz anderen die gleichen Vorzüge bot, wie ihr selbst.

Gehen Sie dann zu Spalte 10 und stellen Sie sich die Frage nach der jeweils gegensätzlichen Eigenschaft. Schreiben Sie die Initialen all der Personen auf, die diese gegensätzliche Eigenschaft in der fraglichen Person wahrgenommen und anerkannt hat. Wenn die negative Qualität Geiz war – wer hat diesen Menschen als großzügig angesehen? Machen Sie so lange weiter, bis Sie wirklich spüren können, dass die fragliche Person ein vollkommenes Gleichgewicht zwischen Eigenschaft und gegensätzlicher Eigenschaft besitzt.

Gehen Sie dann zum zweiten negativen Zug in Spalte 6 und wiederholen Sie denselben Prozess in den Spalten 8, 9 und 10. Gehen Sie niemals weiter, bevor nicht die jeweilige Spalte ausgeglichen ist, also bevor Sie nicht aufgehört haben, einen Charakterzug als schlecht zu verurteilen, und Sie Dankbarkeit für diesen empfinden. Wiederholen Sie diesen Prozess mit den verbleibenden negativen Charakterzügen, bis alle Spalten ausgefüllt sind und es nichts mehr gibt, wofür Sie sich verurteilen. Wenn Sie auf diese Weise den Kollaps in Bezug auf einen Menschen durchführen, den Sie zu lieben versuchen, werden Sie kleine Aha-Momente der Einsicht und Tränen der Rührung erleben.

Wenn Sie von jemandem begeistert sind, arbeiten Sie einfach mit den Spalten 3, 4 und 5 und absolvieren das gleiche Verfahren wie für die negativen Züge. Wenn zum Beispiel der positive Zug in Spalte 1 »fürsorglich« war, listen Sie die daraus folgenden Nachteile in Spalte 3 auf. Inwiefern ist dieser Charakterzug der Person ein Nachteil oder Ihnen nicht dienlich? Bereitet er Ihnen Schuldgefühle oder meinen Sie, dieser Person Zeit opfern zu müssen? Fühlten Sie sich dadurch verpflichtet, abhängig oder unter Druck gesetzt? War Ihre Aufmerksamkeit ablenkend für Sie? Machen Sie so lange weiter, bis Sie alle Bewunderung und Begeisterung für diesen Charakterzug aufgelöst haben. Hören Sie nicht auf, bevor Sie nicht erkannt haben, dass die Vor- und Nachteile vollkommen ausgeglichen sind und dieser Charakterzug Sie nicht mehr beherrscht.

Gehen Sie weiter zu Spalte 4 und finden Sie heraus, welche Nachteile dieser Charakterzug für andere hat.

Füllen Sie dann Spalte 5 aus, um zu erkennen, wo sie über den entgegengesetzten Charakterzug verfügten. Schreiben Sie die Initialen aller auf, die diesen entgegengesetzten Zug in Ihnen wahrgenommen und erkannt haben.

Wenn Sie fertig sind, gehen Sie zu den verbleibenden Eigenschaften in Spalte 1 zurück und wiederholen Sie den Prozess, bis alle Charakterzüge in Spalte 1 in ausgeglichene Wahrheit kollabiert sind.

Zusätzliche Fragen

Es folgen acht zusätzliche Fragen, die Sie sich möglicherweise beantworten wollen, während Sie die Bögen für den Quantenkollaps-Prozess ausfüllen. Sie werden Ihnen bei der Vervollständigung der Spalten 1 bis 10 helfen:

1. Wenn dieser Mensch nicht den menschlichen Charakterzug hätte, der Ihnen missfällt, was wären die Nachteile?
2. Wenn dieser Mensch den menschlichen Charakterzug hätte, der Ihnen gefällt, welche Nachteile gäbe es dann?
3. Wenn dieser Mensch nicht den menschlichen Charakterzug hätte, der Ihnen gefällt, was wären die Vorteile?
4. Wenn dieser Mensch den menschlichen Charakterzug hätte, der Ihnen nicht gefällt, was wären die Vorteile?
5. Wer manifestierte gleichzeitig den entgegengesetzten menschlichen Charakterzug zu dem, der Ihnen missfällt?
6. Wer manifestierte gleichzeitig den entgegengesetzten menschlichen Charakterzug zu dem, der Ihnen gefällt?
7. Welcher menschliche Charakterzug fehlt Ihnen Ihrer Meinung nach und welche neue Form hat diese Eigenschaft angenommen?
8. Welchen menschlichen Charakterzug glauben Sie verloren zu haben, und wer hat jetzt diese Eigenschaft angenommen?

Sie mögen sich fragen »Wie soll ich wissen, wann ich fertig bin?« Wenn das so ist, dann fragen Sie sich: »Gibt es noch etwas, was mich daran hindert, diesen Menschen zu lieben?« Und wenn Sie noch eine winzige Kleinigkeit entdecken, lassen Sie sie den Prozess der Spalten 1 bis 10 durchlaufen, bis Sie auch nicht mehr den geringsten Zweifel haben, dass Sie diesen

Menschen annehmen und lieben. Das macht Sie und diesen Menschen frei.

In jenem Augenblick werden Sie die Präsenz des Menschen spüren, mit dem Sie den Quantenkollaps-Prozess durchführen. Vielleicht haben Sie eine bildliche Vorstellung von ihm, hören seine Stimme, spüren ihn in einem Objekt des Raumes oder fühlen ihn oder sie einfach in Ihrem Herzen. Das ist der Augenblick, in dem Sie Ihre Liebe und Dankbarkeit übermitteln und ihm für seine Geschenke an Sie und für die Rolle danken sollten, die er dabei gespielt hat, dass Sie zu dem wurden, der Sie sind. Schütten Sie einfach Ihr Herz aus, und ich versichere Ihnen, es wird sich diesem Menschen auf nichtlokale Weise mitteilen. Dann setzen Sie sich hin und schreiben ihm einen Dankesbrief, in dem Sie ihm mitteilen, wie sehr Sie ihn schätzen, und wie sehr er zu Ihrem Leben beigetragen oder es verändert hat. Es kann gut sein, dass Sie dabei sogar noch mehr Einsichten gewinnen. Schreiben ist ein machtvoller Akt, der das Unfassbare fassbar macht.

Sie können beinahe jeden Menschen dazu bringen, mit Ihnen in Kontakt zu treten, indem Sie den Quantenkollaps-Prozess sorgfältig durchführen. Je präsenter Sie anderen gegenüber werden und je mehr Liebe und Dankbarkeit Sie für sie empfinden, desto größer ist die Wahrscheinlichkeit, dass sie sich auf Sie einstimmen und an Sie denken, dass sie mit Ihnen in Kontakt treten oder sich verändern. Und Sie selbst werden ganz bestimmt durch diese Erfahrung transformiert werden. Dieser Prozess ist ziemlich erleuchtend und von ebensolcher Schönheit wie Ihr wahres Ich.

Beispiel für Quantenkollaps-Prozess-Bogen – Seite A

Spalte 1	Spalte 2	Spalte 3	Spalte 4	Spalte 5
Der Zug, den ich an ihm/ihr am meisten mag	Initialen derer, die diesen Zug in mir sehen	Inwiefern ist dieser Zug von ihm/ihr ein Nachteil für mich?	Inwiefern ist dieser Zug in mir ein Nachteil für andere?	Initialen derer, die den entgegengesetzten Zug in mir sehen
fürsorglich	S, B, M, F, E, ST, CH, BL, U, A	Schuld, Zeit, Verpfl., Abhäng., Druck, Abstand.	Schuld, Zeit, Verpfl., Abhäng., Druck, Abstand	CH, F, M, H, K, L, EM, DR, CI

Beispiel für Quantenkollaps-Prozess-Bogen – Seite B

Spalte 6	Spalte 7	Spalte 8	Spalte 9	Spalte 10
Der Zug, den ich an ihm/ihr am wenigsten mag	Initialen derer, die diesen Zug in mir sehen	Inwiefern ist dieser Zug von ihm/ihr ein Vorteil für mich?	Inwiefern ist dieser Zug in mir ein Vorteil für andere?	Initialen derer, die den entgegengesetzten Zug in mir sehen
Geiz	T, G, M, S, R, ST, C, BL, F, JD, B	Unabhäng., Besonnenh., Kreativit., Realism., Sparen, Strategie	Unabhäng., Besonnenh., Kreativit., Realism., Sparen, Strategie	P, T, D, L, R, G, M, CH, ED, DR

Zur Beachtung für den Leser: Bitte fertigen Sie mehrfache Kopien der folgenden Bögen an, bevor Sie mit dem Ausfüllen beginnen, sodass Sie genug Exemplare für den zukünftigen Gebrauch zur Verfügung haben.

Quantenkollaps-Prozess-Bogen – Seite A

Name   Datum

Spalte 1	Spalte 2	Spalte 3	Spalte 4	Spalte 5
Der Zug, den ich an ihm/ihr am meisten mag	Initialen derer, die in mir diesen Zug sehen	Inwiefern ist dieser Zug von ihm/ihr ein Nachteil für mich?	Inwiefern ist dieser Zug in mir ein Nachteil für andere?	Initialen derer, die den entgegengesetzten Zug in mir sehen

Die Sieben Ebenen des Lebens: spirituell, mental, beruflich, finanziell, familiär, sozial und physisch. **Denken:** Vergangenheit, Gegenwart, Zukunft.
Wenn Positives gegenüber dem Negativen überwiegt, werden Sie emotional angezogen und begeistert (süchtig).
Wenn das Positive das Negative nicht ausgleicht, lügen Sie. Lügen sind Unausgewogenheiten.
Wenn das Positive das Negative ausgleicht, werden Sie dankbar sein und bedingungslos lieben können. Die Wahrheit ist Gleichgewicht!

Quantenkollaps-Prozess-Bogen – Seite B

Name   Datum

Spalte 6	Spalte 7	Spalte 8	Spalte 9	Spalte 10
Der Zug, den ich an ihm/ihr am meisten mag	Initialen derer, die diesen Zug in mir sehen	Inwiefern ist dieser Zug von ihm/ihr ein Vorteil für mich?	Inwiefern ist dieser Zug in mir ein Vorteil für andere?	Initialen derer, die den entgegengesetzten Zug in mir sehen

Die Sieben Ebenen des Lebens: spirituell, mental, beruflich, finanziell, familiär, sozial und physisch. **Denken:** Vergangenheit, Gegenwart, Zukunft.
Wenn Positives gegenüber dem Negativen überwiegt, werden Sie emotional angezogen und begeistert (süchtig).
Wenn das Positive das Negative nicht ausgleicht, lügen Sie. Lügen sind Unausgewogenheiten.
Wenn das Positive das Negative ausgleicht, werden Sie dankbar sein und bedingungslos lieben können. Die Wahrheit ist Gleichgewicht!

Dankesbrief

Schreiben Sie einen Dankesbrief an den Menschen, an dem
Sie den Quantenkollaps-Prozess durchgeführt haben.

_____

_____

_____

_____

_____

_____

_____

_____

_____

_____

_____

_____

_____

_____

_____

_____

Eine Frau aus Australien schrieb mir kürzlich folgenden
Brief über ihre Erfahrung mit dem Quantenkollaps-Prozess. Ich
glaube, er spricht für sich selbst.

Lieber John,

ich habe an Deinem Breakthrough-Experience-Seminar *in Sydney teilgenommen. An jenem Wochenende erfuhr ich einen beträchtlichen Wandel in meiner Psyche und hatte einen ziemlich tiefen Kollaps. Obwohl dieser Kollaps sich damals wahrhaftig anfühlte, fragte ich mich immer wieder, ob ich mir da nicht etwas eingeredet hätte. Ich beschloss, dass ich unbedingt mit der Person sprechen müsste, mit der ich den Kollaps durchgeführt hatte, um ihr wie am Samstag zu sagen, wie sehr ich sie liebe und ihr für alles, was sie für mich getan hat, dankbar bin. Ich ging also am Montag zu ihr. Ich hatte wirklich Angst, war total aufgeregt und fragte mich wiederum:* »Wenn ich solche Angst habe, habe ich dann wirklich meinen Kollaps beendet, oder muss ich noch mehr daran arbeiten?« *Ich atmete tief durch und fuhr zu ihrem Haus; es war, als würde ich von einem Magneten angezogen. Tief in mir wusste ich, dass sie da sein würde. Ich ging hinein, und bevor ich überhaupt noch etwas sagen konnte, sahen wir uns einander einfach in die Augen und fingen beide an zu weinen. Wir standen da und umarmten einander, und ich sagte ihr, wie sehr ich sie liebe, und dankte ihr dafür, dass sie war, wie sie war. Sie sagte, sie hatte mir schon seit einiger Zeit dasselbe sagen wollen. Es war einer der tiefsten Liebesaugenblicke, die ich in meinem Leben erfahren habe, und es geschah genauso, wie Du es vorausgesagt hast. Ich hatte sie ohne Liebe zuvor einfach nicht gesehen. Das Erstaunlichste war, dass sie darauf gewartet hatte, dass ich komme. Wäre ich nicht zu ihr gegangen, wäre sie zu mir gekommen.*

Lange Zeit habe ich mich gefragt, warum sich die Suche nach Positivem und nach Glück so trügerisch anfühlte. Warum ich sogar inmitten dessen, was sich für mich wie ein wunderbares Leben anfühlt, immer das unterschwellige Gefühl hatte, dass alles nur vorübergehend ist und dass gleich an der nächsten Ecke eine Katastro-

phe auf mich warte, besonders nach Erfahrungen von Glücksmomenten. Jetzt verstehe ich diese Gefühle besser und es ist für
mich eine solche große Erleichterung. Nun verstehe ich, dass mein
Bestreben, in meiner Einstellung die ganze Zeit nur positiv zu sein
und zu versuchen, glücklich zu sein, bloß ein Märchen ist. Es ist eine
unglaubliche Offenbarung und eine Inspiration, dass ich mittels intensiver Arbeit meine wahre Bestimmung finden und darauf hinar-
beiten kann, sie zu erschaffen.

Ich möchte Dir für das offenbarende, konfrontierende, inspirierende, liebevolle und großartige Wochenende danken. Ohne Deine
unglaubliche Weisheit und intensive Arbeit über all die Jahre, in
denen Du Deine erstaunliche Philosophie der menschlichen Existenz entwickelt hast, und ohne Deine Hingabe an The Breakthrough
Experience wäre ich sicherlich nicht dort, wo ich heute stehe. Ich
danke Dir, dass Du mir die Augen geöffnet und mir die Gelegenheit
gegeben hast, ein liebevolleres Leben zu führen.

Danke.

Es ist deine Schwester

Vor rund zehn Jahren präsentierte ich *The Breakthrough
Experience* in meiner Praxis. Unter den Teilnehmern befand sich
ein Mann namens David, der sich entschieden hatte, seine
Schwester zu kollabieren. Die beiden waren zerstritten und hatten seit elf Jahren keinerlei Kontakt mehr miteinander gehabt.
Aus seiner Sicht gehörte sie nicht mehr zur Familie. Er beschloss,
den Kollaps an ihr durchzuführen, weil er immer noch sehr är-
gerlich auf sie war.

Er füllte die Spalten aus, wie ich es oben beschrieben habe, und war gegen 23 Uhr am selben Abend fertig. Als Hilfestellung ließ ich ihn eine Ersatzperson aussuchen, die ihn an seine Schwester erinnerte und diese repräsentierte. Er hielt ihre Hand, umarmte sie und teilte ihr seine Liebe und Wertschätzung mit. In genau dem Augenblick, als er sie umarmte, klingelte das Telefon in meiner Praxis.

Als David seine Mitteilungen an die Ersatzperson beendet hatte, gingen wir zum Telefon und hörten die Nachricht auf dem Anrufbeantworter an. Die Stimme sagte: »Ist David da? Bitte veranlassen Sie, dass er mich zurückruft. Hier ist seine Schwester.« Es dauerte eine Weile, bis David begriffen hatte, dass es seine Schwester war, die gerade angerufen hatte, aber dann mussten wir ihn buchstäblich festhalten, weil er so heftig weinte. Die Stimme der Frau klang nämlich ganz anders als die Stimme, an die er sich erinnerte. Sie war empfänglich, offen und liebevoll. Sie wollte einfach nur ihren Bruder erreichen.

Später nahm er Kontakt mit ihr auf und ihre Beziehung veränderte sich nach elf Jahren aufgrund der Vollendung, Liebe und Integration in seinem Innern vollständig. Er hatte während des Kollaps genügend Einzelheiten über seine Schwester aufgerufen, um sich auf ihre Frequenz einzustellen, und wenn Sie so etwas tun, ist das so, als würden Sie einfach jemanden anrufen. Sie haben zu jedermann Zugang, sogar zu jenen, die manche für »tot« halten.

Es ist nicht immer einfach, den Quantenkollaps-Prozess zu vollenden, aber es ist unglaublich machtvoll. Nichts, das sich lohnt, ist jemals leicht. Ihre Personae werden alles daran setzen, damit Sie ihn nicht vollenden, denn sie wollen ihre Macht über Sie nicht verlieren und »sterben«, indem sie in Ihr Bewusstsein eingehen und integriert werden. Es ist gut möglich, dass Sie sich leicht ablenken lassen, dass Sie hungrig, müde oder ungeduldig werden. Ihr Geist wird verschwommen und verträumt oder Sie haben einen regelrechten Blackout, und Sie werden sich sagen, es sei zu schwer, es funktioniere nicht oder Sie könnten es einfach nicht tun. Sie werden beteuern, dass Sie die Züge oder Eigenschaften, die diese Person hat, nicht besitzen, oder dass Sie ihr bereits vergeben hätten oder sie lieben würden. Solche und andere Reaktionen werden Sie behindern. Es ist in der Tat so, dass Ihre Personae umso heftiger reagieren, je näher Sie der Wahrheit kommen. Betrachten Sie also diese Vermeidungssymptome als Zeichen dafür, dass Sie auf der richtigen Spur sind!

Ich werde nicht da sein, um Ihnen zu helfen, aber wenn Sie einfach so lange dabei bleiben, bis der Prozess vollendet ist, wird der Lohn im Vergleich zu den Bemühungen enorm sein. Es liegt an Ihnen, die Meisterschaft über sich zu gewinnen. Es kann Stunden konzentrierter Anstrengung verlangen, aber was soll's? Wie viele Stunden verbringen Sie mit Fernsehen, Lesen, Autofahren oder einer anderen trivialen, weniger zweckdienlichen Handlung? Was in Ihrem Leben könnte wichtiger sein, als Ihr Herz zu öffnen und wahrhaftig zu lieben, möglicherweise zum ersten Mal? Was wäre wichtiger, als Ihre innere Stimme der Gewissheit und Inspiration zu Ihnen sprechen zu lassen und zu wissen, dass es vollkommen außer Frage steht, dass Sie es wert sind, geliebt zu werden, ganz gleich, was Sie getan oder nicht getan haben? Geben Sie Ihr Bestes beim Kollaps. Versuchen Sie alles in einer Sitzung zu beenden; wenn Ihnen das jedoch nicht gelingt, dann kommen Sie immer wieder darauf zurück und machen Sie weiter, bis der Kollaps abgeschlossen ist.

Zeichen von Weisheit und Erleuchtung

Wenn Sie noch immer nicht sicher sind, ob Sie einen vollständigen Kollaps erfahren haben, sehen Sie sich die folgende Liste von Phänomenen an, die durchwegs auf den Quantenkollaps-Prozess folgen. Immer wieder sehe ich dieselben Zeichen bei den Menschen, wenn ihr Herz weit offen ist. Je offener das Herz, desto machtvoller ist die Erfahrung:

1. *Tränen der Berührung.* Ich habe mit Menschen aus 37 Ländern gearbeitet, und es spielt keine Rolle, aus welcher Kultur sie kommen: Tränen der Berührung tauchen immer wieder auf, wenn der Geist vollkommenes Gleichgewicht erlangt. Dies ist kein Gefühl, sondern Liebe. Ich möchte die beiden unterscheiden: Gefühl ist polarisiert; Liebe ist eine Synthese. Tränen der Berührung verlangen Respekt. Wenn eine Person dankbar und ehrfürchtig ist, wenn sie inspiriert ist und ihr Herz geöffnet hat, können Sie gar nicht anders, als sie zu ehren und zu verehren.

2. *Zunahme des Selbstwertgefühls.* Wann immer Sie einen anderen Menschen lieben, steigern Sie Ihr Selbstwertgefühl. Die wirkliche und wahre spirituelle Erfahrung besteht darin, einen Augenblick der Gnade und Kommunion mit Ihrer Seele zu haben und die Präsenz Gottes, der Ihr Leben leitet, zu spüren. Darum geht es, und wir haben alle dazu Zugang. Es spielt keine Rolle, welcher Rasse, Überzeugung, Farbe, welchen Glaubens oder Alters Sie sind – nichts von alledem hat Bedeutung. Diese Dinge sind lediglich Hüllen und Personae, die das wahre spirituelle Leben überdecken, und dies ist eine Wissenschaft eben dieses Lebens.

3. *Bedingungslose Dankbarkeit.* Wenn Sie den Menschen ansehen, mit dem Sie den Quantenkollaps-Prozess durchgeführt haben, sind Sie für alles, was Sie sehen, dankbar. Es gibt nichts mehr, das zu verurteilen wäre. Sie empfinden wahre Dankbarkeit dafür, dass dieser Mensch so ist, wie er ist. Sie stellen dafür keinerlei Bedingungen – Sie sind nicht dankbar für das, was er sein sollte, werden könnte oder manchmal gewesen ist, sondern dankbar dafür, dass er genau so ist, wie er ist.

4. *Bedingungslose Liebe.* Sie besitzen nun eine tiefe Liebe für diesen Menschen, die niemand mehr erschüttern oder wegdiskutieren kann. Nichts Äußerliches kann ihr etwas anhaben. In diesem Zustand kann Ihr Geist so auf die undifferenzierte Göttlichkeit eingestimmt sein, dass Sie direkte oder indirekte göttliche Offenbarungen empfangen. Das ist der höchste Zustand, den die menschliche Psyche erlangen kann, und in diesem Zustand entstehen Meisterwerke. In ihm werden neue Religionen, große Romane und Dichtung, große Musik und Kunst geschaffen – alles in diesem Bereich der Empfänglichkeit und bedingungslosen Liebe.

5. *Furchtlosigkeit und Schuldlosigkeit.* Wenn Sie immer noch sagen: »Es tut mir so leid, was ich getan habe« oder »Ich wünschte einfach, sie würden sagen, dass es ihnen leid täte«, dann halten Sie immer noch an der verzerrten, leiderzeugenden Wahrnehmungsweise von Angst und Schuld fest. Leid ist eine persönliche Empfindung von Verletzung, die sich auf flüchtige positive oder negative Assoziationen gründet. Tendieren die Assoziationen mehr in Richtung Negativität und Schmerz, werden Sie Leid empfinden. Sind sie zur Seite von Positivität und Lust hin verzerrt, werden Sie Lust empfinden. Sie haben die Wahl. Wenn Ihre Wahrnehmung ausgeglichen ist, entstehen Furchtlosigkeit und Schuldlosigkeit.

6. *Sprachlosigkeit und äußere Stille.* Sie werden an einen Punkt kommen, wo es nichts mehr zu sagen gibt, wo Sie einfach nur den Drang verspüren, den Menschen, den Sie lieben, still zu umarmen. Sprechen ist oft eine Verzerrung der Wahrheit. Die letzten Worte vor der Wahrheit der Stille lauten: »Ich danke dir. Ich liebe dich.«

7. *Verminderte Störgeräusche im Gehirn.* Störgeräusche im Gehirn sind das bewusste und unbewusste Plappern, das unseren Geist erfüllt. Es entspricht proportional der Anzahl der bipolaren, zersplitterten Personae, die Sie in sich tragen. Die Personae reden und reden, und je mehr Lügen sie erzählen, desto unklarer ist Ihr Bewusstsein. Nach der Vollendung des Quantenkollaps-Prozesses wird Ihr Gehirn klar und die Personae werden neutralisiert, integriert und leise. Die einzige Stimme, die noch spricht, ist die Ihrer erleuchteten Seele.

8. *Gleichgewicht, Zentriertheit und Integration.* Wenn Ihr Geist vollkommen ins Gleichgewicht gebracht worden ist, fühlen Sie sich zentriert und stärker integriert. Die Anzahl Ihrer bipolaren Personae nimmt ab und Ihr Bewusstsein nimmt zu. Sie haben mehr Kraft, ebenso wie Sicherheit und Präsenz. Ihr Körpertonus wird ausgeglichen. Ihre Physiologie normalisiert sich und Sie werden geheilt.

9. *Leichtigkeit und Gewichtslosigkeit.* Sie mögen sich fühlen wie jemand, der von einer schweren Last befreit wurde. Das ist der Unterschied zwischen dem Gefühl, an der Spitze der Welt zu stehen, und dem Gefühl, die Welt auf den Schultern zu tragen. Viele Patienten haben durch diesen Prozess tatsächlich Gewicht verloren, weil ein großer Teil der Gewichtszunahme durch emotionale Ladung motiviert ist. Verringern Sie die Ladung, so verringert sich Ihr Körpergewicht.

10. *Nichtlokale, sinnlich erfahrbare Präsenz des geliebten Menschen.* Wenn der Geist vollkommen zentriert und ausgeglichen ist, verschwindet die lokalisierte Raum-Zeit-Wahrnehmung und Sie betreten eine Welt der Nichtlokalität. Dann haben Sie zu allen Menschen Zugang, seien sie nun lebendig oder »tot«, zu jeder Zeit und an jedem Ort. Das ist eine mystische Erfahrung, die Erfahrung eines Christus oder Buddha. Sie treten in den Bereich der unerklärlichen esoterischen Welt ein. Die selbstgerechten und selbstungerechten Personae leben in dem exoterischen Bewusstseinszustand, aber die Seele lebt in der esoterischen Welt.

11. *Lichterfahrung.* Wenn Sie den Kollaps sorgfältig und tief durchlaufen und Ihr Herz sich weit öffnet, werden Sie eine unvergessliche Erfahrung von Licht machen. Ein Mann aus Kalifornien führte einen Kollaps an sich selbst durch und hatte eine solche Erleuchtungserfahrung, die sich den Menschen im Raum mitteilte. Von ihm selbst und dem Mann, den er als seinen Repräsentanten ausgewählt hatte, strahlte tatsächlich Licht aus. Ich hoffe, Sie werden diesen Zustand zumindest einmal erleben, damit Sie die Wahrheit Ihres spirituellen Lichts erkennen.

12. *Gewissheit der Wahrheit.* Sie wissen mit Klarheit und unerschütterlicher Gewissheit, dass Sie den Menschen, den Sie kollabiert haben, wirklich lieben. Sie erkennen an, dass es eine einzige Große Wahrheit gibt, dass das Universum von Liebe erfüllt ist und alles andere eine Illusion ist.

13. *Verlangen zu umarmen.* Sie fühlen sich unwiderstehlich zu dem Menschen, den Sie kollabiert haben, hingezogen, weil Ihre Abwehrhaltung, die die Entfernung aufrechterhält, verschwunden ist. Die Mauern sind eingestürzt, alle Angst ist verschwunden und Sie verspüren ein überwältigendes Verlangen, den geliebten Menschen zu umarmen.

14. *Erheben des Kopfes und der Augen.* Die Menschen in aller Welt richten spontan die Augen nach oben, als würden sie etwas Größeres über sich und jenseits von ihnen erblicken. Sie neigen dazu, nach oben zu blicken und zu sagen: »Danke Universum«, denn sie realisieren, dass sie mit all ihren Kenntnissen und Lebenserfahrungen nicht verstanden haben, wie gut alles angelegt ist. Sie spüren nun die allem zugrunde liegende intelligente Ordnung und neigen sich in Dankbarkeit demütig vor dieser verborgenen Intelligenz, die größer ist als sie.

15. *Dominoeffekt eines tieferen Verständnisses der vergangenen Ereignisse.* Sie blicken auf Ihr Leben zurück und fangen an zu erkennen, dass alles einen Sinn ergibt. Sie erkennen das Gleichgewicht und stellen die Verbindungen her, und Sie sagen: »Mein Gott! Kein Wunder, dass sich dieses und jenes in meinem Leben manifestiert hat und dass dies und das geschehen ist. Kein Wunder, dass mein Vater so war. Jetzt verstehe ich es.«

All diese Dinge geschehen, weil *The Breakthrough Experience* eine Wissenschaft von Körper und Geist ist, und Sie können mit Ihrem Geist nicht einfach darüber hinweggehen. Sie können sich natürlich entscheiden, den Quantenkollaps-Prozess nicht zu vollenden, aber wenn Sie sich dazu entschließen, Ihren Geist an die Schwelle vollkommenen Gleichgewichts zu bringen, werden Tränen der Berührung und Dankbarkeit auftreten – und alle oben genannten Phänomene werden sich proportional zum Ausmaß Ihrer Dankbarkeit manifestieren. Es spielt keine Rolle, wer oder was Sie sind, es geschieht einfach. Dies ist eine reproduzierbare Wissenschaft, die ich »das wissenschaftliche Ritual« nenne.

Ihr Leben in der Welt wird schließlich eine Art natürlichen Kollapsprozess durchlaufen. Sie können ihm nicht entkommen. Positive Dinge offenbaren unausweichlich ihre negative Seite, negative Dinge offenbaren ihre positive Seite. *The Breakthrough Experience* und der Quantenkollaps-Prozess wurden entwickelt, um all Ihre Illusionen, Lügen und Personae wieder in das eine Licht Ihres wahren Geistes einzuschmelzen, damit Sie die innere Stimme hören und das vollbringen können, wozu Sie auf die Erde gebracht wurden. Den einzigen Unterschied bildet der zeitliche Rahmen. Ich biete Ihnen die Weisheit des Alters ohne den Alterungsprozess an.

Zuletzt möchte ich Sie ermutigen, an einem Seminar *The Breakthrough Experience* direkt bei mir oder bei einem von mir zertifizierten Lehrer teilzunehmen und alle Fragen zu stellen, die Ihnen beim Lesen dieses Buches gekommen sind. Konfrontieren Sie mich mit allen Ihren Unsicherheiten hinsichtlich der Methode oder ihrer Prinzipien. Ich bin sicher, dass ich Ihnen helfen kann, den Segen in Ihren herausfordernden Erfahrungen zu finden und Ihre eigene Großartigkeit wirklich zu erleben. Sie werden alles erfahren, was ich bisher beschrieben habe, und mehr. Sie sind es sich also selbst schuldig, sich diese Gelegenheit nicht entgehen zu lassen.

Empfängnis: Glauben heißt sehen

Sie sprachen zu ihm:
Werden wir denn, wenn wir zu Kindlein werden,
in das Königreich eingehen?
Jesus sprach zu ihnen:
Wenn ihr die zwei zu eins macht und das Innere wie das Äußere,
das Äußere wie das Innere, das Hohe wie das Niedere,
wenn ihr aus dem Männlichen und Weiblichen
ein EINZIGES macht, ...
dann werdet ihr in das Königreich eingehen!

Evangelium des Thomas, Logion 22*

Aus der Quelle der Weisheit im Inneren Ihrer Seele, durch Ihr erleuchtetes Herz und Ihren Geist kommen Visionen, Botschaften und Gefühle. Wenn Sie inspiriert sind und Ihre innere Stimme oder Seele um Führung bitten, wird Sie Ihnen unweigerlich den Weg weisen. In einem Zustand der Dankbarkeit zu sein, wird Ihr Herz öffnen und Ihnen helfen zu erkennen, was Sie in Ihrem Leben gern sein, tun und haben würden. Nachdem Sie den Quantenkollaps-Prozess vollendet haben, befinden Sie sich in einem Zustand von Dankbarkeit und Liebe, dem perfekten

---

* *Zitiert nach* Das Evangelium des Thomas, *übersetzt und kommentiert von Jean-Yves Leloup, Winterthur (Edition Spuren) 2008.*

Zustand, um Ihrem Herzen zu lauschen und Ihre inspirierendsten Träume und Ziele aufzuschreiben. Ich nenne das »Die Möchtegern-Liste«, und auf den folgenden Seiten werde ich Ihnen genau zeigen, wie Sie Ihre eigene kreieren können.

Was wäre, wenn sich Ihr Leben Ihren Träumen und Plänen entsprechend entwickeln würde? Wenn Sie wüssten, dass Sie nicht versagen können, wenn Sie Ihrem Herzen und Ihrer Seele zuhörten und genau aufschrieben, was Sie in allen sieben Ebenen des Lebens liebend gern sein, tun und haben würden – wie wäre das? Wenn Sie eine Möchte-gern-Liste erstellen, die klare spezifische Informationen hinsichtlich Ihrer Richtung enthält, wäre es leichter, diese Dinge in Ihrem Leben zu manifestieren.

Erlauben Sie mir, Ihnen anhand einer Analogie zu zeigen, was ich meine. Stellen Sie sich vor, Sie sind der Leiter eines Teams von Baumeistern, und ich bin ein Architekt, der möchte, dass Sie ein Gebäude errichten. Wenn ich zu Ihnen sagte: »Los, bauen Sie mir ein hohes Gebäude im Herzen von New York«, wären Sie dann dazu in der Lage? Natürlich nicht! Sie können nicht bauen, solange Sie nicht alle Einzelheiten kennen – den Zweck, den Ort, die Anzahl der Stockwerke, die Materialien, das Design, die Kosten, die Zeitschiene, alles. Aber wenn ich sage: »Gut, ich will auf der Wall Street bauen. Das Gebäude soll 100 Stockwerke hoch, 30 Meter breit und 30 Meter tief sein. Soll aus Stahl mit Zementböden bestehen und soll wunderschön mit schwarzem Marmor, poliertem Stahl und Glas verkleidet werden. Auf dem 20. Stockwerk soll es ein Wellness-Center geben und ein weiteres auf der 50. Etage.« Können Sie sich das nun besser vorstellen?

»Das Gebäude soll vollkommen sicher sein, die Eingänge sollen mit Fingerabdruck- und Netzhaut-Scannern gesichert sein, damit die Mieter geschützt sind. Es soll Innengärten geben, einen Tennisplatz und einen Helikopter-Landeplatz auf dem Dach sowie ein 3000 Quadratmeter großes Penthouse. Es soll eine eigene Reinigungs-, Mietwagen- und Reisebüro-Firma haben, und der Terminplan sieht vor, dass ein Stockwerk pro Woche gebaut wird. Das Fundament soll 18 Meter tief sein und wir werden in zwei Wochen anfangen.« Wenn ich mehr Einzelheiten angebe, fangen Sie dann an, es zu sehen? Ist Ihnen klar, dass alle Fragen oder Hindernisse, die bei Ihnen entstehen könnten, genau auf den Einzelheiten beruhen, die ich auslasse?

Auf ganz ähnliche Weise entspricht die Unsicherheit in Ihrem Leben proportional den Einzelheiten, die Sie nicht hinterfragt und beantwortet haben. Wenn Sie Meisterschaft über sich selbst erlangen wollen, müssen Sie die Fragen stellen und die Einzelheiten kennen – sonst können Sie nicht bauen. Die Frage ist: Sind Sie sich selbst wichtig genug, um sich die Zeit zum Planen zu nehmen?

Versagen zu planen, planen zu versagen

Der große Architekt Mies van der Rohe sagte einmal: »Gott liegt im Detail.« Eine inspirierte Vision ist nicht einfach eine schwammige Wahrnehmung; sie muss äußerst klar und detailliert sein. Die Vision der *Breakthrough Experience*, die ich vor Jahren im Flugzeug hatte, war sehr detailliert. Etwas später hatte ich die Vision eines Buchs, die den Inhalt, die Farbe, den Schutzumschlag, die Drucktype und die Papierqualität bis in jede Einzelheit beinhaltete. Es war so, als könnte ich das Buch vor meinem geistigen Auge in die Hand nehmen und es lesen. Solche Einzelheiten sind es, von denen ich spreche.

Ihre Möchte-gern-Liste muss so genau sein, dass jeder andere sie begreifen und umsetzen kann. Je höher der Grad der Genauigkeit ist, desto höher die Wahrscheinlichkeit, dass Sie ihre Verwirklichung (er)leben werden.

Ich führe ein persönliches Buch mit speziellen Einzelheiten, wie genau ich mein Leben haben möchte. Je häufiger ich dieses Buch lese und es verfeinere, desto mehr manifestieren sich meine Träume in Übereinstimmung mit diesen Einzelheiten. Stellen Sie sich vor, man hätte Ihnen die Verantwortung übertragen, alle sieben Bereiche Ihres Lebens aufzubauen; man würde Ihnen eine ganze Gruppe von Leuten zur Unterstützung zur Seite stellen, und je mehr Einzelheiten Sie kennen, desto größer wird die Mannschaft sein, die Ihnen zur Verfügung gestellt wird. Ohne Ihre detaillierte Führung wissen Ihre Helfer nicht, was zu tun ist; Unsicherheit kommt auf und Sie müssen sie entlassen, weil es nicht genug Arbeit gibt.

In diesem kreativen Prozess müssen Sie das Gleichgewicht halten zwischen »die Dinge geschehen machen« und »die Dinge geschehen lassen«. Es ist also klug, einen Plan zu machen, aber nicht so starr, dass Sie keine Verfeinerungen und Anpassungen vornehmen können. Die meisten meiner Ziele sind sehr genau und spezifisch definiert, aber bei einigen lasse ich die Art und Weise, wie sie in Erscheinung treten, weitgehend offen. Der Zweck des Plans ist nicht, ihn unbedingt genau auf diese Weise zu verwirklichen, sondern Ihrem Geist zu gestatten, ihn deutlich genug zu sehen, um Angst und Zweifel auszuräumen. Dann können Sie das von Ihnen ins Auge Gefasste oder sogar noch effizientere Alternativen anziehen.

Manche Menschen stellen wohl eher mit ihren selbstgerechten Personae als mit ihrem wahren offenherzigen Wesen einen ziemlich ehrgeizigen Plan in einem vollkommen unrealistischen Zeitrahmen auf. Wenn der Plan dann nicht in Erfüllung geht, sind sie deprimiert. Wenn Sie sich ein Ziel mit Ihren selbstgerechten Personae setzen, werden Sie sich bei dem Versuch, ihn zu verwirklichen, kaputt machen. Wenn Sie mit Ihren selbst-ungerechten Personae Pläne machen, werden Sie nicht motiviert sein und sich langweilen. Intensive Visionen, die kristallklar sind, können in Erscheinung treten. Sie geraten ihretwegen nicht in Hochstimmung oder lassen sich niederdrücken; Sie arbeiten einfach weiter daran, bis sie sich verwirklichen.

Jedes Herz hegt einen Plan, aber vielleicht haben Sie den ihren noch nicht zu Papier gebracht. Ihr detaillierter Vorgehens-plan oder die Matrize Ihres Lebens ist der Versuch Ihres sterb-lichen Ich, Ihren unsterblichen begnadeten göttlichen Entwurf zu verwirklichen. Einige meiner göttlichen Entwürfe sind sehr deutlich; ich habe sie klar vor Augen und ich bin zutiefst gerührt, wenn ich das ganze Bild erkenne. Es gibt keine Fragen mehr und so mache ich es einfach. Manchmal braucht es Jahre, bis der Plan völlig umgesetzt ist, aber ich weiß, dass ich es tun muss, also arbeite ich einfach weiter daran.

Wenn Sie sich noch die Frage stellen: »Ist es wirklich das, was ich möchte?«, dann ist es das garantiert nicht. Es ist dann eher ein irgendwie übersteigertes oder zu klein geratenes Ziel, das von Ihrem selbstgerechten oder selbstungerechten Anteil gesetzt wurde. Es ist ein Ziel, das durch Hinzufügungen oder Weglassungen verfeinert werden muss. Wenn es reine Inspira-tion ist, dann gibt es nichts zu verändern; es scheint einfach hindurch.

Flexibilität

Auf meiner Reise durch das Leben setze ich mir Ziele, die ich schließlich vollende und dann auslösche oder die ich im Lauf der Zeit anpasse. Manchmal setze ich mir unter dem Einfluss meiner Personae Ziele, und muss sie dann verfeinern und anpassen. Meine Intuition gibt mir Bescheid, wenn dies geschieht, und ich schule mich darin, auf sie zu hören. Auch Ihre Intuition wird Sie wissen lassen, wann Ihr Plan der Verfeinerung oder Überarbeitung bedarf. Geben Sie acht und lauschen Sie dem stillen und sicheren Wissen, das mit den Tränen in Ihren Augen aufsteigt.

Manche der Ziele, die Sie auf die Möchte-gern-Liste schreiben, müssen nicht unbedingt verwirklicht werden. Sie werden Ihnen bewusst gemacht, um Sie zu einer Erfahrung zu bringen, die Sie zu Ihrem nächsten Ziel trägt. Es kann zum Beispiel sein, dass Sie sich ein Ziel setzen und drei Monate auf dieser Spur sind, und dann lernen Sie plötzlich etwas, das Sie nicht gelernt hätten, wenn Sie nicht diesem Weg gefolgt wären. Sie wechseln Ihre Ausrichtung, legen Ihren Weg neu fest und sagen: »Es ist nicht wesentlich, dass ich dieses Ziel erreiche. Es war nur ein Trittbrett für eine tiefere Verwirklichung. Hätte ich es vorher nicht aufgeschrieben und wäre ihm gefolgt, wäre es nicht zu dieser neuen und effizienteren Realisierung gekommen.« Auch so etwas stimmt vollkommen mit Ihren Träumen überein und ist Teil der göttlichen Vollkommenheit.

Ihre Liste der Visionen und Vorlieben ist nicht in Stein gemeißelt. Sie ist niemals vollständig. Wenn Sie etwas erkennen, das Sie morgen oder nächste Woche feilen und verfeinern können, tun Sie es. Ich war in Gremien von Unternehmen, wo man zwei bis drei Jahre an der Formulierung von Plänen arbeitete. Wir nahmen immer wieder Umstrukturierungen und Verfeinerungen an ihnen vor und spielten so lange mit ihnen, bis sie ganz klar waren. Erst dann kann eine effiziente Umsetzung einsetzen. Ihre Möchte-gern-Liste sollte eine fortlaufende evolutionäre Struktur dessen sein, wohin Sie gehen und was Sie in Ihrem Leben aufbauen. Wenn die Dinge allmählich deutlicher werden, fügen Sie weitere Schichten hinzu. Sie sollten nicht zu starr an früheren Vorstellungen festhalten. Um welche Vision es sich auch handeln mag, es ist klug zu sagen: »Entweder dies oder etwas Effizienteres«, um dem Universum zu erlauben, Ihre Träume zu nähren. Dies ist der Anfang eines großen Plans für das Meisterwerk, das Ihr Leben heißt.

Vision ist Leben

Die weisen alten Griechen lehrten ihre Schüler Philosophie und Astronomie. Staatsmänner mit engeren Horizonten fragten sie, warum sie Zeit darauf verschwendeten, die Jugend solch abstrakte Dinge zu lehren.

Die weisen Männer antworteten: »Schüler, die nur praktische Dinge lernen, entwickeln keine weite Perspektive, die über sie selbst hinausgeht. Man muss ihre Sichtweise ausweiten und ihnen unbequeme Fragen stellen, damit sie über die Grenzen ihres konventionellen Denkens hinausgehen.« Das Theoretische und das Abstrakte sind genauso wesentlich für ein erfülltes Leben wie das Praktische und Konkrete. Hier geht es auch um jenes Unsterbliche, das das Sterbliche antreibt und erweitert.

Die wahre Entdeckungsreise besteht nicht darin,
dass man neue Landschaften sucht,
sondern dass man mit neuen Augen sieht.
Marcel Proust

Wenn Sie Ihre Möchte-gern-Liste schreiben, empfehle ich Ihnen, dass Sie Ihre kurzfristigen Ziele, die spezifisch, detailliert und leicht zu erfüllen sind, langfristige Ziele, die möglicherweise etwas weniger deutlich sind, sich aber im Laufe des Prozesses offenbaren werden, und Visionen für Ihr ganzes Leben mit aufnehmen.

Die Menschen, die unsterbliche Spuren hinterlassen, sind jene, die die universalen Prinzipien entdecken und sie anwenden, koste es, was es wolle. Anfangs ist das Meistern einer jeden neuen Fertigkeit eine Herausforderung. Wenn man anfängt, Lesen und Schreiben zu lernen, ist das schwer. Aber ich habe es trotz der düsteren Prognose meiner Lehrerin geschafft. Heute lehre ich Schnell-Lesen und bin ein Autor, der Vorträge in der ganzen Welt hält.

Ich glaube nicht, dass es in den letzten 29 Jahren einen Tag gegeben hat, an dem ich nicht einen Teil meines Traumes niedergeschrieben hätte. Ich führe ein Tagebuch mit Träumen, Affirmationen und visuellen Bildern und jeden Tag bringe ich es an meinem Computer auf den neuesten Stand. Mir ist klar, dass ich mich in jedem Augenblick, in dem ich das tue und meinen großen Plan entwerfe, der dem göttlichen Entwurf des Lebens entspricht, selbst ermächtige, meine Bestimmung zu kreieren und zu erfüllen. Niemand sonst wird es für mich tun.

Als ich 17 Jahre alt war, empfing ich mit Hilfe von Paul Bragg eine Offenbarung, durch die ich zu einem vollkommen anderen Menschen wurde. Seit jenem Augenblick ist es immer mein Traum gewesen, eine ähnliche Wirkung auf andere zu haben.

Obwohl ich noch nicht einmal die Hälfte meines Lebens hinter mir habe, bin ich bereits auf dem Weg, meine Träume zu erfüllen. Wenn ich 93 Jahre alt sein werde, wird eine Gruppe siebzehnjähriger Schüler vor mir sitzen und ich werde ihnen die Essenz dessen, was ich gelernt habe, übermitteln. Ich habe mein

Leben der Vorbereitung darauf gewidmet. Vielleicht bin ich dann ein verhutzelter alter Knabe, aber ich werde in jedem Falle diese Begeisterung vermitteln. Ich weiß, dass ich die Fackel weitergeben werde. Ich weiß das, weil ich es sehe und es in meinem Geiste bereits geschehen ist.

Sie möchten vielleicht den Pulitzerpreis gewinnen, eine Goldmedaille bekommen, ein Buch schreiben, eine Familie gründen, eine Karriere aufbauen, ein Vermögen anhäufen ... Ich weiß nicht, was Ihr Traum ist, aber lassen Sie sich in Gottes Namen von nichts auf dieser Welt davon abhalten, ihn zu verwirklichen. Lassen Sie sich von keinem Menschen, Ort, Ding, Ereignis oder keiner Vorstellung von diesem Traum abhalten, denn darum geht es im Leben. Es besteht aus Ihrem spirituellen Ruf, der in die verkörperte Wirklichkeit gebracht wird.

Stellen Sie sich vor, Sie würden Ihr Leben Ihrem Traum widmen und sich von nichts, aber auch gar nichts aufhalten lassen. Wenn Sie sich von keinem Menschen auf diesem Planeten, von keiner Herausforderung, keinem Hindernis, keinen Ängsten und Emotionen davon abhalten lassen, genau das zu sein, wovon Sie träumen, wie könnte er nicht wahr werden? Das Schönste im Leben ist, morgens aufzuwachen und zu tun, was Sie lieben, und zu lieben, was Sie tun, gut bezahlt zu werden und hoch motiviert zu sein – einfach Ihr Freizeitvergnügen zur Berufung zu machen. Ich hoffe, diesen Teil in Ihrem Herzen angerührt und einen Samen gelegt zu haben, sodass Sie in der Lage sind, Ihren Traum so zu leben, wie ich den meinen lebe.

Den eigenen Weg finden

Vor einigen Jahren kam ein Mann in meinen Kurs und sagte: »Ich bin mein ganzes Leben lang Arzt gewesen, weil mein Vater Arzt war und es in unserer Familie so üblich war. Nun ist er gestorben und ich muss ihm nichts mehr beweisen. Mein wirklicher Herzenswunsch war schon immer, ein professioneller Golfspieler zu sein – können Sie mir helfen?«

Ich brachte ihn dazu, seinen Traum in allen Einzelheiten zu beschreiben. Wenn er vom Golfen sprach, traten ihm Tränen in die Augen. Es war genau das, was er liebte. Wir entwarfen eine Matrize für ihn, die ihm helfen sollte, seinen Traum zu verwirklichen.

Ich sagte: »Stellen Sie eine Liste der größten Golfspieler der Welt zusammen und planen Sie, ihnen allen zu begegnen. Schaffen Sie dann einen heiligen Raum in Ihrem Haus und stellen Sie alles, was Sie in Hinsicht auf Golf inspiriert, in diesen Raum. Machen Sie jedes Video oder Bild von jemandem ausfindig, der mit dem ersten Schlag eingelocht, einen Platz-Rekord aufgestellt, einen Meistertitel gewonnen oder einen Titel in einem fortgeschrittenen Alter errungen hat und stellen Sie sie in diesen Raum. Visualisieren Sie, ein Golfspieler zu sein, und rezitieren Sie Affirmationen, die Ihre Gewissheit stärken.«

Er ging sogar noch weiter, als ich erwartet hatte. Er kaufte sich ein virtuelles Golf-Programm, das die Erfahrung des Golfspielens in unglaublicher Genauigkeit rekonstruiert. Er schnitt Bilder seines Gesichts aus und klebte sie auf die Covers der wichtigsten Golfzeitschriften, sodass er sich große Trophäen in der Hand halten sah. Er übte jeden Tag, während er sich dabei visualisierte, beim ersten Schlag einzulochen. Er ließ seine Praxis zurück, zog nach Florida um, wo er einige Stunden am Tag erfolgreich an der Börse spekulierte und widmete sich den Rest des Tages dem Golfen. Heute ist er ein bekannter Golfprofi und lebt gut davon.

Ihre Möchte-gern-Liste

Die meisten Menschen haben sich niemals die Zeit genommen, sich zu fragen:»Was will ich wirklich in meinem Leben machen?« Nicht, was sie tun könnten, sollten oder müssten, sondern was sie gern tun möchten. Ihre Lebensqualität wird von der Qualität der Fragen, die Sie stellen bestimmt. Wenn Sie sich immer wieder diese Frage stellen und nicht damit aufhören, bis Sie Antworten bekommen – und diese Antworten immer weiter verfeinern –, werden Sie zu einem wunderbaren Leben erwachen und es sich schaffen.

Es ist nun an der Zeit, Ihre Möchte-gern-Liste zu schreiben. Dies wird Ihr erster Entwurf. Ich empfehle Ihnen, sie auf dem Computer zu schreiben, sie ständig auf den neuesten Stand zu bringen und sie zu verfeinern, während sich immer mehr Einzelheiten manifestieren, die zu Ihnen kommen werden, sobald Sie die Wirkung der Liste ernst nehmen und verstehen. Jede Aussage sollte klar und spezifisch sein. Schwammige, verallgemeinernde Aussagen wie»Ich möchte glücklich sein, ich möchte erfolgreich sein, ich möchte ein spiritueller Mensch sein« schaffen ein schwammiges verallgemeinerndes Leben. Wenn Sie spirituell sein möchten, müssen Sie dies definieren: Meinen Sie damit beten, meditieren, glänzen oder was? Bedeutet Erfolg eine bestimmte Menge an Geld, Reisen, Prestige, etwas Bestimmtes zu haben oder bestimmte Leute zu treffen?

Ohne diese Präzision wird Ihr Plan zu schwammig sein, um danach zu handeln, und wenn Sie nicht agieren, dann schreiben Sie nur leere Worte auf. Je detaillierter sie vorgehen, desto unglaublicher ist Ihre schöpferische Kraft.

Ich gebe Ihnen hier ein Beispiel für einige Einzelheiten und spezifische Aussagen:

Sein: Mit 40 Jahren ein Multimillionär und wohltätiger Philanthrop sein.

Tun: Ein monatlicher Ansparplan bei der Brokerfirma XYZ, der auf die Strategie des Cost-Averaging gekoppelt mit Value-Averaging setzt, kontinuierlich Polster aus Anlageklassen mit Sektordiversifizierung aufbaut und dabei ein ausgewogenes Verhältnis aus aktiv gemanagten Investmentfonds und passiv gemanagten Index-Fonds einsetzt.

Haben: Geduld und die Belohnungen durch finanzielle Freiheit, Reisen und soziale Anerkennung und Wohltätigkeit.

Sind Sie bereit, Ihre Möchte-gern-Liste zu schreiben? Überlegen Sie, was Sie in jedem der sieben Lebensbereiche sein, tun und haben wollen. Schreiben Sie spezifische und detaillierte Aussagen:

Spirituell

Sein: _____

_____

_____

_____

_____

_____

Tun: _____

_____

_____

_____

_____

_____

Haben:

_____

_____

_____

_____

_____

Mental

Sein:

_____

_____

_____

_____

_____

Tun:

_____

_____

_____

_____

_____

Haben:

_____

_____

_____

_____

_____

Beruflich

Sein:

_____

_____

_____

_____

_____

_____

Tun:

_____

_____

_____

_____

_____

Haben:

_____

_____

_____

_____

_____

_____

Finanziell

Sein:

_____

_____

_____

_____

_____

Tun:

_____

_____

_____

_____

_____

Haben:

_____

_____

_____

_____

_____

Familiär

Sein:

_____

_____

_____

_____

_____

Tun:

_____

_____

_____

_____

_____

Haben:

_____

_____

_____

_____

_____

_____

Sozial

Sein:
_____

_____

_____

_____

_____

_____

Tun:
_____

_____

_____

_____

_____

Haben:
_____

_____

_____

_____

_____

_____

Physisch

Sein:

_____

_____

_____

_____

_____

_____

Tun:

_____

_____

_____

_____

_____

Haben:

_____

_____

_____

_____

_____

_____

Wenn Sie Ihre Sein-, Tun- und Haben-Aussagen aufgeschrieben haben, können Sie aus den einzelnen Komponenten einen Gesamtplan herausarbeiten. Hier ist ein Beispiel dafür:

Mein Gott, ich bitte darum, dass ich immer ein wissbegieriger Forscher sein werde – einer, der entschlossen ist, einige Rätsel der Natur des Menschen zu lösen, einer, der bereit ist, allen stagnierenden Überzeugungen hinsichtlich der Mysterien des menschlichen Geistes mit Misstrauen zu begegnen, der in der Lage ist zu beweisen, dass die faszinierendsten Mysterien unter den komplexen Abläufen des sich entwickelnden menschlichen Bewusstseins verborgen liegen, der neue Entdeckungen macht und der die Menschheit zu noch größeren Mysterien erweckt. Ich bitte darum, ein Pionier in der Arbeit am menschlichen Verhalten zu sein. Ich bitte darum, dass ich den Mut habe, unermüdlich auf der Suche zu sein und die stille Entschlossenheit besitze, zu einer bedeutenden Kraft auf dem Gebiet der Chiropraktik, Psychologie, Philosophie und Theologie zu werden. Ich bitte um die Befähigung, mein revolutionäres, die Psyche transformierendes Werkzeug mit Tausenden von Anwendungsmöglichkeiten, das The Quantum Collapse Process genannt wird, weiterzuentwickeln und um der Erfüllung dieser lebenslangen Suche willen ein privilegiertes und hoch kultiviertes Leben zu führen.

Worte der Weisheit und Kraft

- Ich bin ein Stern; es ist meine Bestimmung, zu scheinen.
- Ich bin ein Meister des Details und ich sehe meinen Weg deutlich vor mir.
- Ich bin der Urheber meines Lebens.
- Wer die größte Gewissheit besitzt, regiert.
- Mein wahres Ich ist Licht.
- Gott ist die Macht; ich bin die Vision; wir sind ein Team.

Materialisierung:
Der Plan der Schöpfung

Wenn Sie an Gott glauben,
arbeiten Sie mit Ihm.
Wenn Sie nicht an Gott glauben,
werden Sie einer.

Sri Nisargadatta Maharaj

Sie haben einen Lebenszweck hier auf Erden. Ihr Lebenszweck wird deutlich, wenn Sie von Ihrer Seele geleitet werden, und bleibt schwammig, wenn Sie von den vielen Personae in Ihnen abgelenkt werden. Jedes Mal, wenn Sie den Quantenkollaps-Prozess vollenden, lösen Sie Personae auf, stärken Ihr wahres Wesen und erhellen Ihren inspirierenden Lebenszweck. Ihr Lebenszweck ist das »Warum«, das Sie zu dem »Wie« zieht, damit Ihr »Was« wirklich werden kann.

Haben Sie jemals ein Seminar besucht und neue Fertigkeiten erlernt? Sie haben eine tolle neue Liste erhalten, ein ganzes Bündel von »Wies«, aber aus einem bestimmten Grund haben Sie sie nicht zur Anwendung gebracht. Das Verhältnis zwischen dem, was Sie wissen, und der Fähigkeit, Ihr Wissen anzuwenden, wird von der Größe Ihres Warum bestimmt. Sie können alles lernen, was Sie brauchen, um Ihr Ziel zu erreichen, wenn aber Ihr Warum zu klein ist, werden Sie nicht das Erforderliche tun. Wenn Ihr Warum groß genug ist, werden Sie etwas lernen und dann beginnen, es zu tun. Die Wies werden sich um sich selbst kümmern. Doch ohne ein gewichtiges Warum wird wenig geschehen.

Die Leute haben mich gefragt: »John, wie kommt es, dass du 29 Jahre auf dein Ziel fokussiert geblieben bist?« Ich sage ihnen, es käme einfach nur daher, dass ich ein ausreichend großes Warum hätte. Ich habe eine klare Vision und Botschaft empfangen und mein Warum ist groß genug, um mich das tun zu lassen, wofür ich hier bin. Das Warum ist das, was uns motiviert und in Bewegung hält.

Warum verwirklichen Sie Ihr Leben und Ihre Lebensweise nicht genau so, wie Sie sich es wünschen? Als Antwort auf diese Frage gibt es viele Ebenen der Entschuldigung, und sie gründen sich alle auf Ängste und Formen von Schuld.

Ich habe mich in meinem Leben nicht selbst verwirklicht, weil
...

- ➤ ich mir wünsche, zuerst mein Übergewicht zu verlieren.
- ➤ ich meine Schulden zuerst bezahlen will.
- ➤ ich meine Ausbildung zuerst abschließen muss.
- ➤ ich zuerst wohltätige Arbeit in meiner Kirche tun sollte.
- ➤ ich zuerst meine Familie zu ernähren habe.

Keine dieser Antworten ist unbedingt wahr. Sie sind alle Ausreden dafür, dass wir das, was wir gerne tun würden, nicht tun. Aber mit Ausreden werden Sie keinen Ihrer Träume verwirklichen. Wenn jemand seiner selbst vollkommen sicher ist und unerschütterliches Selbstvertrauen hat, können Sie ihm sein Geld wegnehmen und alles, was er sonst noch hat – er würde es einfach wieder aufs Neue schaffen. Um Ihre Träume zu materialisieren, müssen Sie immer wieder zwei weise Handlungsschritte unternehmen:

1. *Definieren Sie Ihre Träume.* Wenn Sie sie nicht definieren, erwarten Sie nicht, dass Sie welche haben. **2.** *Fragen Sie sich, was Ihren Träumen im Wege steht.* Es ist wesentlich. Wenn Sie sich dabei ertappen, Ausflüchte zu erfinden, machen Sie sich klar, dass jede Entschuldigung durch einen Kollaps aufgelöst werden kann. Das Aufschieben der Verwirklichung Ihrer Träume bedeutet nur, dass Sie sich davon abbringen lassen, sie zu leben. Es basiert hauptsächlich auf drei Dingen: einem nicht stringenten und nicht detaillierten Ziel, einer verzerrten Wahrnehmung, und einem Ziel, dass nicht mit Ihren höchsten Werten oder Ihrem höchsten Zweck verbunden oder im Einklang ist. Teilen Sie die Verwirklichung in machbare Schritte auf, gleichen Sie Ihre Wahrnehmung aus und verbinden Sie Ihre Träume mit Ihren höchsten Werten; dann werden Sie das Aufschieben durchbrechen und zur Tat schreiten. Selbstverwirklichung erfordert, keine Ausflüchte zu machen.

Ich habe an die zwanzig Jahre lang mit Ärzten gearbeitet, habe Praxen gekauft und verkauft und habe Ärzte geschult und sie beraten. Nehmen wir einen Arzt, der 500 Patienten in der Woche hat, und setzen ihn in eine winzige Klinik in irgendeiner Kleinstadt. Innerhalb weniger Monate wird er wieder 500 Patienten pro Woche haben. Und nehmen wir einen Arzt, dessen Mentalität eher 50 Patienten pro Woche entspricht, und verkaufen ihm eine Praxis, die zuvor 500 Patienten pro Woche hatte. Innerhalb weniger Monate wird er wieder bei 50 Patienten in der Woche ankommen.

Dieses Phänomen ist das Ergebnis eines Schwingungszustands des Bewusstseins, der nur wenig oder gar nichts mit der äußeren Welt zu tun hat und dafür alles mit Ihrer eigenen inneren Welt. Es ist Ihre übersteigerte oder eingeschränkte Wahrnehmung auf den sieben Ebenen des Lebens, die die Kraft Ihrer inneren Welt schwächt. Hinter Ihrer Selbstbeschränkung stehen Ängste und Formen von Schuld. In der Durchbruchserfahrung geht es darum, die verzerrte Wahrnehmung auf den sieben Ebenen des Lebens aufzulösen und Ihren Geist freizusetzen, damit er seine Schwingen ausbreiten und Erfüllung finden kann.

Sein, Tun und Haben

Sie sind hier, weil Sie eine Mission zu erfüllen haben. Ihre Mission besitzt drei Komponenten, nämlich die Aspekte von Sein, Tun und Haben. Wenn Sie nicht spezifizieren, was Sie in Ihrem Leben haben und sein und tun wollen, wird Ihnen das Universum wahrscheinlich etwas vollkommen Unvorhergesehenes schenken. Wenn Sie in ein Land einreisen, müssen Sie die mitgebrachten »Waren« deklarieren, und wenn Sie in Ihren Körper kommen, müssen Sie deklarieren, was Sie vom Leben haben möchten. Je mehr Sie deklarieren und erbitten, desto mehr Erfüllung kann Ihnen zuteilwerden.

Sagen Sie mir, was Sie tun und was Sie haben, und ich sage Ihnen eine Menge darüber, wer Sie sind. Wenn Sie eine Menge Klienten, Geschäfte, Wohlstand und Ressourcen haben und viele Dienste leisten, dann sind Sie »Jemand«. Wenn Sie aber nichts tun und nichts haben, wird die Gesellschaft Sie als »Niemand« bezeichnen. Wenn jemand der Gesellschaft große Dienste erweist und riesige Ressourcen besitzt und in der Welt wirklich etwas bewegt, sagen andere automatisch: »Toll!«

Manchmal sagen Seminarteilnehmer: »Nein, ich stehe über alledem. Ich schaue nicht nach dem, was Leute tun oder haben, um zu bestimmen, wer sie sind; ich packe sie nicht in solche Schubladen.« Aber wenn ein bedeutender Mensch, der sehr viel tut oder hat, neben ihnen steht, dann schrumpfen sie sichtlich zusammen. Betritt ein Milliardär oder jemand, der außerordentlich schön oder brillant ist, den Raum, dann sind sie eingeschüchtert. Es ist unsere Natur zu wachsen und unser Bewusstsein auszudehnen und jede Qualität unseres Lebens auszuweiten. Jeder, der das nicht tun, betreibt Selbstzerstörung, weil er oder sie nicht die göttliche Bestimmung kontinuierlicher Entwicklung, Ausdehnung und des Erwachens erfüllt.

Da die Mischung von Sein, Tun und Haben stets ausgeglichen sein muss, verringern Sie immer dann, wenn Sie versuchen, etwas umsonst zu bekommen oder etwas umsonst zu geben, zeitweilig Ihren wahren Selbstwert und verdunkeln die Klarheit Ihrer Aufgabe. Die Form dieses Ungleichgewichts wird unfairer Austausch genannt. Das mag vielleicht etwas schockierend klingen, aber die Sache mit dem »Geben« ist auch so ein Ammenmärchen, denn man kann nichts geben, ohne auch etwas zu empfangen. Der weit verbreitete Glaube, wir sollten alle gebende Menschen sein, ist absoluter Unsinn. Der Meister erkennt und transzendiert das Ammenmärchen des Gebens durch sein Wissen, dass es einfach eine Form des Austausches und der Transformation ist. Der Meister versteht fairen Austausch und weiß, dass es kein Geben ohne Empfangen in absolutem Gleichgewicht gibt.

Kennen Sie Menschen, die glauben, sie seien reine gebende, auf Wohltätigkeit orientierte Altruisten? Wenn eine Person sagt: »Ich möchte dir dies aus tiefstem Herzen schenken; ich liebe es zu schenken, es ist meine Natur«, dann können Sie sie auf ihre Hintergedanken prüfen, indem Sie sagen: »Oh vielen Dank für dieses schöne Geschenk« – und es dann gleich vor Ort an jemand anderen weiterschenken oder es vor ihren Augen verbrennen. Plötzlich treten die Hintergedanken an die Oberfläche und ihre Erwartungshaltung hinter ihrem Geben wird sichtbar.

Wenn die Person wirklich um des Gebens willen geschenkt hätte, wäre sie in der Lage, Ihr Handeln zu schätzen. Wenn sie jedoch mit dem Hintergedanken gegeben hat: »Du solltest meinen hervorragenden Geschmack schätzen und mir danken«, dann tritt dieser Hintergedanke plötzlich zu Tage und die Person wird reagieren. Erkennen Sie, dass Geben und Nehmen sich im Gleichgewicht halten. Werden Sie sich der Hintergedanken von anderen und Ihrer eigenen bewusst.

Präsenz ist ein wichtiger Schlüssel zur Meisterschaft. Sie können nicht präsent sein, wenn Sie glauben, jemand zu sein, der etwas umsonst gibt oder etwas umsonst erhält. Eine Möglichkeit, Präsenz aufrechtzuerhalten, ist simultaner fairer Austausch. Also halten Menschen, die Meisterschaft über sich selbst erlangt haben, einen fairen Austausch in ihrem Leben aufrecht. Deshalb heißt es in einem der ältesten griechischen Sprichwörter: »Lohn wird fällig, wenn der Dienst geleistet wurde.« Das ist bleibende Präsenz. In genau dem Augenblick, wo der Dienst geleistet wird, findet die Entlohnung statt. Wenn Sie aus dem Austausch herausfallen, blockieren Sie die Präsenz.

Haben Sie jemals jemandem etwas geschuldet und hatten monatelang oder jahrelang Angst oder Schuldgefühle? Es belastete Ihren Geist und Ihr Bewusstsein war getrübt, weil Sie das Gefühl hatten, von dem fairen Austausch ausgeschlossen zu sein. Jedes Mal, wenn Sie sich vom Austausch auf einer der sieben Ebenen des Lebens ausgeschlossen fühlen – der spirituellen, mentalen, beruflichen, finanziellen, sozialen, familiären und physischen –, verlieren Sie die Präsenz und bringen Furcht und Schuldgefühle hervor. Dann werden Sie sich so lange zurückhalten, bis Sie wahrnehmen, dass Sie zu fairem Austausch zurückgekehrt sind.

Fairer Austausch ist nicht auf physische Gegenstände beschränkt; es geht dabei auch um ein Spiel des Geistes. Wenn Sie etwa eine große Erbschaft machen und nicht wissen, womit Sie dies verdient haben, wird wahrscheinlich irgendeine ausgleichende Kraft den Betrag genau auf die Summe reduzieren, von der Sie glauben, Sie verdienten sie. Sie können das Geld ausgeben, es bei Investitionen verlieren oder es für plötzliche Krankheit, Freunde in Bedrängnis oder akute Notfälle benutzen. Um Ihre Wahrnehmung auszugleichen und das Gefühl zu bekommen, es habe einen fairen Austausch gegeben, tun Sie gut daran herauszufinden, was Sie getan haben, um das zu verdienen, was Sie empfangen haben. In dem Augenblick, da Sie dies tun, wird Ihr Geist klar und präsent. Wenn Sie das Gefühl haben, Sie hätten es verdient, gehen Sie mit dem Geld vollkommen anders um. Dies ist ein sehr machtvolles Prinzip, denn wir häufen jedes Mal Lasten an, wenn wir Unausgewogenheit in unserer Wahrnehmung haben und uns nicht des Gleichgewichts bewusst sind.

Was ist Ihr wahrer Wert?

Es gibt noch eine weitere Spielart dieses Prinzips: Solange Sie sich nicht selbst wertschätzen, erwarten Sie nicht, dass andere es tun. Die Welt um Sie herum reflektiert Ihr Inneres. Wenn Sie Ihrem Sein, Tun und Haben einen größeren Wert beimessen, werden Sie genau das zurückbekommen.

Nehmen wir an, Sie seien ein Schauspieler, der beschlossen hat, dass seine Mindestgage X Euro ist. Jemand bietet Ihnen nun eine Rolle für ein Zehntel dieses Betrages an. Wenn Sie das Angebot annehmen, sagen Sie damit, Ihr wahrer Wert beliefe sich auf ein Zehntel des ursprünglich angesetzten Betrages. Sie verwässern Ihren Marktwert. Wenn aber ein niedrigeres Angebot kommt und Sie Ihren eigenen Wert anerkennen und sagen:

»Nein, dies ist mein Preis; das bin ich wert«, werden Sie ihn bekommen. Mit »Ihren eigenen Wert anerkennen« meine ich nicht
eine übertriebene Einschätzung Ihres Wertes durch Ihre selbstgerechte Persona, sondern eine realistische Einschätzung durch
Ihr wahres inneres Wesen. Das sagt Ihnen, was fairer Austausch
ist und Ihr Selbstwert steigt. Andernfalls fühlen Sie sich vom Austausch ausgeschlossen, so als hätten Sie etwas umsonst getan,
was Ihren wahren Selbstwert vermindert oder verwässert und
die Mündigkeit, Verantwortlichkeit und letztlich die Würde des
anderen Menschen mindert.

> *Ich verlange, was ich haben will,*
> *und sie zahlen es.*
> *So einfach ist das.*
> Harrison Ford

Haben Sie jemals das Gefühl gehabt, Sie hätten mehr für
eine Sache verdient, die Sie getan haben, es aber nicht eingefor-
dert, und haben sich später dann gering geschätzt gefühlt? Vor
einigen Jahren beriet ich eine Ärztin in Europa, die ihre Dienste
unterbewertete und nur ein geringes Honorar berechnete. Ich
sagte zu ihr: »Gehen Sie in Ihre Praxis zurück und erhöhen Sie die
Gebühren. Nehmen Sie professionelle Honorare und Sie werden
die entsprechenden Patienten bekommen.«

Sie ging in ihre Praxis zurück, und obwohl sie Angst hatte,
wusste sie, dass sie sich nicht im fairen Austausch befand. Sie
hatte einem bestimmten Patienten seit vier Jahren einen Sonder-
preis zugestanden. Schließlich gestand sie sich ein, dass sie ihn
nicht ausstehen konnte; sie wollte ihn eigentlich nicht mehr in
ihrer Praxis sehen. Sie war frustriert und ihre Mitarbeiter wollten
auch nichts mehr mit ihm zu tun haben. Nach vier Jahren, in
denen sie diesem Mann ihre Dienste für weniger als die Hälfte

des normalen Honorars hatte zukommen lassen – wie sie dachte aus reiner Freundlichkeit, aber eben doch mit Hintergedanken und Groll –, konfrontierte sie ihn schließlich damit.

Sie sagte:»Ich glaube, unser Austausch ist nicht mehr angemessen. Es wäre gut, wenn wir uns ab kommendem Monat langsam dem vollen Honorar annähern würden.«

Er rastete aus! Er beschimpfte sie und schrie:»Sie sind es nicht wert! Ich werde Ihnen auf keinen Fall so viel Geld zahlen.« Als er aus der Praxis stürmte, versammelten sich ihre Mitarbeiter um sie, umarmten sie und sagten:»Bravo! Das hätten Sie schon vor Jahren tun sollen!«

Vor unserem Beratungsgespräch lebte sie noch in der Illusion, die Leute würden sie gern haben, weil sie ihnen so wenig berechnete, aber dieser Mann verachtete sie im Grunde und zeigte es nicht und sie verachtete sich selbst, ohne sich das einzugestehen. Sie fand schließlich zu fairem Austausch zurück und ihr Patientenaufkommen und ihre Einnahmen sind inzwischen beträchtlich angewachsen.

Das Universum fragt Sie:»Was ist Ihr Wert?« und wartet geduldig, bis Sie schließlich zu ihm erwachen.

Die Darstellung Ihrer Mission

Jetzt ist die Zeit gekommen, die Mission in Ihrem Leben zu beschreiben. Lassen Sie also noch einmal Revue passieren, was Sie in Ihrer Möchte-gern-Liste geschrieben haben, und formulieren Sie von diesen Träumen ausgehend in drei Sätzen oder drei Abschnitten Ihren Lebenszweck – jeweils einen für die Aspekte von Sein, Tun und Haben. Wie das dann aussehen mag, zeigt das folgende, von einem Heiler geschriebene Beispiel:

Ich_____, erkläre hiermit vor mir, anderen und Gott, dass es mein wichtigster Lebenszweck ist, ein meisterlicher Heiler und Lehrer zu sein. Ich tue dies, indem ich kontinuierlich jede der Menschheit bekannte Form des Heilens erlerne und absorbiere. Ich integriere und verbinde deren Essenz und verwende das Beste aus den besten Methoden und Verfahren. Ich finde heraus, wie ich den Menschen in der kürzestmöglichen Zeit am wirksamsten und effektivsten dienen kann. Im Gegenzug habe ich die Gelegenheit, unvorstellbar große finanzielle und soziale Entlohnung zu empfangen. Bei der Erforschung der universellen Gesetze der Heilung ist es mir möglich, die Welt zu bereisen, alte Heilzentren zu erkunden und den außergewöhnlichsten professionellen Heilern, die der Menschheit bekannt sind, zu begegnen.

Vergessen Sie beim Schreiben nicht die folgenden Schlüsselpunkte zu berücksichtigen:

1. Schreiben Sie etwas, das Sie inspiriert. Fügen Sie hinzu, was Sie im fairen Austausch für das, was Sie gern tun möchten, haben möchten, damit Sie motiviert sind, es zu verwirklichen.
2. Schreiben Sie die Darstellung Ihrer Mission besser in der Gegenwartsform und nicht in der Zukunftsform, und schreiben Sie sie aus tiefstem Herzen und tiefster Seele. Lassen Sie sie von keiner Ihrer selbstgerechten Personae übertreiben und auch nicht von einer Ihrer selbstungerechten Personae kleinmachen.
3. Machen Sie sich keine Sorgen darüber, ob Sie Ihre Mission sofort umsetzen können. Ich werde Ihnen die Werkzeuge dafür auf den kommenden Seiten geben.
4. Lösen Sie nicht die Verbindung zu dem, was Sie gegenwärtig sind, tun und haben. Fügen Sie eine Komponente dessen zu, womit Sie der Welt heute einen Dienst erweisen. Wenn ein großer Unterschied besteht zwischen dem, was ist, und dem,

was Sie verwirklichen wollen, stellen Sie sicher, dass die beiden Seiten auf irgendeine Weise miteinander verbunden sind, sodass Sie den Übergang von dem, was Sie tun, zu dem, was Sie tun werden, vollziehen können.

Die Darstellung Ihrer Mission wird den Lebenszweck widerspiegeln, den Sie leben wollen – ungeachtet von Freude und Leid, ob die Leute Sie mögen oder nicht mögen, Sie anerkennen oder nicht anerkennen. Hier kümmern Sie sich nicht um Erfolg und Versagen. Dies ist der Augenblick, sich zu entscheiden, welcher Sache Sie Ihr Leben widmen wollen. Lassen Sie uns also anfangen.

Die Darstellung der Mission schreiben

1. Gehen Sie noch einmal Ihre Möchte-gern-Liste durch, während Sie über deren Großartigkeit nachdenken.

2. Danken Sie Ihrer Seele für die Offenbarung dieser zuvor geschriebenen Möchte-gern-Liste, und danken Sie Ihrer Seele im Voraus für die Offenbarung dessen, was Sie gern tun möchten.

3. Fragen Sie Ihre Seele, was sie möchte, dass Sie es vollbringen. Fragen Sie Ihre Seele nach Ihrer Aufgabe, Ihrem Lebenszweck, Ihrem Ruf, Ihrer Vision oder nach dem göttlichen Entwurf. Und stimmen Sie sich auf das ein, dem Sie Ihr Leben widmen möchten, die Aufgabe, die mit Ihren höchsten Werten übereinstimmt. Sie können ein Gebet oder ein Affirmationsgesuch wie das folgende verwenden, um sich in einen erleuchteteren Zustand zu heben und sich für das Empfangen bereit zu machen:

Liebe Seele,

ich bitte darum, des Empfangens deiner göttlichen Offenbarung würdig zu sein.

Ich bitte darum, für deine Gnade empfänglich zu sein.

Ich bitte darum, dass mein Herz geöffnet wird und die Umrisse meiner Bestimmung offenbart werden.

Ich bitte darum, durch die Wahrheit, die du mir schenkst, demütig zu werden.

Ich bitte darum, dass meine Bestimmung jetzt durch mein Schreiben offenbart wird.

4. Schreiben Sie diese Offenbarung in die unten aufgeführten Sein-, Tun- und Haben-Abschnitte:

Ich_____erkläre hiermit vor mir selbst, anderen und Gott, dass mein wesentlichster Lebenssinn darin besteht ....

Sein: _____

_____

_____

_____

_____

_____

Tun: _____

_____

_____

_____

_____

_____

Haben:

_____

_____

_____

_____

_____

_____

Haben Sie in Ihrem Herzen etwas gespürt, als Sie die Darstellung Ihrer Mission aufgeschrieben haben? Je wahrhaftiger Sie aus Ihrem Herzen heraus geschrieben haben, desto stärker wird die besondere unsterbliche Schwingung Ihrer Darstellung sein. Sie bringt Ihre wahre Berufung und den Grund, weshalb Sie auf die Erde gekommen sind, zum Ausdruck.

Sie können die Darstellung Ihrer Mission jederzeit überarbeiten. Was Sie geschrieben haben, ist lediglich ein Ausgangspunkt. Ist Ihnen klar, dass Sie diese Darstellung in Ihren Computer stellen und sie für den Rest Ihres Lebens verfeinern können? Ich begann im Jahre 1972 mit der Darstellung meiner Mission, und sie wurde seither 44 Mal verfeinert und aktualisiert.

Die Manifestations-Formel

Wenn Sie Ihr Leben der Erfüllung Ihres Lebenszwecks widmen und alles annehmen wollen, was Ihnen auf Ihrer Reise begegnet, werden Sie erstaunt sein, wie schnell und grundlegend Ihr Leben sich ändern wird. Doch das Erkennen Ihres Lebenszwecks ist nur der erste Schritt. Als Nächstes folgt *Die Manifestations-Formel*, ein Zehn-Schritte-Prozess, der Ihre Inspiration aufgreift und sie Wirklichkeit werden lässt.

1. *Klären Sie Ihren Lebenszweck.* Je klarer Ihr Lebenszweck, desto stärker sind Ihre Gewissheit und Ihre Ausrichtung im Leben und desto wahrscheinlicher werden Sie Ihre Ziele und Träume verwirklichen können. Machen Sie es sich zum Ziel, Ihren Lebenszweck immer wieder zu lesen und zu überarbeiten. Stellen Sie ihn in den Computer und revidieren und aktualisieren Sie ihn täglich. Nehmen Sie sich vor, ihn zu einem Meisterwerk werden zu lassen. Manchmal lese ich ein Buch oder eine Geschichte und ein Satz aus dem ganzen Text spricht mich so direkt an, dass mir die Tränen kommen. Wenn so etwas passiert, formuliere ich den Satz so um, dass er zu meinem Leben passt und füge ihn in die aktualisierte Darstellung meiner Mission ein. Das ist ein Teil der Inspiration. Halten Sie Ausschau nach Sätzen und Ideen, die Ihnen Tränen der Dankbarkeit in die Augen treten lassen, und fügen Sie sie in die Darstellung Ihrer Mission ein.

2. *Verbinden Sie alle sieben Bereiche des Lebens mit Ihrem Lebenszweck.* Alles, was Sie regelmäßig tun und das nicht mit Ihrem Lebenszweck verbunden oder in Übereinstimmung mit ihm ist, wird zu einer Ablenkung oder einer Last. Weisheit bedeutet zu realisieren, dass jede Handlung sich in Ihren Lebenszweck einfügt und nur darauf wartet, dass Sie ihre Bedeutung und Verbundenheit entdecken. Ein Mann, mit dem ich gearbeitet habe, begann die Zeit, während der er den Mülleimer leerte, zum Üben, Meditieren, Visualisieren, Zielesetzen und zur Wiederholung seiner Affirmationen zu nutzen. Stellen Sie eine Liste all dessen zusammen, was Sie an einem gewöhnlichen Tag tun, und fragen Sie sich: »Wie hilft mir dies, meine Aufgabe zu erfüllen?« Finden Sie so lange Gründe dafür, bis Sie aufrichtig sagen können: »Gott sei Dank, dass ich dies tun darf!« Wenn Sie das lieben, was Sie tun, bringt es Sie zu dem, was Sie lieben.

3. *Überlegen Sie, was Sie gern tun möchten.* Was glauben Sie, könnte geschehen, wenn Sie die volle Gewalt über Ihr Denken hätten? Aus ebendiesem Grunde habe ich Sie gebeten, Ihre Träume aufzuschreiben, denn durch diesen Akt beginnen Sie, an Ihre Träume zu denken, und je mehr Sie sich darauf konzentrieren, desto schneller materialisieren sich die Ziele und Träume auf Ihrer Möchte-gern-Liste. Schreiben Sie Ihre Träume auf und denken Sie an sie. Konzentrieren Sie Ihre Gedanken auf das, was Sie lieben, und lassen Sie es Wirklichkeit werden. Es lohnt die Zeit, die Sie dafür aufwenden.

4. *Visualisieren Sie das, was Sie gern tun/haben/sein möchten.* Je mehr Details Sie sich vorstellen können, desto mehr Kraft haben Sie. Sie sind ein Mit-Schöpfer, und je mehr Vision und Vorstellungskraft Sie besitzen, desto größer ist Ihre schöpferische Kraft. Stellen Sie sich die kleinsten Einzelheiten dessen, was Sie gern sehen möchten, vor. Wenn ich ein Seminar visualisiere, sehe ich mich an einem bestimmten Ort mit einer bestimmten Anzahl von Teilnehmern und stelle mir die Ideen vor, die ich vortragen werde, und was die Teilnehmer davon haben werden – alles, was mir nur einfällt. Wenn es Ihr Traum ist zu reisen, schneiden Sie Bilder aus von Orten, zu denen Sie reisen möchten; machen Sie eine Collage daraus. Stellen Sie sich genau vor, wie Ihre Reisen aussehen sollen, bis ins kleinste Detail.

5. *Affirmieren Sie das, was Sie möchten.* Was Sie sagen, hat eine große Wirkung auf Ihr Leben. Was würden Sie also gern zu sich selbst sagen? Wenn Sie wüssten, dass es nicht anders kommen kann, was würden Sie dann zu sich sagen? Wenn Sie die Gelegenheit bekämen, drei Aussagen höchster Priorität oder Worte der Kraft zu wiederholen, welche wären das? Nicht solch jämmerliche Illusionen wie »Ich bin immer glücklich und niemals traurig«, sondern kristallklare, kraftvolle und prägnante Aussagen wie »Wen auch immer ich anfasse, der wird geheilt und inspiriert werden« oder »Ich widme mich zuerst mir selbst, weil ich es wert bin«, oder »Ich bin ein Meister-Heiler; meine Hände sind begnadet«. Die Übungen am Ende dieses Kapitels werden Sie anleiten, Ihre eigenen Affirmationen zu schaffen.

6. *Fühlen Sie, was Sie gern möchten.* Die vier kraftvollsten kreativen Gefühle sind Dankbarkeit, Liebe, Inspiration und Enthusiasmus. Sie schenken Ihnen die Kraft, Ihre Träume zu verwirklichen, und sie manifestieren sich in Ihrem Herzen, Geist und Körper, wenn Sie sich im Zustand des Gleichgewichts befinden. Je mehr Lebendigkeit und Energie Sie in Ihr Tun legen, desto größer wird die Entlohnung sein, die Sie dafür bekommen. Legen Sie deshalb alle vier Gefühle in Ihr Schreiben und das Lesen Ihrer Möchte-gern-Liste, der Darstellung Ihrer Mission und der Affirmationen.

7. *Schreiben Sie auf, was Sie gern möchten.* Das Niederschreiben dessen, was Sie gern möchten, ist der erste Schritt zur Umsetzung unfassbarer Vorstellungen in greifbare Realität. Schreiben oder Tippen aktiviert die kinästhetischen Bereiche Ihres Gehirns und bringt Assoziationen in die Gehirnhälften, die visuelle, auditorische und kinästhetische Wirkungen aktivieren und stimulieren. Die Folge ist, dass Sie schließlich das, was Sie niederschreiben, verwirklichen. Schreiben Sie es also auf!

8. *Folgen Sie dem, was Sie lieben.* Fühlen Sie sich manchmal inspiriert und haben großartige Ideen, handeln jedoch nicht entsprechend? Viele Menschen schreiben ihre Ziele auf und schaffen es dann nicht, sie bis zu ihrer Verwirklichung zu verfolgen. Der Grund dafür ist, dass sie den Weg dazu nicht vereinfachen, ihn »häppchenweise« in einfache Schritte unterteilen, die leicht auszuführen sind. Stellen Sie sich selbst die folgenden »Sieben wichtigen Fragen in Hinsicht auf die Selbstverwirklichung«. Und forschen Sie so lange weiter, bis Sie die Antworten gefunden haben. Ihre Zielsetzung ist es, Ihr Hobby zur Berufung zu machen.

a. Was würde ich wirklich gern in meinem Leben tun?

b. Wie kann ich dafür stattlich oder herrschaftlich bezahlt werden?

c. Welches sind die sieben Schritte höchster Priorität, die ich heute tun kann und die es mir ermöglichen, das zu beginnen, was ich tun möchte?

d. Welchen Hindernissen werde ich begegnen und wie kann ich sie im Vorhinein ausräumen?

e. Was hat heute funktioniert und was nicht?

f. Wie kann ich das, was ich gern möchte, effektiver und effizienter tun?

g. Wie hat das, was ich heute erfahren habe – sei es positiv oder negativ –, mir und meinem Lebenszweck gedient?

Dies sind äußerst machtvolle Fragen und Ihr Leben wird sich verändern, wenn Sie sie meistern und anwenden.

9. *Verwirklichen Sie das, was Sie gern möchten.* Meditation und die Konzentration Ihrer Gedanken auf genau das, was Sie aus Ihrem Leben machen möchten, werden Ihnen dabei helfen, Ihre Zielsetzungen und Träume zu verwirklichen. Wenn Sie dieser Manifestations-Formel folgen, können Sie Ihre Möchte-gern-Liste Realität werden lassen. Setzen Sie den Möglichkeiten der universellen Substanz, Ihnen zur Verwirklichung Ihrer Träume zu verhelfen, keine Grenzen. Wenden Sie die Affirmation an, dass Sie am perfekten Ort, zur perfekten Zeit, mit den perfekten Menschen zusammenkommen, um die perfekten Träume zu verwirklichen. Wenn Sie beginnen zu zweifeln, ob das, was Sie materialisieren wollen, auch das richtige ist, dann beschäftigen Sie Ihren Geist mit Dingen, denen Sie in Ihrem Leben höhere Priorität einräumen, und kümmern sich aktiv um das, was höhere Priorität besitzt. Erfüllen Sie den Tag mit Dingen, die Sie lieben, und beobachten Sie, was passiert.

10. *Seien Sie für das, was Sie lieben, dankbar.* Der letzte Schritt der Manifestations-Formel ist die Anerkennung, Wertschätzung und Annahme dessen, was Sie geschaffen haben. Wenn Sie dankbar sind, können Sie Ihr Herz öffnen und haben Zugang zur Göttlichen Quelle der Inspiration. Machen Sie die folgende Sieben-Schritte-Übung beim Aufwachen, bevor Sie einschlafen und immer dann, wenn Sie Ihren Gefühlszustand in einen Zustand der Liebe, Dankbarkeit, Inspiration und des Enthusiasmus umwandeln wollen.

a. Drehen Sie Ihren Kopf um 45 Grad nach oben.

b. Drehen Sie Ihre Augen weitere 45 Grad nach oben.

c. Schließen Sie locker die Augenlider.

d. Beginnen Sie, innerlich allen Menschen zu danken, die Ihnen geholfen haben, das zu werden, was Sie heute sind.

e. Fahren Sie fort zu danken, bis sich Ihr Herz öffnet und Sie einen Zustand von bedingungsloser Liebe empfinden, Tränen fließen und Sie all diese Menschen deutlich sehen können, die im Verlauf Ihres Lebens eine wichtige Rolle gespielt haben.

f. Wenn Ihr Herz offen ist und die Tränen fließen, bitten Sie Ihre göttliche Seele um Führung, Weisheit und Botschaften.

g. Warten Sie auf diese Botschaft, die aus den innersten Tiefen Ihrer Geist-Seele kommen wird. Wenn sie in Ihr Bewusstsein tritt, schreiben Sie sie auf und folgen Sie ihr.

Indem Sie dankbar sind für das, was Sie sind, haben und tun, ebnen Sie den Weg für ein sich immer weiter ausdehnendes Sein, Haben und Tun. Genauso wie Sie andere Menschen weiterhin belohnen, wenn diese Ihre Geschenke wertschätzen, so belohnt Sie auch das Universum, wenn Sie seine Geschenke wertschätzen.

Diese Materialisierungs-Formel ist Ihr Bauplan zum Aufbau dessen, was Sie lieben. *Lebenszweck plus Denken plus Vision plus Affirmation plus Gefühl plus das Niederschreiben von Dingen in Zeit und Raum plus energievolles Handeln plus Dankbarkeit manifestiert die Dinge.* Träume sind einfach nur eine Sache der Disziplin; diese Formel macht die Verwirklichung von Träumen möglich.

Manchmal sagen die Leute: »Aber ich würde zwei oder drei Jahre brauchen, um einen meiner Träume zu verwirklichen!« Ich sage dann: Na und? Was könnten Sie denn sonst Sinnvolles mit diesen Jahren anfangen?

»Himmel, ich würde nicht zehn Jahre zur Schule gehen wollen, um dahin zu gelangen.« Aber was wollen Sie sonst mit Ihrer Zeit anstellen? Und wenn Sie es nicht tun, wo sonst möchten Sie in zehn Jahren sein?

Manche Leute sagen: »Ich würde dies gerne tun, aber wenn es nicht dazu kommt, dann hat es wohl nicht sein sollen.« Als wäre es eine Sache des Schicksals oder Gottes! Wenn Sie sich so etwas sagen hören, heißt das, dass Sie sich der Sache nicht wirklich verschrieben haben. Wenn Sie wirklich entschlossen sind, können Sie es zu »Es sollte einfach so sein« werden lassen. Seien Sie bereit, alles zu tun, was dafür nötig ist. Gestatten Sie niemandem, Sie aufzuhalten.

Am Ende Ihres Lebens werden Sie sich fragen: »Habe ich alles getan, was ich konnte, mit allem, was mir gegeben war? Habe ich alle meine Talente ganz und gar ausgeschöpft?« Wie sollen die Antworten Ihrer Meinung nach lauten?

Lake Success, New York

Ich bin einmal einem Mann begegnet, der ein Heiler sein wollte. Er war ein von der linken Gehirnhälfte gesteuerter, intellektueller Typ, der nicht an persönliche Entwicklung oder Motivationsseminare glaubte und hauptsächlich technisch ausgerichtete Kurse besuchte. Als er sein Examen gemacht hatte und in die Welt hinausging, dachte er, allein seine Fertigkeiten und sein Wissen würden ihm den Erfolg garantieren. Also hängte er sein Praxisschild hinaus und versuchte, zu praktizieren ... aber niemand kam. Er hatte nicht realisiert, dass man, um Erfolg zu haben, auch Manager, Geschäftsmann und Unternehmer mit einer Vision sein muss. Er praktizierte elf Jahre lang und hatte nie genug Geld, um seine Rechnungen zu bezahlen; ohne das Einkommen seiner Frau, die als Schullehrerin tätig war, wäre er aufgeschmissen gewesen. Gelegentlich dachte er an Selbstmord, und er unternahm tatsächlich einige Selbstmordversuche.

Eines Tages sprach ich in Lake Success, New York, vor ungefähr 400 Ärzten in dem großen Ballsaal eines Hotels. Ich hatte bereits 20 Minuten gesprochen, als die Tür am Ende des Saals sich öffnete und dieser besagte Mann hereinmarschierte. Er trug einen limonengrünen Double-Knit-Anzug aus Jersey, wie er in den 1970er-Jahren modern war, was ihn unter all den gut gekleideten Ärzten deplaziert wirken ließ. Außerdem sah er skeptisch drein, so als sei er nicht sicher, ob er hierher gehöre oder gar hier sein wolle.

Ich führte meinen Vortrag ungefähr weitere 20 Minuten fort und sprach darüber, wie wichtig es sei, eine klare Vision zu haben und davon inspiriert zu sein. Ich weiß nicht mehr, was ich genau gesagt habe, aber dieser Herr rückte plötzlich einige Reihen weiter nach vorn und begann, sich Notizen zu machen. Nach meiner ersten Pause setzte er sich in der ersten Reihe genau vor mich hin, und ich konnte erkennen, dass er ein echtes Landei war. Er war groß, dünn und linkisch und machte keinen besonders betuchten Eindruck. Aber irgendwie berührte ihn das, was ich sagte. Er war nun präsent und hörte aufmerksam zu.

Gegen Ende meines zweiten Abschnitts erzählte ich die Geschichte von dem Jungen, der drei Jahre im Koma gelegen hatte. Es war eines dieser Wunder in meinem Leben, als er in meiner

Praxis, unter meinen Händen, aus dem Koma erwachte. Als ich die Geschichte erzählte, fing der Mann in der ersten Reihe an zu weinen, weil er sich plötzlich daran erinnerte, warum er hatte Arzt werden wollen.

Als ich geendet hatte, kamen etliche Ärzte nach vorn, umarmten mich und baten mich, meine Bücher und Kassetten für sie zu signieren. Der Mann saß noch immer in der ersten Reihe wie in einem Trancezustand. Als der Saal sich geleert hatte, kam er schließlich zu mir. Er sagte nichts, sondern umarmte mich einfach nur und weinte und weinte. Endlich sagte er: »Danke. Ich glaube, Sie haben mir das Leben gerettet.«

Ich musste los, weil bereits ein Wagen, der mich zu einem Vortrag in eine andere Stadt bringen sollte, auf mich wartete. Aber am folgenden Montag kam mein Assistent zu mir und sagte: »Doktor, da ist ein Herr am Telefon, der wirklich dringend mit Ihnen sprechen möchte.« Ich nahm den Hörer ab und sagte: »Dr. Demartini. Wie kann ich Ihnen helfen?«

Er sagte: »Ich weiß nicht, ob Sie sich noch an mich erinnern, aber am letzten Donnerstag war ich in Ihrem Kurs und habe Sie danach umarmt. Dr. Demartini, ich möchte mich bei Ihnen bedanken. Haben Sie einen Augenblick Zeit, ich würde Ihnen gern eine Geschichte erzählen?«

»Aber bitte.«

»Ich wollte mich schon dreimal in meinem Leben umbringen und fünf oder sechs Tage vor Ihrem Kurs hätte ich es beinahe getan. Es fügte sich, dass an diesem Tiefpunkt in meinem Leben einer meiner Freunde vorbeikam und sagte: ›Gott möge es richten, dass du diese Erde nicht verlässt, bevor du nicht hinausgegangen bist und versucht hast zu lernen, wie man erfolgreich ist. Deine Familie verdient es und du auch. Komm aus deinem Kopf heraus und lerne, ein erfolgreicher Arzt zu sein. Mach Schluss mit der Art, wie du gerade lebst.‹«

Der Mann gestand mir dann, dass er das letzte Geld, das er und seine Frau noch im Haus hatten, genommen habe und zu dem Einführungsseminar am Lake Success gekommen sei. Er sagte: »Als ich zu dem Hotel kam und all diese teuren europäischen Autos auf dem Parkplatz sah, fühlte ich mich so gedemütigt, dass ich am liebsten gleich wieder umgekehrt wäre. Aber ich beschloss, in einer Ecke des Parkplatzes, weit weg von den anderen, wo mich niemand sehen konnte, zu parken, und ich duckte mich in meinem Wagen, bis alle anderen hineingegangen waren. Während ich wartete, sah ich Leute, mit denen ich zur Schule gegangen bin, und ich zitterte vor Angst, dass sie mich dort sehen würden, wie ich mich versteckte. Als ich dann hereinkam, sprachen Sie gerade über das ›Kosmische Telekomsystem‹ – dass wir das herbeiführen, woran wir denken. Ich dachte mir: Dieser Typ ist genau das, was ich befürchtet hatte. Es ist reine Zeitverschwendung.

Ich war gerade im Begriff, wieder hinauszugehen, als Sie sagten, nicht ich hätte meinen Beruf ausgewählt, sondern Gott habe mich ausgewählt und ich dürfe niemals den Augenblick vergessen, an dem mein Ruf erfolgt sei. Mann, das hat total bei mir eingeschlagen! In diesem Augenblick erinnerte ich mich an den wahren Grund, weshalb ich Arzt werden wollte, und den ich vergessen hatte. Plötzlich hatte ich das Gefühl, als seien alle anderen Menschen im Raum gegangen und ich wäre ganz allein und Sie sprächen nur zu mir. Ich spürte, dass alles, was Sie sagten, für mich war. Ich habe alles aufgeschrieben und habe Sie hinterher umarmt.«

Ich sagte: »Ja, ich kann mich daran erinnern.«

»Sie rieten mir, an die Einzelheiten in meinen Träumen zu denken und nichts außer diesen Träumen in meinen Geist eindringen zu lassen. Also hielt ich auf dem Heimweg am Straßenrand an. Ich holte einen Notizblock hervor und schrieb jeden einzelnen Patienten auf, den ich gern weiter behandelt hätte und den ich vergessen hatte; jeden einzelnen Patienten, dem ich helfen wollte, und all ihre gesundheitlichen Probleme und die Namen ihrer Kinder. Ich dachte an ihren Beruf und ihr Unternehmen, an jede Einzelheit ihres Lebens, an die ich mich erinnern konnte. So verbrachte ich sieben Stunden damit, mich an die Namen der Menschen zu erinnern, genauso wie Sie es mir gesagt hatten.

Sie sagten, wenn ich es nicht erwarten könnte, meine Patienten zu sehen, würden diese es auch nicht erwarten können, mich zu sehen; wenn ich von dem, was ich tue, inspiriert sei, würden es die anderen auch sein. Dann fuhr ich nicht gleich nach Hause, sondern ging erst in meine Praxis. Sie hatten gesagt, dass niemand in eine unorganisierte Praxis, in der Unordnung herrsche, kommen mag, weil die Menschen von Ordnung, Organisation und Klarheit angezogen werden. Also ging ich in meine Praxis und machte sie makellos sauber. Ich stellte alles an seinen richtigen Platz. Ich warf alles weg, was mir nicht dienlich war. Ich legte neue Patienten-Akten bereit, so als erwartete ich neue Patienten, und ich fühlte, wie meine Ordnung und Inspiration zurückkamen.

Ich verbrachte drei Tage in meiner Praxis mit Meditieren, Organisieren, Nachdenken und Träumen, weil ich nicht nach Hause gehen wollte, bevor ich nicht das Gefühl hatte, ich würde Erfolg haben. Sie sagten mir, dass Wunder geschehen würden, wenn ich mich einer Intelligenz unterstellte, die größer sei als die meine – und bei Gott, das habe ich getan. Am Sonntagmorgen sprach ich ein Gebet und bat um Führung. Dann ging ich nach Hause und begegnete dort meiner Frau. Zum ersten Mal in elf Jahren hatte ich das Gefühl, sie zu verdienen. Meine Frau drehte sich zu mir um, sah mich an und umarmte mich. Sie sagte: ›Willkommen zu Hause‹. Sie wusste, dass etwas Besonderes geschehen war.

In jener Nacht konnte ich kaum schlafen, weil mir so viele Patienten durch den Kopf gingen. Ich hatte meine Vision, meine Klarheit und meine Inspiration wieder. Ich erinnerte mich daran, warum ich Arzt geworden bin und was mich zu diesem Beruf hingezogen hat und wie ich damals, als ich die Hochschule besuchte, den Menschen dienen wollte. Ich begriff, dass ich mir selbst im Wege gestanden hatte und dass mich jetzt nichts mehr aufhalten würde, ein Heiler zu sein – nichts! Ich wollte wie Christus sein. Ich wollte in der Lage sein, die Menschen zu berühren und Wunder zu vollbringen, und so betete ich zu jenem Geist, dass er mich führe.

Dr. Demartini, ich habe Sie angerufen, weil ich gerade meinen ersten Praxistag nach diesen Ereignissen hinter mir habe. Ich habe in all den Jahren nie mehr als 18 Patienten an einem Tag gehabt, mein Tagesdurchschnitt belief sich auf neun Patienten. Ich weiß nicht, was passiert ist, aber ich hatte heute 52 Patienten. Die Menschen kamen wie Pilze aus dem Boden, sie kamen plötzlich von überall her. Daher möchte ich Ihnen danken, dass Sie mir geholfen haben, meine Vision zu erneuern. Denn bei Gott: Ich bin ein Heiler und ich werde mich von nun an von nichts mehr von diesem Traum abhalten lassen.«

Ich erzähle Ihnen diese Geschichte, denn in gewissem Sinne trifft sie auf jeden von uns zu. Jeder einzelne Mensch hat eine Vision, eine Inspiration und ein inneres Geschenk. Jeder hat eine Berufung, eine Verpflichtung und besitzt die Kraft eines Genies. Aber Sie müssen gewillt sein, Ihr Leben zu organisieren und sich von nichts abhalten zu lassen. Wenn Sie einen Traum haben, dann lassen Sie sich von ihm durch die Tage Ihres Lebens begleiten – und Sie werden Ihr Genie erwecken. Sie sind nicht nur Ihr Körper und auch nicht einfach nur eine Person; Sie sind eine spirituelle Seele und Sie haben eine große Bestimmung, die bis jetzt weder Sie noch ich in Ihrer Fülle ermessen können.

Erlösung kommt nicht durch meinen Anblick.
Sie kommt durch Disziplin und harte Arbeit.
Arbeite also unablässig an deiner eigenen Befreiung.

Der Buddha

Manche Menschen wundern sich, warum ich so viel Information in meine Kurse und Bücher packe. Waren Sie schon einmal auf einem Seminar und haben realisiert, dass der Vortragende an einem Vormittag hätte abhandeln können, was er an zwei ganzen Tagen präsentiert hat, und dass der Rest bloß Füllsel waren? Ich habe mich dazu verpflichtet, den Menschen mehr zu geben, als sie erwarten, und ihren Horizont zu erweitern. Deshalb überschütte ich Sie mit Informationen. Ich gehe davon aus, dass Ihre Intuition, Ihre Studien und Ihr Leben Sie an diesen Punkt gebracht haben und Sie bereit sind, auf höhere Ebenen des Verstehens und Handelns voranzuschreiten. Ich behandele Sie nicht wie ein Opfer, sondern wie ein selbstständiges Individuum, ein Genie, das bereit ist, zu dem großartigen Gleichgewicht und der Sie umgebenden göttlichen Ordnung zu erwachen. Wie auch die Lehrerin Marilyn Wilhelm behandele ich die Menschen, als seien sie Genies – und das werden sie dann auch. Ich versuche den Teil in Ihnen anzusprechen, der all dies und mehr bereits weiß; ich will ihn erwecken und Ihnen dazu verhelfen, dass er hervortritt und Ihr Leben leitet.

Uns fehlt nur noch ein gemeinsamer Schritt auf dieser Reise, und im nächsten Kapitel werden wir alles zusammenbringen.

— *Übung 1* —

Was wir zu uns selbst sagen, beeinflusst unser Leben. Dass Affirmationen wirken, steht außer Frage. Sie können allerdings nicht wirksam werden, wenn Sie mit den Affirmationen aufhören, bevor sie begonnen haben, sich zu materialisieren. Formulieren Sie Ihre eigenen Affirmationen und wiederholen Sie sie zwei Jahren lang, bevor Sie entscheiden, ob sie gewirkt haben oder nicht.

Wenn Sie Ihre Affirmationen formulieren:

- Benutzen Sie Wörter in der Gegenwartsform, nicht in der Zukunfts- oder Vergangenheitsform.
- Beschreiben Sie Wirklichkeiten, die möglich sind, keine Phantasien mit unmöglichen Zeitvorgaben.
- Verwenden Sie keine absoluten Aussagen wie »immer« und »niemals«.
- Verwenden Sie einfache, kraftvolle Wörter, die Sie zu kurzen Sätzen zusammenfügen.
- Verwenden Sie Wörter, die Gefühle von Dankbarkeit, Liebe, Inspiration oder Enthusiasmus zum Ausdruck bringen.
- Verwenden Sie Wörter, die Sie ein Leben lang zu wiederholen bereit sind.

Notieren Sie auf der nächsten Seite auf den vorgegebenen Zeilen (oder auf einem extra Stück Papier) die zehn inspirierendsten und bedeutungsvollsten »Worte der Kraft«-Affirmationen, solche, die Sie für den Rest Ihres Lebens täglich mehrfach wiederholen möchten.

Zum Beispiel:

- »Ich bin ein Genie und wende meine Weisheit an.«
- »Ich besitze Meisterschaft im Lesen; ich behalte alles, was ich lese.«
- »Ich bin ein Meister der Beharrlichkeit, und ich tue alles, was zur Verwirklichung meines Traums nötig ist.«
- »Ich tue, was ich liebe, und ich liebe, was ich tue.«

1. _____

2. _____

3. _____

4. _____

5. _____

6. _____

7. _____

8. _____

9. _____

10. _____

Nehmen Sie jetzt diese Worte der Kraft auf eine Audio-
kassette oder CD auf. Sprechen Sie sie deutlich und gefühlvoll.
Sie können auch jemanden, den Sie respektieren, für Sie sprechen lassen. Vielleicht möchten Sie während der Aufnahme auch
Ihre Lieblingsmusik im Hintergrund abspielen.

— Übung 2 —

Die folgende Übung wird Ihnen helfen, Ihre Träume zu manifestieren, indem Sie Ihre Ziele oder Projekte in »kleine Stückchen« oder in zu bewältigende Schritte einteilen. Auf diese Weise
können Sie sie bewältigen, ohne dass Ermüdungserscheinungen,
Zögern und Verschleppungstaktiken auftreten. Wenn Sie Ihre Vision auf diese Weise verdeutlichen, werden Sie erkennen, dass
sie durchaus verwirklichbar ist. Halten Sie sich an den Spruch:
»Wie isst man einen Elefanten? Stückchen für Stückchen!«

1. Schreiben Sie eines Ihrer Ziele von Ihrer Möchte-gern-
Liste in die erste Spalte des untenstehenden Formulars.
2. In der zweiten Spalte teilen Sie die Verwirklichung Ihres Ziels in kleine Handlungsschritte ein, indem Sie sich zuerst
fragen: »Welches sind die sieben Handlungsschritte höchster
Priorität, die mir ermöglichen, das zu vollbringen, was ich in
Spalte 1 notiert habe?« Machen Sie sich keine Gedanken darüber,
ob Sie diese Schritte bewältigen können oder nicht. Wenn es
zum Beispiel Ihr Ziel ist, im Alter von 40 Jahren Multimilliardär
und wohltätiger Philanthrop zu sein, könnten zu Ihren sieben
wichtigsten Handlungsschritten die folgenden gehören: die Eröffnung eines Maklerkontos, die Gründung einer Aktiengesell-
schaft, die Definition der wohltätigen Aktivitäten, die Ihnen be-

sonders am Herzen liegen. Dies sind Ihre Häppchen der »ersten Generation«.

3. In der dritten Spalte unterteilen Sie die Punkte aus Spalte 2 noch weiter, indem Sie sich wieder dieselbe Frage stellen: »Welches sind die sieben wichtigsten Handlungsschritte, die mir ermöglichen, das zu vollbringen, was ich in Spalte 2 notiert habe – ungeachtet dessen, ob ich glaube, sie bewältigen zu können?« Sie könnten zum Beispiel »Eröffnung eines Maklerkontos« einteilen in: Meinen erfolgreichen Freund Andreas fragen, wer sein Makler ist; ein Treffen vereinbaren; einen Fragenkatalog für das Meeting vorbereiten usw. Notieren Sie wieder sieben Handlungsschritte für jeden Gegenstand, den Sie in Spalte 2 aufgelistet haben. Dies sind Ihre Häppchen der »zweiten Generation«.

4. Wenn nötig, unterteilen Sie diese 49 Handlungsschritte in weitere Generationen. Die Absicht dabei ist, die Aufteilung so weit zu führen, bis Sie eine Liste von Handlungsschritten erhalten, die so klein sind, dass Sie ohne zu zögern sagen können: Ja, das kann ich jetzt umsetzen.

Gegenstand aus meiner Möchte-gern-Liste, den ich manifestieren will	Erste Generation der sieben Handlungsschritte höchster Priorität	Zweite Generation der sieben Handlungsschritte höchster Priorität

— *Übung 3* —

Würden Sie die sieben wichtigsten Handlungsschritte für die Verwirklichung Ihrer Mission, zwei Jahre lang jeden Tag notieren, würden Sie am Ende mehr als 700 Seiten geschrieben haben. Bis dahin werden Sie sicher ein Muster in Ihren Prioritäten gefunden haben. Dieses Muster wird Ihnen eröffnen, welches Ihre Top-Prioritäten sind, also die Prioritäten der Prioritäten. Diese zu finden, wird Ihnen helfen, in allem, was Sie tun möchten, höchst effektiv und effizient zu sein. Sie könnten es einen Monat lang versuchen, aber je länger Sie es machen, desto mehr wächst die Gewissheit. Dies ist ein echtes Juwel – vorausgesetzt, Sie tun es.

Beim Ausfüllen dieser Liste wurde deutlich, dass die vier Dinge, die ich mit dem größten Einsatz betreibe, Forschung, Schreiben, Reisen und Vorträge halten sind. Wenn ich dies tue, beginnt sich jeder meiner Träume zu manifestieren. Sie müssen Ihre eigenen Top-Prioritäten finden. Dabei gibt es kein Richtig oder Falsch und keine Priorität ist besser oder schlechter. Die Prioritäten spiegeln einfach Ihre individuellen Werte wider. Haben Sie erst einmal Ihre Prioritäten erkannt und bleiben bei ihnen, scheint sich das Übrige in Ihrem Leben einfach so zu ergeben. Tun Sie es also einfach. Jeder Tag und jeder Augenblick Ihres Lebens zählt.

Sehen Sie sich noch einmal Ihre Möchte-gern-Liste und die Darstellung Ihrer Mission an und stellen Sie sich folgende Frage: »Welches sind die sieben Handlungsschritte höchster Priorität, die ich heute ausführen kann und die mir helfen, meine Aufgabe zu leben oder meinen Lebenszweck zu erfüllen?«

#1 _____

#2 _____

#3 _____

#4 _____

#5 _____

#6 _____

#7 _____

Zwei zusätzliche Handlungen höchster Priorität, die mir in meinem Leben unerlässlich erschienen, waren das Protokollieren meiner wichtigsten Errungenschaften und größten Segnungen. Wenn Sie eines der wichtigeren Ziele auf Ihrer Möchtegern-Liste erreichen, dann halten Sie das schriftlich fest. Sich periodisch wieder anzusehen, was Sie bisher geleistet haben, kann Ihnen helfen, größeres Selbstvertrauen zu gewinnen. Jedes Mal, wenn Sie einen bedeutsamen Segen in Ihrem Leben erfahren, notieren Sie auch diesen. Wenn Sie in Abständen noch einmal nachlesen, worin Ihre Segnungen bestanden haben, kann Sie das inspirieren und lässt Ihre Dankbarkeit wachsen. Meine beiden Protokoll-Hefte reichen weit in meinem Leben zurück. Und sie sind wahrlich ein Antrieb.

Worte der Weisheit und Kraft

- Was möchte ich tun?
- Wenn andere das können, kann ich es auch.
- In allem, was ich tue, halte ich fairen Austausch aufrecht.
- Ich gebe meiner Zeit und meinem Leben einen Wert und erhalte das, was ich festlege.
- Ich erfülle mein Leben mit Handlungen höchster Priorität, denn Zeit ist kostbar.
- Habe ich alles mir Mögliche mit aller mir zur Verfügung stehenden Kraft getan?

Vollendung:
Der volle Kreis

Kommt an die Kante.
Nein, wir werden fallen.
Kommt an die Kante.
Nein, wir werden fallen.
Sie kamen an die Kante,
er stieß sie,
und sie flogen.

Guillaume Apollinaire

Als Paul Bragg mir dazu verhalf, meine Vision zu erwecken, hatte ich Angst, denn es schien mir unmöglich, sie zu verwirklichen. Ich war ein ungebildeter Surfer ... wie kam ich darauf, ich könnte jemals ein Lehrer sein? Es passte nicht zusammen, aber die Vision war klar, und als er mir die Affirmation gab, ich sei ein Genie, blieb ich dabei.

Bragg sagte, »Dein Geist diktiert deine Bestimmung und dein beherrschender Gedanke bestimmt deine Welt. Wiederhole nicht einfach die Worte, die ich dir gegeben habe, sondern werde zu ihnen. Sprich sie so, als hinge dein Leben davon ab!« Das tat ich auch, und als sich meine Freunde darüber lustig machten, sprach ich sie nur noch intensiver im Innern.

Wenn ich auf mein Leben zurückblicke, erkenne ich, dass mir jeder Augenblick gedient hat, zu dem zu gelangen, was ich gegenwärtig tue. Es war alles in vollkommener Ordnung. Was Ihre eigene Bestimmung angeht, haben auch Sie präzise Vollkommenheit erfahren. Jede einzelne positive oder negative Erfahrung hat Sie geführt oder Ihnen den Weg in Richtung auf die Verwirklichung Ihrer Mission gewiesen. Deshalb ist es so wichtig, zu Ihrem Lebenszweck zu erwachen und alle Illusionen, die Sie davon abhalten, dankbar für Ihr Leben zu sein, zu kollabieren. Daraus entsteht Gewissheit. Alles, was Ihnen je passiert ist, war perfekt, und sobald Sie das realisieren, werden Sie wissen, was der Philosoph Gottfried W. Leibniz meinte, als er von der göttlichen Vollkommenheit sprach. An jenem Tag wird Ihr Genius wiedergeboren und Sie beginnen, Ihren unsterblichen Abdruck in der Welt zu hinterlassen.

Das Licht weiterreichen

Ein wichtiger Aspekt dessen, was ich von Paul Bragg gelernt habe, wird »das Licht weiterreichen« genannt. Wenn Sie nur einen solchen Augenblick, in dem Ihnen dies gelingt, in Ihrem Leben erfahren, ist Ihr Leben lebenswert. Wenn Sie Ihr Leben dem widmen, solche Augenblicke Hundert, Tausend oder gar Millionen Mal zu erfahren, dann lohnt es sich, morgens aufzustehen. Es wird zu Ihrer Zielsetzung, durch Dick und Dünn, durch Energie und Erschöpfung, durch Glück oder Traurigkeit, das zu tun, was Sie mögen und wovon Sie geträumt haben.

Ich bin ein Lehrer, Heiler und Philosoph, der universelle Gesetze im Bereich von Körper, Geist und Seele studiert, insbesondere in Beziehung auf Heilung. Ich bin hier, um die Welt zu bereisen und alles zu tun, was nötig ist: Ich lege jede Entfernung zurück und zahle jeden Preis, um mich in den Dienst der Liebe zu stellen. Das ist es. Das ist das, was ich tue. Wenn Sie Ihren eigenen einzigartigen Lebenszweck finden – oder wiederfinden, denn manchmal vergessen wir ihn –, dann besitzen Sie das Geschenk des Lebens. Daraus besteht das Leben, aus etwas Inspirierendem, dem Sie Ihre Energie widmen können. Ihre Lebensqualität entspricht proportional Ihrem Gefühl für Produktivität und dem Dienst, den Sie der Welt erweisen.

Liebe, Weisheit und Heilung zu vermitteln, das ist für mich die erfüllendste und inspirierendste Aktivität. Es ist die Erfüllung meines Traums und meiner Mission. Ich habe sowohl das Leid als auch die Lust, die sie begleiten, angenommen, und meine Entlohnungen waren genau dementsprechend. Bei *The Breakthrough Experience* erfährt jedes Wochenende jemand einen tiefen Kollaps und öffnet sein Herz für die Großartigkeit des Lebens. Wie könnte meine Vision nicht durch solch regelmäßige Segnungen bereichert werden?

Althergebrachte Weisheit besagt, dass Sie kein größeres Licht erhalten werden, wenn Sie das Licht nicht weiterreichen oder ein anderes entzünden. Was Sie auch immer meistern möchten, reichen Sie es weiter wie ein Licht. Wenn Sie anderen dabei helfen, das in ihrem Leben zu erreichen, was sie möchten, werden Sie eher in der Lage sein, das zu erreichen, was Sie möchten. Wenn Sie ein Lehrer sein wollen, lehren Sie. Wenn Sie ein Schauspieler sein möchten, dann spielen Sie und helfen Sie anderen, zu schauspielern. Wenn Sie ein Schriftsteller sein möchten, setzen Sie sich hin, fangen Sie an zu schreiben und helfen Sie anderen, dasselbe zu tun. Was immer Sie sein, tun oder haben möchten, verpflichten Sie sich, anderen mit Ihren Fertigkeiten zu dienen, und Sie werden Menschen anziehen, die in Ihre Nische passen und die Ihnen helfen zu wachsen.

Ein anderer Teil der Meisterschaft über sich selbst ist das Wissen darum, wann man sprechen und wann man den Mund halten sollte. Diejenigen, die glauben, brauchen keine Beweise. Denjenigen, die nicht glauben, kann man nichts beweisen. Vergeuden Sie keine Worte an jene, die nicht suchen. Manchmal ist Stille machtvoller als Worte. Seien Sie in Ihrer Auswahl der Träger des Lichts umsichtig.

Wenn Sie Ihre Inspirationen weitertragen und sie auf andere abfärben lassen, die bereit sind, sie zu hören, werden diese sie wiederum selber weitertragen. Während der Schneeball so den Hang hinabrollt und immer größer wird, werden Sie noch mehr Inspiration, noch mehr Enthusiasmus und noch mehr Licht bekommen. Je schneller Sie Informationen zusammentragen und je schneller Sie das Gelernte an andere weitergeben, desto mehr behalten Sie. Je mehr Zeit zwischen dem Empfangen und dem Weitergeben verstreicht, desto weniger behalten Sie und desto unsicherer werden Sie. Wenn Sie gern ein fotographisches Gedächtnis hätten, geben Sie das Aufgenommene sofort weiter. Bestätigen Sie Ihren natürlichen Mentor sowie Ihren natürlichen Schüler und maximieren Sie Ihre eigene Evolution.

Auch Illusionen sind dienlich

Auf dem von der Vorsehung für Sie bestimmten Weg reisen Sie durch viele Bereiche der Existenz. Während Sie in Körper, Geist und Seele wachsen und durch diese konzentrischen Bewusstseinssphären gehen, werden Sie viele Illusionen entlarven. Erinnern Sie sich, wie Sie in der Schule Tafeln mit Abbildungen kleiner Kugeln gesehen haben, die Atome darstellten? Als Sie das gesehen haben, dachten Sie wahrscheinlich: Aha, Atome sind Kugeln. Später haben Sie dann gelernt, dass sie nicht wirklich Kugeln sind, sondern aus subatomaren Partikeln wie Neutronen,

Protonen und Elektronen bestehen. Im Physikunterricht auf dem Gymnasium stellten Sie dann fest, dass Atome tatsächlich für eine Wahrscheinlichkeitsverteilung von Wellen und Teilchen gehalten werden und dass Protonen aus Quarks, Gluonen und anderen subatomaren Teilchen bestehen. Auf der Universität haben Sie dann schließlich erfahren, dass diese Erklärung nur eine Hypothese ist, eine Theorie, deren Gültigkeit noch umstritten ist. Heute, als emeritierter Professor, realisieren Sie, dass alle diese Theorien lediglich Überzeugungen von irgendjemandem sind. In manchen Fällen bilden sie nichts weiter als Behauptungen, die aufgestellt werden, um die Kohärenz bestimmter Erklärungsmuster zu gewährleisten, und keine »Wahrheiten«. Sie können jederzeit von einem neuen Modell und einer neuen Theorie abgelöst werden. Jede Wahrheit, an die man einmal geglaubt hat, gerät auf der nächsten Verständnisebene schließlich zu einer Illusion.

Wenn Sie zehn Jahre alt wären und ich schenkte Ihnen zehn Euros, würden Sie sich sehr freuen; und wenn Ihnen jemand zehn Euro aus Ihrem Sparschwein stehlen würde, wären Sie darüber ziemlich traurig. Wenn Sie allerdings 60 Jahre alt wären und ich schenkte Ihnen zehn Euros, würde Sie das glücklich machen? Wahrscheinlich nicht. Und wenn ich Ihnen zehn Euros nähme, würde das einem 60-Jährigen nicht viel ausmachen. Jede Ihrer Altersstufen bildet eine andere konzentrische Sphäre des Wohlstandsbewusstseins. Im Alter von zehn Jahren kann Sie jemand mit zehn Euro beeindrucken, aber um die gleiche emotionale Reaktion von einem 60-Jährigen zu bekommen, müssten Sie ihm schon eine Million geben oder nehmen, weil der Selbstwert der Person gewachsen ist und sie sich entwickelt hat.

Alles ist relativ. Die Eurozahlen haben nicht wirklich eine Bedeutung, denn Gewinn und Verlust sind nur eine Sache der Wahrnehmung. Lust und Leid, Hochstimmung und Niedergeschlagenheit werden in jedem Augenblick und auf jeder Ebene des Lebens bewahrt. Sie wachsen weiter in Größe oder Menge, da aber auch Sie selbst gewachsen sind, fühlen sich die Gewinne oder Verluste für Sie genau gleich an. Alles, was Sie glücklich macht, macht Sie in gleichem Maße traurig. Das Leben wird nicht wirklich schwerer oder leichter, als es bereits ist – die Geburt des Kindes, Kindergarten für das Kleinkind, Verabredungen der Jugendlichen ... Arbeit, Heirat, Karriere, Midlife-Krise, Alter, Tod und was immer als Nächstes kommen mag – sie alle haben die gleiche Bedeutung für den Menschen, der sie erfährt.

Wir erfahren keine Herausforderungen, die über unsere Kräfte hinausgehen. Von Grundschülern verlangt man keine Differenzialrechnung. Die ganze Welt ist eine Schule, und es sind die Illusionen von Gewinn und Verlust, von Angst und Mut, die sie aufregend und deprimierend, ideal und real und letztlich erfüllend machen. Auf jeder Ebene und in jeder Sphäre des Lebens gibt es einen auf Dankbarkeit gegründeten Himmel oder eine auf Undankbarkeit basierende Hölle, je nachdem, welche Wahrnehmung Sie im jeweiligen Augenblick gerade haben. Ganz gleich, wie viele Ebenen Sie durchlaufen, Sie werden im Gleichgewicht bleiben.

Wir durchlaufen immer wieder unendlich viele konzentrische Sphären. Sie reichen vom Urteilen über Gleichgültigkeit bis hin zur Liebe. Wir sind nicht hier, um einseitig zu sein, wir sind nicht einmal hier, um glücklich zu sein – wir sind hier, um zu lieben. Liebe ist so viel tiefer als Glück. Glück ist nichts weiter als ein vorübergehendes Gefühl im Vergleich mit der ewigen Wahrheit, Erfüllung, Größe und Gnade der Liebe. Und es ist uns ohnehin nicht vergönnt, glücklich zu bleiben. Wir sind hier, um durch Liebe zu wachsen. In dem Augenblick, in dem wir ein flüchtiges Quant lieben, gehen wir weiter zum nächsten, und wenn wir das nächste lieben, gehen wir weiter.

Die Massen sind leicht durch Rhetorik und Emotionen zu bewegen. Aber in dem Maße, wie sie sich als Einzelwesen entwickeln und Meisterschaft erlangen, schließen sie sich denen an, deren Anzahl kleiner und deren Bewusstsein umfassender ist. Sie schließen sich jenen an, die von Liebe und Weisheit geleitet sind. Es ist nichts Richtiges oder Falsches daran, dass dies geschieht; es ist einfach so. Es gibt viele Menschen, die Sport treiben, aber nur wenige Spitzensportler, viele Maler, aber nur wenige meisterhafte Künstler, viele, die eine Melodie behalten können, aber nur wenige musikalische Genies. Die Wahrheit hat sich niemals in den Händen der Masse befunden; sie hat sich immer in den Händen der Meister auf ihrem jeweiligen Gebiet befunden. Die meisten Menschen wollen nicht einmal die Wahrheit wissen; sie macht ihnen Angst und sie ziehen den Komfort ihrer Illusionen ihr vor. Warum? Weil die Wahrheit vollkommene Verantwortlichkeit für die eigenen Wahrnehmungen und Lügen verlangt, und die meisten Menschen sind nicht bereit, diese Verantwortung zu übernehmen.

Während Sie reifer werden, wachsen Sie an Weisheit, Wirkungskreis und Mündigkeit, indem Sie sich Ihren Illusionen stellen und sie annehmen. Das geschieht in jedem Lebensbereich und Sie wollen, dass es niemals aufhört. Leben heißt endlos fortschreiten, und Sie sind niemals fertig. Wenn Sie glauben, sie müssten an einen Punkt gelangen, an dem alles erreicht ist, haben Sie nur das Unendliche »verendlicht« und den Blick auf das Gesamtbild verfehlt.

Ich würde mein Leben nicht leichter haben wollen; ich möchte, dass es Herausforderungen für mich bereithält, denn je mehr Herausforderungen und Chaos ich habe, umso mehr Ordnung kann ich schaffen. Ich möchte das Leben lieber in seiner Tiefe annehmen. Ich ziehe es vor, noch mit 100 Jahren mehr Verantwortlichkeit zu übernehmen, als ich es heutzutage tue.

Wenn ich das tue, bin ich noch lebendig; wenn nicht, bin ich lange vor meinem körperlichen Tod gestorben.

Die Wahrheit über Therapeuten

Sowohl Liebe als auch Emotionen sind Gefühle, aber Liebe ist eine Wahrheit und Emotionen sind Lügen. Wenn jemand ein Ereignis eher negativ als positiv wahrnimmt und sich verletzt fühlt, und wenn Sie dann zu ihm sagen: »Ach du armes Ding, du bist verletzt, du leidest«, würden das manche Menschen Mitgefühl nennen. Aber in vielen Fällen bekräftigen Sie damit in Wirklichkeit die Opferrolle der betreffenden Person und helfen ihr dabei, sich zu schwächen. Das kann die Person daran hindern zu wachsen, indem es sie davon abhält, die Verantwortlichkeit für ihre eigenen Ursachen und Wirkungen zu übernehmen sowie die Wahrheit des Gleichgewichts und der Großen Entdeckung zu erkennen. Ich fördere so etwas nicht, denn wahre Liebe rettet keine Illusionen oder unterstützt Ammenmärchen. Sie wird sie vielmehr herausfordern und diese verzerrten Illusionen um der Wahrheit willen ausgleichen.

Versuche nicht in die Fußstapfen der Weisen
des Altertums zu treten.
Suche vielmehr das, wonach auch sie gestrebt haben.

Matsuo Munefusa (»Basho«)

Die Menschen, die sagen: »Ich wurde geschlagen, ich wurde verlassen, ich wurde verletzt; ich war dies, das oder jenes«, suchen oft nach Zuneigung und Mitgefühl. Sie umgeben sich mit einer Gruppe von Unterstützern, die ihnen dieses sogenannte

Mitgefühl schenkt, und in manchen Fällen treten sie jahrelang auf der Stelle. Manchmal gelangen sie während ihres physischen Lebens nicht über all dies hinaus.

Dann taucht der Psychologe auf und sagt: »Ja, du bist wirklich ein Opfer. Du bist unschuldig und die anderen sind schrecklich, weil sie dir das angetan haben.« Auf diese Weise spalten sie ihre Klienten von ihren eigenen Ursachen und Wirkungen ab.

Keine Therapie ist vollständig, solange Ursache und Wirkung nicht in Zeit und Raum eins sind. Und so tauche ich auf und frage: »Na gut, und wo ist die Lust in deinem Leid? Wie hat es dir gedient? Welche Vorteile hast du daraus gezogen? Wo hast du anderen dasselbe angetan?« und neutralisiere und kalibriere damit die unausgewogene Anklage. Ich stelle fest, wie das Leid den Menschen gedient hat, und sie sind befreit. Sie realisieren, dass derjenige, von dem sie zuerst glaubten, er habe sie zum Opfer gemacht, in Wirklichkeit ihr Helfer und Lehrer war, und dass es von Anfang an niemanden gegeben hat, der zum Opfer gemacht wurde.

Vor Jahren kam ein Mann mittleren Alters zu *The Breakthrough Experience* in Houston, Texas. Seiner Ansicht nach gab es kein gutes Haar an seinem Vater. Er schrieb 90 negative und keinen einzigen positiven Punkt auf das Formular für den Quantenkollaps-Prozess. Ich dachte, dies könnte für alle Teilnehmer eine gute Gelegenheit zum Lernen sein, und deshalb arbeitete ich fast drei Stunden nur mit ihm. Wenn die anderen sähen, so nahm ich an, wie schwer es für diesen Mann war, im Rahmen des Möglichen einen Zustand offenen Herzens in Liebe zu erreichen, würden alle dazu motiviert sein, ihr Herz in Liebe zu öffnen.

Ich ging mit ihm einen Punkt nach dem anderen durch und überzeugte ihn, immer tiefer vorzudringen. Ich erfand nichts und drängte ihn auch nicht, etwas zu schreiben, das er nicht wirklich sah. Ich schlug ihm nur verschiedene Blickwinkel vor, aus denen er seinen Vater betrachten konnte, um einige Vorteile zu finden. Schließlich begann er, sie zu aufzudecken. Er sah letztlich, dass er all das, wessen er seinen Vater bezichtigte, selber getan hatte, dass es ihm gedient hatte und dass sein Vater auch die entgegengesetzten Züge besaß. Nachdem er das Gleichgewicht hergestellt und reines Spiegelbewusstsein erreicht hatte, öffnete er sein Herz für seinen Vater. In diesem Augenblick erschien sein Vater in seinem Geist, und er spürte dessen Präsenz. Er öffnete sein Herz und empfand, soweit er sich erinnern konnte, zum ersten Mal in seinem ganzen Leben Liebe für seinen Vater.

Die Liebe hatte sich die ganze Zeit in seinem Herzen befunden, aber er hatte sie hinter einer Fassade oder Maske verborgen. Er trug eine Lüge mit sich herum und sie verdeckte seine Liebe. Als er schließlich die Maske ablegte, offenbarte er eine unglaubliche Liebe für seinen Vater. Sein Gesicht sah plötzlich um fünf Jahre jünger aus, er wurde weicher, seine Energie war transformiert und er wurde Teil der Gemeinschaft der Teilnehmer.

Er verließ das Seminar am Sonntagabend als ein anderer Mensch, ging aber am Montag zu seiner Psychiaterin und erzählte ihr: »Ich war am Wochenende auf einem Seminar und habe etwas sehr Tiefgehendes gelernt. Ich habe erkannt, wie tief ich meinen Vater in meinem tiefsten Inneren liebe und wie sehr mir das in meinem Leben gedient hat.«

Er war bei dieser Therapeutin seit elf Jahren in Behandlung und es hatte sich eine Abhängigkeitsdynamik zwischen ihnen entwickelt. Sie sagte: »Sie haben gerade die elf Jahre meiner therapeutischen Arbeit mit Ihnen weggeworfen! Jetzt verleugnen Sie nur das, was Ihr Vater Ihnen angetan hat. Sie waren ein Opfer, und jetzt können Sie das nicht einmal mehr erkennen. Wenn ich Sie wäre, würde ich zu diesem Demartini gehen und mein

Geld zurückverlangen und ihn den Rest Ihrer Therapie bei mir zahlen lassen, bis wir diesen Rückschlag aufgeholt und die Angelegenheit wieder unter Kontrolle haben.«

Das nenne ich Marketing! Er rief mich an, zitternd vor Angst, er könne seine Therapeutin verlieren. Zu mir hatte er keine solche Bindung. Er hatte unbestreitbar Liebe für seinen Vater erfahren, nun aber stand er kurz davor, das Sicherheitsnetz seiner Psychiaterin, an dem er so lange gearbeitet hatte, zu verlieren. Er sagte: »Dr. Demartini, ich weiß nicht, wie ich es sagen soll, aber ich soll mein Geld von Ihnen zurückverlangen. Meine Psychiaterin sagt, Sie hätten mich einer Gehirnwäsche unterzogen. Sie sagte, Sie hätten elf Jahre ihrer Arbeit zerstört und sollten für den Rest meiner Therapie bei ihr aufkommen.«

Ich sagte: »Na, das würde ihr so passen! Ein toller Marketing-Trick! Ich werde das nicht tun, aber ich werde Ihnen sagen, was ich tun werde. Wenn Sie wirklich und aufrichtig aus tiefstem Herzen behaupten können, dass ich Ihnen bei diesem Seminar nicht dienlich war, können Sie Ihr Geld zurückhaben. Wenn Sie aber eines Tages beschließen, dass Sie bereit sind, die Illusionen hinter sich zu lassen, die Ihre Psychiaterin zu fördern und Ihnen überzustülpen versucht, und wenn Sie dann zurückkommen wollen, dann müssen Sie das Geld zuerst wieder zurückzahlen, bevor Sie zu dem nächsten Seminar erscheinen können. Diese Tür wird Ihnen immer offen stehen, aber Sie bekommen nichts umsonst.

Sie wissen so gut wie ich, dass Sie gestern Liebe für Ihren Vater empfunden haben. Mein Rat ist, dies niemals zu vergessen. Wenn Ihre Psychiaterin versucht, Ihnen den Glauben überzustülpen, dass er ein gemeines Schwein und ein Hurensohn gewesen sei, dann seien Sie sich in Ihrem Herzen gewiss, dass dies nicht die letzte Wahrheit ist. Denn er ist immer noch Ihr Vater mit zwei Seiten, der vollkommene Ausgleich zu Ihrer Mutter. Seine eigenen Eltern nicht zu lieben, kann Ihr Leben und Wohlbefinden schwer belasten. Es kann sich sogar auf Ihr Herz auswirken, wenn Sie versuchen, wieder in Ihre vergangene aufgebrachte Illusion zurückzufallen. Werden Sie sich der Co-Abhängigkeit in Ihrer Beziehung mit Ihrer Psychiaterin bewusst. Wenn Sie sich die Zeit nehmen, sie zu kollabieren, könnten Sie sich vielleicht von dieser Abhängigkeit befreien.«

Seien Sie sich dessen bewusst, dass Therapeuten manchmal in eigenen Lebenserfahrungen feststecken, die sie noch nicht bewältigt haben. Um ihre eigenen emotionsgeladenen Illusionen durchzuarbeiten, ziehen sie als Klienten diejenigen Anteile in sich an, die sie selbst noch lieben lernen müssen. Sie konfigurieren oft eine Gruppe von Unterstützern, die diese Illusionen rechtfertigen. Es gibt viele Arten von Dienstleistenden auf dem Feld psychischer Heilung und es gibt viele verschiedene Erkenntnisebenen. Manche Therapeuten befinden sich selbst noch im Opfer-Modus, und manche sind sehr bewusst und erleuchtet.

Wenn Sie durch den psychologischen Prozess gehen, kann es sein, dass Sie lange von einem Therapeuten oder Analytiker zum nächsten gehen, bis Sie schließlich jemanden finden, der Ursache und Wirkung versteht und bereit ist, Sie zu Ihrer Großartigkeit und Erleuchtung zu erwecken. Es gibt bestimmt Therapeuten, die erwachte, selbst verwirklichte Wesen sind, aber solange Sie nicht bereit sind, werden Sie wohl kaum einem solchen begegnen oder ihn oder sie erkennen.

Manche Leute äffen ihre Therapeuten oder religiösen Lehrer nach, ohne selber zu denken. Wenn sie damit konfrontiert werden, vermeiden sie entweder das Thema oder plappern wie ein Papagei weitere Zeilen von im Allgemeinen missverstandenen Lehren nach. Menschen, die nicht bereit sind, die Weisheit ihrer Seele anzunehmen, kopieren häufig andere Menschen, denen sie eine Vollmacht erteilt haben. Dies wird keine sofortige oder direkte Erweckung oder Selbstverwirklichung bewirken. Es ist einfach eine Station auf dem Weg zur Erleuchtung.

Der Quantenkollaps-Prozess erfordert keinen Therapeuten. Haben Sie ihn einmal verstanden und gemeistert, braucht es nicht immer Stunden zermürbender Seelenerforschung. Der Prozess kann auch nur eine Stunde dauern. Nicht immer sind zwei Formblätter nötig; in manchen Fällen kann er auf einer Seite oder mit wenigen Zeilen vollendet werden – das heißt, wenn Sie wirklich auf die wesentlichen Punkte konzentriert sind.

Ich habe einmal im Flugzeug einen Kollaps in Bezug auf meine Mutter durchgeführt und brauchte nur fünf Zeilen. Ich weinte Tränen der Dankbarkeit für meine Mutter und erkannte eine wunderbare Seite in ihr, die ich nie zuvor gesehen hatte. Eine wundervolle ältere Dame, die ungefähr im Alter meiner Mutter war, saß rechts neben mir. Als ich die wenigen Zeilen des Kollapses beendet hatte, wandte ich mich ihr mit Tränen in den Augen zu. Auch sie begann zu weinen. Ich sagte dieser Frau, was ich meiner Mutter erzählen wollte. Sie wiederum erzählte mir, was sie ihrem Sohn hatte erzählen wollen, und wir umarmten uns in diesem Flugzeug. Ich schloss die Augen, weinte, hielt sie im Arm und erzählte ihr, was ich empfand. Als ich schließlich wieder die Augen öffnete, wischten sich die Menschen um uns herum ebenfalls die Tränen aus den Augen und suchten nach Taschentüchern. Die alte Dame ist mir nie zuvor begegnet, aber wir hielten einander bis zum Ende des Fluges an den Händen.

Der Mann, der links von mir saß, sah mich an, als sei ich total durchgeknallt. Er wusste, dass die Dame und ich einander vollkommen fremd waren. Ich glaube, er hatte Angst, ich könnte auf die Idee kommen, auch ihn noch zu umarmen!

Sie können den Quantenkollaps-Prozess überall durchführen. Wenn Sie ihn beenden, gehen Sie angstfrei so weit über jede

Form der Befangenheit hinaus, dass Sie in der Lage sind, das Licht Ihres wahren Wesens zu enthüllen. Dieses reicht weit über die normalen begrenzten Personae hinaus. Die Wahrheit wird Sie befreien, und die Kraft Ihres offenen Herzens wird sich auf die Menschen um Sie herum auswirken.

Identitätskrise

Sie müssen wissen, dass *The Breakthrough Experience* Sie nicht glücklich machen wird. Es geht um etwas, das weit über Glücklichsein und Traurigsein hinausgeht. Jedes Mal, wenn Sie von einer konzentrischen Sphäre der Existenz zur nächsten wechseln, wenn Sie einen Quantensprung auf eine neue und andere Bewusstseinsebene machen, erfahren Sie eine zeitweilige Identitätskrise. Dieses Phänomen ist für das Wachstum absolut unerlässlich, und je größer der Sprung ist, desto größer die Krise. Ihr Leben gestaltet sich nach einem Glaubens- und Wahrnehmungssystem, und wenn Sie plötzlich nicht mehr in dieses System hineinpassen, wenn Sie darüber hinauswachsen, gehen Sie, während Sie sich an das neue Model anpassen, durch eine Identitätskrise.

Stellen Sie sich ein Atom vor: Es hat positive Protonen im Kern und negative Elektronen in der Atomhülle. Wenn Sie ein Elektron wegnehmen, wird das Atom positiver; wenn Sie eins hinzufügen, wird es negativer. Bei uns Menschen werden die Ladungen »Gefühle«, »Überzeugungen« und »Werte« genannt. Wenn Sie die Ladung eines Atoms verändern, reagiert es anders auf sämtliche anderen Atome, und bei Menschen ist es genauso. Wir reagieren entsprechend unserer alten oder neuen Ladungen auf die Welt um uns herum.

Wann immer Sie ein System von Überzeugungen über Gut und Böse ablegen, werden Sie anders auf Ihr Leben reagieren. Sie sind allerdings gewohnt, auf gewohnheitsmäßige Weise zu reagieren, sodass Sie denken werden: Moment mal! Ich kann mich nicht wie früher verhalten, aber ich weiß noch nicht so recht, was ich davon jetzt halten soll; und das ist die Identitätskrise. Wenn Sie Ihre emotionale Ladung verändern, schafft das eine andere Persönlichkeit, und das ist sowohl schmerzlich als auch lustvoll. Die Lust resultiert aus der neuen Freiheit in Ihren Beziehungen und das Leid ergibt sich aus der Unsicherheit in Bezug auf die neue Dynamik und die Reaktion der anderen.

Um wachsen zu können, müssen Sie eine gewisse Identitätskrise durchlaufen. Im Grunde war Ihr ganzes Leben eine Aufeinanderfolge von Identitätskrisen oder chaotischen Perioden; Sie häuten und erneuern sich beständig. Sie sollten also geradezu scharf auf Identitätskrisen sein, denn nur an den Grenzen von Chaos und Ordnung tritt ein Höchstmaß an Wachstum auf. Ohne Identitätskrisen stagnieren Sie.

Wenn jemand zu mir sagt: »Ich bin in Ihr Seminar gekommen und habe mich teilweise ziemlich desorientiert gefühlt«, antworte ich: »Super; das soll genau so sein. Es bedeutet, dass das Seminar Ihr Leben verändert hat. Sie erleben eine ganz normale Identitätskrise, die für Ihr Wachstum unerlässlich ist. Sie sind gekommen, weil Sie Veränderung suchen, und Sie haben sie bekommen.«

Niemand kommt mit dem Gedanken zu einem Seminar: Ich möchte aus dem Seminar genauso hinausgehen, wie ich hineingegangen bin. Das wäre nicht gerade die klügste Art des Umgangs mit Ihrer Zeit, Ihrer Energie und Ihrem Geld. Um zu wachsen, müssen Sie eine Veränderung herbeiführen, und mit der Veränderung kommt die Identitätskrise, die im Grunde nur das Durchbrechen alter Werte und Gewohnheiten ist.

Wenn Anfänger auf dem Pfad spiritueller Bewusstheit und spirituellen Wachstums eine Identitätskrise erleben, neigen sie dazu, außerhalb von sich selbst nach Ursache und Wirkung zu suchen. Der Meister schaut nach innen. Ihre eigene Wahrnehmung schafft Ihre Ordnung oder Ihr Chaos. Wenn es Ihnen je passieren sollte, dass Sie während einer Identitätskrise von zu vielen neuen verzerrten Eindrücken überwältigt werden, kollabieren Sie diese, und sie werden sich in Präsenz auflösen. Ich habe Ihnen gezeigt, wie man einen Menschen kollabiert. Um ein Ereignis zu kollabieren, müssen Sie es einfach personifizieren. Nennen Sie es Herr Krankheit, Frau Finanzieller Verlust, Johannes Angst, Susanne Autounfall und so weiter und folgen Sie den Schritten, die im 9. Kapitel umrissen wurden. Natürlich wartet danach bereits die nächste Identitätskrise auf Sie ... Gott sei Dank!

Die eigenen Wahrnehmungen kollabieren

Die meisten Menschen ziehen nicht einmal die Möglichkeit in Erwägung, dass ihnen in ihrem Leben nichts fehlt. Wenn ich in der Welt umherreise, und meine Kinder sind in Houston und meine Frau in New York, habe ich zwei Möglichkeiten. Ich kann das Quantenkollaps-Formular ausfüllen und in einen Zustand der Dankbarkeit und Liebe eintreten, ihre Präsenz spüren, sie in meinem Herzen spüren und sie bei mir tragen, ganz gleich, wo ich mich im Zeit-Raum-Gefüge auch befinden mag. Oder ich kann aus meinem Herzen herausgehen und ein Gefühl des Verlustes empfinden, weil ich ihre körperliche Form nicht mehr sehe. Wenn ich überall, wo ich mich befinde, klug und umsichtig bin, kann ich dort jeden einzelnen Charakterzug, den meine Frau und meine Kinder haben, wiederfinden. Ich kann den ganzen Tag lang ihre Präsenz um mich herum spüren.

Sie werden wahrscheinlich denken: Das ist aber nicht dasselbe. Doch, das ist es – wenn Sie die Situation bis ins kleinste Detail kollabieren. Ich tue das fast jeden Tag mit anderen Menschen und kann Ihnen versichern, dass es wahr ist. Halten Sie nach den winzigsten Einzelheiten Ausschau, und Ihre Liebsten sind immer bei Ihnen. Wissen Sie, wie sich das auf meine Erfahrung auswirkt, wenn ich durch die Welt reise? Ich habe das Gefühl, in einem riesigen Haus namens »Planet Erde« zu wohnen und meine Frau und meine Kinder befinden sich lediglich gerade in einem anderen Raum meines Hauses. Der einzige Unterschied besteht darin, dass ich das Flugzeug benutze, statt von einem Raum zum anderen zu gehen. Es ist alles eine Sache der Wahrnehmung. Besäße ich nicht die Fähigkeit, meine Wahrnehmung zu kollabieren und mit meinen Lieben auf diese Weise beisammen zu sein, wäre ich womöglich nicht in der Lage, meine Bestimmung zu erfüllen, die ich vor so vielen Jahren in einer Vision erkannt habe. Nichts fehlt.

Vor langer Zeit begab sich ein Mann in Indien auf den spirituellen Pfad und wollte Gott erkennen. Als er eines Tages am Ufer eines Flusses entlangging, sah er einen Sadhu, einen heiligen Mann, der in Meditation am fließenden Wasser saß. Er dachte: Ah, das ist der Guru, nach dem ich Ausschau gehalten habe! Ich werde ihn bitten, mich über Gott zu lehren. Als er sich ihm näherte und begann, sich respektvoll zu verneigen, sprang der Sadhu plötzlich auf, stieß ihn in den Fluss und tauchte seinen Kopf unter Wasser. Zuerst wehrte sich der Mann aus Reflex, doch dann dachte er bei sich: Der Guru in seiner Weisheit versteht sicher meine Suche, und dies ist bestimmt ein Reinigungsritual. Wie wunderbar! Und er entspannte sich.

Doch als der Sadhu nicht aufhörte, ihn unterzutauchen, und

der Mann vergeblich nach Luft rang, begann er zu zappeln und um sein Leben zu kämpfen. Erst als jede Zelle in ihm nach Luft schrie, lockerte der Sadhu seinen Griff und zog ihn wieder auf das Ufer, wo er am ganzen Körper zitternd nach Atem rang. Als er sich erholt hatte, sah ihn der heilige Mann mit durchdringendem Blick an und fragte: »Woran hast du da unter Wasser zuletzt gedacht?«

Der Mann antwortete: »Alles, woran ich denken konnte, war: Luft! Luft! Luft!«

Der Sadhu sagte: »Komme wieder, wenn es dich mit der gleichen Dringlichkeit nach Gott verlangt, und ich werde dich unterrichten.«

Göttliche Vollkommenheit

Als ich 18 Jahre alt war, las ich, was Leibniz über göttliche Vollkommenheit geschrieben hat, und es weckte das Verlangen in mir, herauszufinden, was er erkannt hatte. Mir stiegen die Tränen in die Augen, ohne dass ich wusste warum, denn ich verstand ihn damals noch nicht, so wie ich es heute tue. Aber als ich las, »Es gibt eine göttliche Vollkommenheit«, spürte ich eine tiefe Weisheit und dass mir hier eine Wahrheit offenbart wurde.

Leibniz hat in seiner Genialität einen Abgrund des Verstehens überbrückt und einen Blick auf die göttliche Ordnung erhascht. Tausende von Einsichten fügten sich plötzlich zusammen und seine Polaritäten der Beurteilung des Universums kamen spontan ins Gleichgewicht. Er erkannte das, was ich hier mit Ihnen teile, und in diesem Bewusstsein schrieb er über göttliche Vollkommenheit. Sobald Sie den Quantenkollaps-Prozess einmal erfahren haben, beginnen Sie zu erkennen, wie man nach der anderen Seite der Ereignisse Ausschau hält. Der erste flüchtige Blick auf das vollkommene Gleichgewicht und Licht wird zu einem Magnetismus und einer potenziellen Energie in Ihnen führen, die Sie niemals wieder verlieren werden. Es ist so, als würde man ein Gummiband so weit dehnen, dass es sich nicht wieder zusammenzieht. Es ist mein Ziel, Ihnen zu helfen, diesen Punkt zu erreichen, denn wenn Sie dahin gelangen, ist es an Ihnen, das Licht weiterzureichen. Dann haben Sie eine innere Motivation, bei der die Weisheit Ihrer Seele größer ist als alles, was man Sie lehren könnte. Um auf Ihrem Weg Zeit zu sparen, können Sie natürlich Lehrer zu Rate ziehen, aber Sie werden nicht von ihnen abhängig sein, weil Ihr Geist erwacht ist. Was die menschliche Dualität angeht, ist Ihr Herz weiser als Ihr Verstand. Es erkennt und spürt die göttliche Ordnung und ist demütig genug, Ihre Seele um Führung zu bitten.

Die Lügen der Realität bestehen aus Übertreibungen und Untertreibungen der wahren Wirklichkeit, die ich als göttliche Vollkommenheit definiere, als vollkommene Ausgewogenheit in allen Dingen. Auf Seminaren und Flughäfen und überall sonst höre ich ständig Leute sagen: »Wir sind eben nicht perfekt. Wir sind nun einmal Menschen. Ich bin nicht vollkommen, was erwartest du?« Sie vergleichen sich mit einem einseitigen Idealbild von Vollkommenheit, und so lange sie sich mit dieser Illusion vergleichen, können sie die göttliche Vollkommenheit niemals erfahren. Selbst ihre Vorstellung vom Himmel ist so verschwommen, dass er, wenn sie dort hingelangten, nur eine weitere Illusion wäre und sie auch dort erneut Unvollkommenheit vorfinden würden.

Ich behaupte, wir sind bereits Vollkommenheit. Das Gleichgewicht beider Seiten ist an sich bereits die Vollkommenheit und wir können uns niemals von ihr entfernen. Wenn wir dies wirklich realisieren und annehmen, wird ein unglaubliches spirituelles Potenzial freigesetzt. Wir sind bereits Vollkommenheit, und alles, was wir tun müssen, ist, zu der bereits bestehenden ausgewogenen Vollkommenheit zu erwachen.

Deshalb behaupte ich auch, dass Sie der Liebe wert sind, ganz gleich, was Sie getan oder nicht getan haben. Was immer Sie getan oder nicht getan haben – es ist göttliche Vollkommenheit. Wenn Sie das wahrhaftig begreifen und meditieren könnten und die Welt in diesem Zustand des Wissens erforschten, würden Sie vor dieser Intelligenz, die uns regiert, in völliger Demut leben. Sie würden dann an einen Punkt gelangen, von dem Einstein, Newton, Dante und Leibniz gesprochen haben, die Kluft überspringen und von der immer vorhandenen göttlichen Ordnung gesegnet sein.

In diesem Zustand der Gnade gibt es ein unbegrenztes Energiepotenzial, das für das gewöhnliche menschliche Gemüt unfassbar, für die menschliche Seele aber erreichbar ist. Wenn es uns gelegentlich gelingt, die Wirklichkeit, in der wir leben, zu durchbrechen, einen flüchtigen Blick auf das Herz zu erhaschen und die göttliche Ordnung zu verstehen, fragen wir uns, warum wir diesen Zustand jemals verlassen haben. Doch der Ablauf der Evolution hält uns auf einer Bahn, die ständig außerhalb dieser Vollkommenheit verläuft, damit wir zu ihr hinstreben. Das ist es, was die Evolution von uns fordert: Immer größere Illusionen zu vernichten, um immer umfassendere Weisheit hervorzubringen.

Seit meinem 17. Lebensjahr habe ich das Leben von Menschen studiert, die einen ewigen Eindruck in der Geschichte hinterlassen und Paradigmenwechsel herbeigeführt haben. Ganz gleich, auf welchem Gebiet sie sich ausgezeichnet haben, ihnen allen sind gewisse Charakterzüge gemeinsam. Sie habe alle auf ihre innere Vision und Stimme vertraut, die ihnen half, zu sehen und zu hören, woran andere vorbeizugehen schienen. Auf ihrem Werdegang sahen sie sich mit ungeheuren Herausforderungen konfrontiert, die sie durch Zielgerichtetheit überwanden. Außerdem wussten sie, in welche Richtung sie gehen wollten.

Die Menschen, die ihrer inneren Stimme erlauben, lauter zu sein als alle äußeren Stimmen, sind diejenigen, die einen Schritt über die Grenzen des Möglichscheinenden hinaus machen. In dem Maße, in dem wir dem unsterblichen Anteil in uns, unserer Seele und unserem Herzen, lauschen, können auch wir einen unauslöschlichen Eindruck in dieser Welt hinterlassen. Und das geschieht nicht, weil wir das unbedingt tun wollen; es ist einfach der ganz natürliche Ausdruck jener Menschen, die ihrem Herzen lauschen und ihrer Seele folgen.

Man hat mir oft gesagt: »Manche Dinge kann man einfach nicht tun« oder »Sie sind entweder verrückt oder einfach dumm« oder »Das ist lächerlich oder unmöglich«. All diese Aussagen bedeuten, dass der Sprechende nicht daran glaubt, dass die Aufgabe bewältigt werden kann. Eine Meile in vier Minuten zu laufen, den Fuß auf den Mond zu setzen, mit Lichtgeschwindigkeit mit jemandem am anderen Ende der Welt zu kommunizieren oder die Schallmauer zu durchbrechen – die meisten der großen Errungenschaften der Menschheit wurden einst für unmöglich gehalten.

> *Viele der Versager im Leben sind Menschen,*
> *die nicht realisiert haben, wie nahe sie dem Erfolg waren,*
> *als sie aufgegeben haben.*
>
> Thomas Edison

Ob sie nun Künstler, Astronomen, Theologen oder Philosophen waren – die Menschen, die unsterblich wurden, sind jene, die bereit waren, Dinge zu tun, die die meisten Leute nicht

einmal versuchten zu wagen. Sie hörten nicht auf das, was andere Leute sagten; sie hörten auf ihr Herz. Es macht nichts, wenn
Sie Angst haben. Jeder, der jemals etwas Außergewöhnliches
vollbracht hat, ist durch Zeiten der Angst gegangen. Alle Dinge
befinden sich im Gleichgewicht. Wenn Sie große Angst haben,
haben Sie auch großen Mut, denn sie halten sich die Waage. Und
beide sind für unsere Entwicklung und unser Wachstum notwendig.

Ihre letzten 24 Stunden und Ihr Nachruf

Wollen Sie mehr Erfüllung in der Liebe zu sich selbst und
zu anderen finden, so ist es hilfreich, ein mit Sinn gefülltes
Leben zu führen und zu wissen, warum Sie wirklich hier sind.
Wenn Sie einen Lebenszweck haben, fördert dies Ihre innere
Ausrichtung, Ihren Mut und Ihre Selbstsicherheit, sodass Sie
sich Ihren Ängsten stellen und sie durchbrechen können. Zu
spüren, dass Sie Ihre Bestimmung erfüllen, ist eine nicht versie-
gende Quelle des Selbstwerts und erfüllt Ihre Tage mit noch mehr
Sinn.

Diese beiden Schlussübungen, die jetzt folgen, sollen Ihnen
helfen herauszufinden, was für Sie wirklich wichtig ist. Wenn Sie
diese Übungen ernst nehmen, kann der Lohn sehr groß sein.

— Übung 1 —

Wenn Sie nur noch 24 Stunden zu leben hätten, wie würden Sie die verbleibende Zeit verbringen? Was würden Sie tun und sagen?

_____

_____

_____

_____

_____

_____

_____

_____

_____

Ich habe Tausende von Menschen durch diese Übung geleitet und nahezu alle von ihnen sagten, sie würden den Menschen, die sie lieben, sagen, wie sehr sie sie liebten und wertschätzten. Wenn Sie nur noch 24 Stunden zu leben haben, konzentrieren Sie sich auf die Dinge, die die höchste Priorität in Ihrem Leben haben. Liebe und Dankbarkeit auszudrücken scheint die höchste Priorität aller Menschen zu sein. Da Sie nie wissen können, wann Ihre letzten 24 Stunden gekommen sind – worauf warten Sie noch?

— Übung 2 —

Schreiben Sie den Nachruf, der auf Ihrem Begräbnis vorgelesen werden soll. Schreiben Sie ihn so, wie Sie selbst ihn formulieren würden, oder stellen Sie sich vor, er würde von einem anderen Menschen geschrieben, der Sie liebt. Schreiben Sie einen Nachruf in Hinblick auf das Leben, das Sie bis jetzt geführt haben – so, als müssten Sie in den nächsten 24 Stunden sterben. Und schreiben Sie noch einen zweiten Nachruf für das Leben, das Sie gern gelebt hätten – ein Leben, in dem Sie alle Ihre Ziele verwirklicht haben und in dem Sie erfüllt und dankbar mit Zweckbestimmtheit und Sinn gelebt haben. Vergleichen Sie die beiden Nachrufe und stellen Sie sich die Frage, welcher der beiden Sie am meisten inspiriert.

Ihr Nachruf #1

_____

_____

_____

_____

_____

_____

_____

Ihr Nachruf #2

_____

_____

_____

_____

_____

_____

_____

_____

_____

_____

Eine Ihrer beiden Personae könnte den Nachruf verfasst haben oder aber Sie können ihn direkt aus dem Herzen kommen lassen. Ihre selbstgerechte Seite würde so etwas sagen wie: »Sie war immer ein guter Mensch, sie war niemals zu jemandem grausam und sie war immer großzügig und freundlich.« Ihre selbstungerechte Seite würde etwas in der Art sagen wie: »Sie entschuldigt sich bei allen für ihre Fehler und bedauert, dass sie anderen gegenüber nicht rücksichtsvoller sein konnte.« Ihr Nachruf wird widerspiegeln, wie Sie sich selbst und Ihr Leben wahrnehmen: positiv, negativ oder liebevoll.

Das Leben ist kostbar und manchmal vergessen wir das. Wenn Sie sich wirklich zugestehen, diese Übungen umzusetzen, werden Sie sie motivieren.

Ich danke Ihnen, dass ich Ihnen auf dieser Reise eine Herzensangelegenheit mitteilen durfte. Mögen wir uns eines Tages in der Zukunft persönlich begegnen und gemeinsam das Brot brechen. Und lassen Sie sich diese Wahrheit gesagt sein: Wenn Sie Liebe haben, sehen Sie Liebe; wenn Sie Größe leben, werden Sie nur von Größe umgeben sein. Und jeder einzelne Mensch besitzt in seinem Inneren Liebe und Größe, die nur darauf warten, in die Welt ausstrahlen zu können. Möge dieses Buch Ihnen diesen Tag näher bringen.

Die zehn täglichen Säulen der Weisheit

Die folgenden Aussagen sind meine zehn täglichen Säulen
der Weisheit. Verwenden Sie sie zur
täglichen Kontemplation und handeln Sie danach.

1. Inspiriertes Handeln
2. Dienen in Liebe
3. Dankbares Beten
4. Göttliche Führung
5. Weisheit weitergeben
6. Wahre Fürsorge
7. Stille Präsenz
8. Studium der Wahrheit
9. Gemäßigter Rhythmus
10. Fairer Austausch

Ich danke Ihnen, dass Sie mit mir durch
The Breakthrough Experience gereist sind.

Dr. John F. Demartini

Danksagung

Ich möchte Toni Robino für ihre Hilfe bei meinem vorigen Buch *Count Your Blessings* danken und für ihre Rolle als kreativer Katalysator für die Entstehung des vorliegenden Bandes.

Besonderer Dank gilt meinem Freund und Kollegen Timothy Marlowe für seine inspirierende Arbeit beim Übertragen, Zusammenstellen und Bearbeiten der Vorlage, aus der dieses Buch entstanden ist. Ohne sein unermüdliches Engagement und sein Verständnis der universellen Prinzipien würde es dieses Buch nicht in dieser Form gegeben.

Sehr dankbar bin ich auch der freien Lektorin Gail Fink, deren Feinabstimmung des Manuskripts sehr hilfreich war.

Allen Lehrern und Teilnehmern von *The Breakthrough Experience*™, ohne die sich diese Botschaft nicht so schnell in der Welt ausbreiten würde, übermittle ich meinen Dank.

Mein herzlichster Dank gilt meiner schönen Frau Athena Starwoman für ihre unglaubliche Intuition und kosmische Vision.

Und ein letzter Dank geht an Dr. Paul C. Bragg für seine Inspiration, seine Lehren und die mein Leben verändernde Affirmation, die er 1972 an mich weitergab.